四川外国语大学"以色列与中东研究系列丛书"
教育部国别与区域研究备案中心四川外国语大学以色列研究中心

构建稳定

"石油王国"的改革、调整与稳定

王 然 ◎ 著

南京大学出版社

本书系 2019 年度重庆社科规划博士项目"当代沙特政治稳定及其风险研究"(2019BS010)、2020 年度四川外国语大学学术专著后期资助项目"当代沙特政治稳定研究——以国家治理能力为视角"(sisu202067)、2019 年度四川外国语大学科研项目"总体国家安全观下海外利益保护研究"(sisu2019048)的研究成果。

总序

2020年是中东剧变十周年。2010年12月17日，以突尼斯小贩穆罕默德·布瓦吉吉的自焚事件为导火索，在不到一年的时间里，革命的浪潮席卷整个中东：从突尼斯到埃及、从利比亚到也门、从巴林到叙利亚，几乎所有的阿拉伯国家都受到波及。21世纪已然过去了十年，为什么中东地区还会爆发这么大规模的民主化运动？并且为何历经十年仍然未能平息？其中原因值得深入思考和研究。

除了阿拉伯世界的持续动荡，在过去的十年里，中东地区其他热点问题也是层出不穷，可以说，这是世界上热点问题最多的区域，包括伊朗核问题、巴以冲突、库尔德问题、叙利亚内战、以色列与阿拉伯国家关系的剧变等。实际上，在中国近年来方兴未艾的国别和区域研究中,中东地区研究一直是其中重要的组成部分。而根据中东的主体民族和语言,大致可以把中东研究分成以下几个部分:

阿拉伯研究。阿拉伯民族是中东地区人口最多的主体民族,中东24个国家中,阿拉伯国家占18个,因其几乎都操阿拉伯语和信仰伊斯兰教的特性,大致可将其看作一个群体。而这一群体也可细分为三个部分:一是北非地区的6个阿拉伯国家,二是海湾地区的7个阿拉伯国家,三是黎凡特地区的5个阿拉伯国家。除了每个国家各自的内部问题,阿拉伯人与犹太人的冲突是中东地区长期动荡的根源之一,另一个根源则是伊斯兰教逊尼派与什叶派之间的矛盾。为什么阿拉伯民族在面对外敌时不能凝聚成一股团结的力量?为什么伊斯兰教派之间的分歧有那么大?对此,需要进行持久和深入的研究。

伊朗研究。伊朗是中东地区的大国之一,其凭借较多的人口、较为完善的工业体系和独特的民族与文化,一直在中东地区独树一帜。而伊朗核问题则是中东长期热点问题之一。多年来,伊朗一直致力于发展核项目,却遭到西方国家的阻挠和国际原子能机构的限制。2015年7月14日,经过多年艰苦谈判,中、美、俄、英、法、德六方在伊核问题上终于达成共识并签署历史性协议,这也被认为是奥巴马政府的一大外交成就。然而,随着2017年特朗普的上台,美国政府对伊核问题的态度发生急剧转变,2018年5月更是悍然退出了伊核协议,恢复了对伊朗的经济制裁,而伊朗也扬言恢复铀浓缩计划,使得伊朗核问题再度成为中东地区的焦点。为什么伊核问题会牵动如此多的利益相关方?美国在拜登上台后是否会改变原先的对伊政策等等,都是需要考虑的重要问题。

土耳其研究。土耳其一直在中东事务中扮演活跃角色。与波斯帝国和阿拉伯帝国相比,奥斯曼帝国是中东解体最晚的一个帝国,因而对中东政治格局的影响也最大。突厥民族从中亚迁徙而来,占据了安纳托利亚高原,其帝国绵延近600年,发展出一套独特的文化传统和治理方式。虽然土耳其人最终也皈依了伊斯兰教,但与波斯人、阿拉伯人相比,其伊斯兰信仰更加世俗化。值得关注的是,近年来,随着正义与发展党(AKP)的崛起,土耳其出现了民族主义等的回潮。不过同样需要注意的是,埃尔多安自2003年担任总理(2007年连任)、2014年宪政改革后担任总统(2018年连任)以来,土耳其的人均GDP增长了两倍多。他对内压制库尔德人的反抗,对外谴责以色列对待巴勒斯坦的方式,一时成为伊斯兰世界最为强势的领导人。为什么在凯末尔倡导民主化和世俗化近百年之后,土耳其会再度出现保守化的趋势?其中的原因值得深思。

以色列研究。与其他几个中东研究对象相比,以色列的历史既短又长:说其短,以色列1948年才建国;说其长,犹太人的历史绵延上千年。自1948年建国至1973年,以色列与周边阿拉伯国家打了四场战争,令人称奇的是,在战争前后它的经济还能继续发展。时至今日,以色列已经发展成一个发达国家,不仅建立了较为成熟的民主制度,人均GPD也达到4万美元以上,2010年还加入了发达国家俱乐部——经济合作与发展组织(OECD)。当今的以色列以创新的国度而著称,其高科技农业和现代军工技术享誉世界。尤其是在外交领域,以色列也实现了重大突破,仅在2020年就先后同阿联酋、巴林、苏丹、摩洛哥等阿拉伯国家实现了关系的正常化。作为世界上唯一一个以犹太人为主体的国家,为什么以色列能取得如此突出的成就?这对于正在建设创新型国家的中国而言，也不无启迪。

　　以上如此多的问题凸显了开展"以色列与中东研究"的重要性。而四川外国语大学"以色列研究中心"成立于2011年6月，是国内大学中首家从事"以色列研究"的专门机构，宗旨是整合校内外各种资源和力量，积极开展对以色列政治、经济、社会等问题的深入研究，争取以有特色的科研成果为社会服务，发展成西南地区乃至全国知名的高校智库。自成立以来，中心在学术研究和对外交流方面发展迅速，与上海外国语大学、中以学术交流促进协会（SIGNAL）等国内外组织机构建立了合作与联系，派出多名研究人员到以色列巴伊兰大学、美国布兰代斯大学进行交流访学，承担了多项教育部国别和区域研究指向性课题，编辑出版国内唯一的《以色列研究》集刊，运营"以色列与中东研究网"网站和同名微信公众号，在《西亚非洲》《阿拉伯世界研究》等专业核心刊物上发表了多篇学术论文，并连续出席了加拿大蒙特利尔、以色列耶路撒冷、美国柏克利和以色列基尼烈等地举行的国际以色列研究学会（AIS）年会，引起国内外学术界广泛关注。2017年5月，中心获批成为教育部国别和区域研究备案中心。

　　需要提及的是，四川外国语大学以色列研究中心虽然以"以色列研究"作为基础和特色，但研究对象其实并不局限于以色列，而是涵盖整个中东地区，尤其是利用四川外国语大学开设有外交学、国际政治、英语、阿拉伯语、希伯来语和土耳其语等中东研究相关专业的优势，开展学科交叉融合的国别和区域研究，力争产出一批具有影响力的原创性成果。本套"以色列与中东研究系列丛书"的推出，即是这一工作的尝试。在这套丛书中，我们将会陆续出版一系列基于中心研究人员博士论文、课题结项成果的专著，力图展现中国西南地区学者在"以色列与中东研究"领域的学术水准,为四川外国语大学建设"高水平应用研究型外国语大学"的目标而努力。

陈广猛
2020 年 8 月 18 日于重庆

目录
contents

导 论 / 001

第一节　问题的提出和研究意义 / 001
　　一、问题的提出 / 001
　　二、研究意义 / 006
第二节　文献回顾 / 008
　　一、政治稳定的研究综述 / 008
　　二、沙特政治稳定的研究综述 / 021
第三节　研究思路、研究方法和内容结构 / 037
　　一、研究思路 / 037
　　二、研究方法 / 038
　　三、内容结构 / 039

构建稳定——"石油王国"的改革、调整与稳定

第一章
核心概念和研究框架 / 041

第一节 政治稳定的概念界定 / 041
  一、政治稳定的内涵 / 041
  二、政治稳定的衡量指标 / 045
  三、政治稳定的特点 / 048
第二节 政治稳定的构建方式 / 049
  一、理论前提 / 049
  二、政治稳定的构建方式 / 051
第三节 研究框架对研究沙特政治稳定的适用性分析 / 058
  一、沙特长期维持政治稳定 / 059
  二、沙特构建政治稳定的举措符合分析框架 / 061

第二章
完善政治制度与沙特的政治稳定 / 066

第一节 沙特政治制度面临的不稳定因素 / 066
  一、沙特政治制度不适应现代社会发展需要 / 067
  二、王位继承制度不完善 / 070
第二节 沙特完善政治制度的措施 / 073
  一、大臣会议制度的建立和完善 / 073
  二、王位继承制度的完善 / 095
  三、伊斯兰教管理的制度化和官僚化 / 102
  四、协商会议的重建与完善 / 107
  五、地方政府的建立 / 112
第三节 政治制度建设对沙特政治稳定的影响 / 114

目　录

　　一、实现了沙特权力的集中和统一　/　114

　　二、增强了沙特的国家治理能力　/　116

小　结　/　119

第三章
强化政治吸纳与沙特的政治稳定　/　121

第一节　沙特政治精英的分化　/　122

　　一、沙特王室内部成员关系复杂　/　122

　　二、宗教精英集团成员的分化　/　124

　　三、部落成员的分化　/　127

　　四、商人集团成员对沙特王室态度的分化　/　129

　　五、新兴阶层的崛起　/　131

第二节　沙特政治体系对主要政治力量的政治吸纳　/　133

　　一、对王室成员的政治吸纳　/　133

　　二、对宗教集团的政治吸纳　/　136

　　三、对部落集团的政治吸纳　/　141

　　四、对商人集团的政治吸纳　/　144

　　五、对新兴阶层的政治吸纳　/　145

第三节　政治吸纳对沙特政治稳定的影响　/　149

　　一、推动了有序的政治参与　/　149

　　二、强化了政治调控能力　/　151

　　三、孤立和削弱了威胁政治稳定的潜在势力　/　153

小　结　/　154

构建稳定——"石油王国"的改革、调整与稳定

第四章
引领主流政治文化与沙特的政治稳定 / 156

第一节　沙特社会主流思潮的多元化 / 156
　　一、自由主义思潮的发展 / 158
　　二、民间伊斯兰主义思潮的兴起 / 162
第二节　沙特对主流社会思潮的塑造 / 168
　　一、塑造沙特家族的宗教性 / 169
　　二、转变瓦哈比主义的使命 / 171
　　三、奉行"开明的瓦哈比理论" / 173
　　四、建立官方宗教机构 / 178
　　五、整合非官方伊斯兰主义思潮 / 180
第三节　沙特对社会主流思潮的强化 / 183
　　一、严格控制宣教活动 / 183
　　二、全面加强宗教教育 / 185
　　三、利用宗教警察整肃社会风尚 / 188
　　四、严格管控社会媒体 / 190
第四节　引领主流政治文化对沙特政治稳定的影响 / 190
小　结 / 196

第五章
提升社会经济绩效与沙特的政治稳定 / 197

第一节　沙特经济社会问题日益凸显 / 197
　　一、沙特面临的经济发展问题 / 197
　　二、沙特面临的社会问题 / 201
第二节　沙特发展社会经济的政策 / 204

目　录

　　一、20世纪70年代以前，沙特无力干预国家经济建设 / 205
　　二、20世纪70年代，沙特积极参与国家经济建设 / 207
　　三、进入21世纪，沙特大力营造良好的经济发展环境 / 212
　　四、2015年以来，沙特大力推动经济改革 / 221
第三节　沙特解决社会问题的举措 / 229
　　一、建立和完善社会福利体系 / 231
　　二、积极解决就业问题 / 239
第四节　提升政治绩效对沙特政治稳定的影响 / 247
　　一、增强了国家自主性，提升了抵御风险的能力 / 247
　　二、较好地满足了国民的社会期望 / 249
　　三、增强了政府合法性和社会凝聚力 / 252
小　结 / 254

第六章
沙特政治稳定面临的挑战 / 256

　　一、沙特政治体系的不足 / 256
　　二、国王继承面临的不确定性 / 259
　　三、沙特极端主义威胁的增加 / 262
　　四、沙特经济社会发展面临的困境 / 265
小　结 / 270

结　语 / 272

　　一、沙特构建政治稳定的方式和措施 / 272
　　二、沙特构建政治稳定的特征 / 275
　　三、沙特政治稳定的前景 / 280

参考文献 / 283

　　一、英文著作 / 283
　　二、英文期刊论文 / 290
　　三、英文硕博士学位论文 / 292
　　四、中文著作 / 293
　　五、中文译著 / 297
　　六、中文期刊论文 / 299
　　七、中文硕博士学位论文 / 306

后　记 / 308

导　论

第一节　问题的提出和研究意义

一、问题的提出

人类社会发展史是一个冲突与秩序并存、动乱与稳定交织的发展历程。秩序与稳定不仅是人类孜孜不倦追求的目标，而且是人类社会理想生活的重要内容之一。在现实生活中，人类社会必须通过消除冲突和动乱，探寻国家长治久安之道。

经济稳定、社会稳定、思想文化稳定和政治稳定是人类社会稳定的重要体现。政治稳定是人类社会稳定的核心，更具有基础性地位，因为政治稳定是经济稳定、社会稳定、思想文化稳定的基本保障。伴随人类社会现代化进程的加快，社会变化步伐加速，现代化与政治稳定之间的张力日益增加，政治稳定的影响力更加凸显。政治稳定不仅是政治现代化和社会经济发展的重要保证，也是现代化的重要目标。[1] 因此，政治稳定不仅是普通民众、执政者、政府和国际社会共同关注的重大实践课

---

[1] 张体魄：《我国政治稳定研究综述》，《毛泽东思想研究》，2006年第2期，第153－154页。

题，更是当代政治学，尤其是发展政治学持续探索的核心议题。

政治稳定是政治学尤其是发展政治学领域兼具传统性与前沿性的研究议题。就传统性而言，政治稳定既是历史上各类国家必须时刻面临的问题，也是历代政治学研究者长期关注的议题。早在公元前4世纪，古希腊学者柏拉图和亚里士多德就开始关注政治稳定问题，并提出了实现政治稳定的制度设计。① 此后，无数学者呕心沥血去探寻政治稳定的经验教训，产生了诸多启迪今天的著作宏论。

然而，政治稳定是难有最终答案的难解之谜。政治稳定本身具有复杂性，伴随经济、社会、意识形态等因素不断演进，政治稳定在内涵、影响因素、实现途径等方面，都发生了显著的变化。同时，由于世界在变化，不同国家政治稳定的发展轨迹、历史境遇和应对机制差异巨大，所以政治稳定问题始终是一个"经久不衰"的前沿性课题。

政治稳定问题在后发型国家尤为突出。二战结束以来，后发型国家在快速推进现代化进程中，不仅出现了程度不同的政治不稳定，甚至极其严重的政治冲突和内战，而且面临多种危及政治稳定的因素，这使后发型国家陷入了一个进退两难的尴尬境地。因此，如何调控现代化与政治稳定间的张力，实现现代化与政治稳定的和谐统一，是后发型国家面临的棘手难题。

中东地区因其丰富的石油天然气资源、重要的地缘政治位置、尖锐且持续的民族和宗教冲突、纷繁复杂的外部干预势力，成为世界高度关注的重要区域。然而，作为后发型国家高度集中的地区，中东地区政治稳定问题一直困扰着中东各国的经济发展、社会进步。自2010年以来，肇始于突尼斯的中东变局席卷阿拉伯世界，埃及、利比亚相继发生政治

---

① 亚里士多德在其《政治学》一书中就提出了有关政治稳定的制度设计问题，并认为以中产阶级为基础的共和政体是最稳定的类型。参见[古希腊]亚里士多德：《政治学》，吴寿彭译，北京：商务印书馆，1965年，第235页。

巨变，叙利亚、也门深陷国内战争的泥淖。因此，中东国家的政治稳定问题更加突出。

在中东变局中，沙特阿拉伯王国（通称"沙特阿拉伯"，以下简称"沙特"，Saudi Arabia）总体保持政治稳定，与其他中东威权主义国家的政治动荡形成鲜明的对比。更重要的是，回溯中东政治发展历程可以发现，尽管绝大多数中东威权主义国家遭遇不同程度的政治动荡，但是沙特长期保持总体政治稳定，不仅是中东地区少有的几个能够长期保持政治稳定的国家之一，而且是中东地区唯一能够保持政治稳定的地区大国，因而被称为"中东稳定之锚"[1]。**沙特为何能够实现长期政治稳定？这既是政治稳定研究密切关注的问题，也是沙特问题研究高度关注的议题，同时是本书尝试回答的问题。**

同时，在问题层出不穷和矛盾错综复杂的中东地区，本书选择沙特政治稳定作为研究议题，主要出于以下几种考量：

首先，沙特是塑造中东地缘政治格局的重要力量，是世界地缘政治格局中重要的区域性大国。作为中东地区的大国，沙特对中东地区的安全和稳定具有重要的影响力，是塑造海湾地区和中东地区地缘政治格局的重要力量。一方面，沙特坐拥伊斯兰两大圣地——麦加和麦地那，在古代是伊斯兰教的诞生地，现在是全球穆斯林向往的朝觐圣地。另一方面，沙特长期是世界石油储量、产量和出口量最大的国家，在一定程度上左右着世界石油市场和国际石油价格，因而被称为"石油王国"。沙特利用伊斯兰教和石油两大武器，在阿拉伯世界和伊斯兰世界纵横捭阖，积极参与"二十国集团"（G20）等全球性事务。因此，沙特是一个战略地位重要、在地区和国际事务中有独特影响的国家。[2] 鉴于沙特在中东地

---

[1] 石清风等：《沙特：动荡中东的"稳定之锚"》，《共产党员》，2011年第9期，第58页。

[2] 吴思科：《序：严守传统和开放发展神奇结合的王国》，载钱学文：《当代沙特阿拉伯王国社会与文化》，上海：上海外语教育出版社，2003年，序。

构建稳定——"石油王国"的改革、调整与稳定

区地缘政治格局中的重要地位,沙特的稳定,不仅事关沙特发展前途,而且会影响中东地区政治格局演变、伊斯兰世界团结、世界石油市场稳定。因此,沙特政治稳定问题需要学界进行深入研究和持续关注。

其次,沙特政治稳定在中东乃至世界范围内具有典型性。1932年9月23日,阿卜杜勒·阿齐兹·本·阿卜杜拉赫曼·本·费萨尔·阿勒沙(Abdel Aziz bin abdullah-man bin Faisal Al Saud,简称阿卜杜勒·阿齐兹或伊本·沙特)宣布建立沙特阿拉伯王国。① 沙特阿拉伯王国建国以来,中东经历了多轮政治不稳定期,多个国家遭遇政治动荡。阿以冲突和巴以纷争持续不断,巴勒斯坦至今尚未实现建国;阿富汗、叙利亚、利比亚、伊拉克和也门等国不仅经历多次政治动荡,而且至今仍然深陷国内纷争泥潭;伊朗、土耳其、黎巴嫩、埃及、突尼斯、阿尔及利亚等国均多次出现政治不稳定局面,当前的政治稳定仍较为脆弱;约旦深受巴以冲突困扰,阿曼和卡塔尔均发生过宫廷政变,巴林曾在中东变局中出现政治动荡。然而,沙特建国至今90年(1932至2022年),在动荡不安的中东地区长期保持了总体稳定。因此,沙特政治稳定是研究政治稳定的典型案例。

再次,沙特政治稳定在中东乃至世界范围内具有显著的独特性。第二次世界大战后,大多数中东国家在战后民族民主运动大潮的冲击下,通过不同形式的革命或改革陆续走上了共和之路,如埃及(1952年)、突尼斯(1957年)、伊拉克(1958年)、也门(当时的北也门,1962年)、利比亚(1969年)、阿富汗(1973年)、伊朗(1979年)先后通过民族民主革命、政变或者宗教革命,废除君主制,转变为共和制国家,摩洛哥、约旦等国君主相继实行相对开明的君主立宪制。但是沙特

---

① 沙特阿拉伯王国包括第一、第二、第三王国,这里指第三王国。参见[英]彼得·霍布德:《今日沙特阿拉伯》,周仲贤、余程译,北京:新华出版社,1981年;[美]詹姆斯·温布兰特:《沙特阿拉伯史》,韩志斌、王泽壮、尹斌译,上海:东方出版中心,2009年;王铁铮、林松业:《中东国家通史:沙特阿拉伯卷》,北京:商务印书馆,2004年。

阿拉伯王国却始终维系着传统政教合一的君主制政体，并在相对平稳的政治氛围中实现王权的传嬗，推动国家的经济、社会、政治发展和现代化进程。此种独特现象使沙特在阿拉伯世界、中东地区乃至东方世界"独树一帜"，成为鲜有的"绝对君主制国家"①。

2011年以来，席卷阿拉伯世界的中东变局，对于共和制国家的冲击与影响远大于君主制国家。突尼斯本·阿里政权、埃及穆巴拉克政权、利比亚卡扎菲政权、也门萨利赫政权均发生政权更迭，也门新组建的哈迪政权和叙利亚巴沙尔政权深陷国内战争而不能自拔。与此形成鲜明对比的是，以沙特为代表的阿拉伯君主制国家则平稳度过了中东变局，表现出出人意料的稳定性、顽强的生命力。"阿拉伯君主制例外论"② 广为流传。

最后，沙特政治发展模式是伊斯兰世界重要的政治发展模式之一。中东地区是世界上发展中国家最为集中的地区之一。近代以来，中东各国为了实现和巩固政治独立、发展民族经济与文化、摆脱落后面貌和实现国家复兴的总目标，进行了艰苦卓绝的探索，并且创造了多种多样的社会发展思潮和模式，如凯末尔主义、纳赛尔主义、阿拉伯复兴社会主义、卡扎菲主义。但是，当前伊斯兰世界的多种社会发展模式不仅没有实现其总目标，而且屡遭挫折。凯末尔主义、纳赛尔主义、阿拉伯复兴社会主义、卡扎菲主义或走向衰落，或面临严峻挑战；"新土耳其模式"前景尚不可预测。与上述发展模式形成鲜明对比的是，沙特政治发展模式实现了民族独立、政治稳定、经济繁荣。沙特政治发展模式的显著特征是通过严守传统和开放发展实现政治稳定，即"沙特在精神生活方面

---

① 王京烈：《面向二十一世纪的中东》，北京：社会科学文献出版社，1999年，第38页。

② 胡雨：《中东变局与中东君主制国家政治稳定》，《国际论坛》，2014年第3期，第63页；丁隆：《阿拉伯君主制政权相对稳定的原因探析》，《现代国际关系》，2013年第5期，第26页。

构建稳定——"石油王国"的改革、调整与稳定

恪守教规和祖训,对任何外来思想和价值观筑起高高的防护堤,而在经济建设和物质方面则紧跟世界潮流,使两者并行不悖,从而保证沙特在安全与稳定中发展,创造了当今世界独特的伊斯兰社会发展模式"①。这无疑值得学者深入探讨。

基于上述的考量,本书选取沙特政治稳定作为研究议题,着重关注沙特政府如何维持政治稳定,探寻沙特构建政治稳定的特殊性和一般性。

二、研究意义

本书探究沙特长期稳定的缘由,总结沙特构建政治稳定的特殊性和一般性,对于政治稳定研究和沙特问题研究有着较强的理论和现实意义。

首先,研究沙特政治稳定有益于检验和丰富政治稳定理论。

政治稳定是发展政治学领域中兼具传统性与前沿性的研究议题。在现代化进程和社会转型过程中,政治稳定研究更是学术研究关注的重点议题。沙特建国以来,不仅被卷入世界现代化历史潮流,而且经历了全面、深刻的社会转型。虽然众多学者多次预测沙特政治稳定不能持续,但是沙特长期保持政治稳定,成为中东地区少数几个能够长期保持政治稳定的国家之一。对沙特政治稳定进行个案研究,一方面可以为政治稳定研究提供案例研究,另一方面可以扩展政治稳定理论研究的国际视角。这对于检验、丰富和拓展政治发展理论、政治稳定理论、现代化理论、社会转型理论等具有重要的意义。

西方主流政治稳定理论认为,民主是实现政治稳定的必要条件,绝

---

① 吴思科:《序:严守传统和开放发展神奇结合的王国》,载钱学文:《当代沙特阿拉伯王国社会与文化》,上海:上海外语教育出版社,2003年,序。

对君主制往往与"专制主义"暴政相提并论,并被视为与民主共和制时代潮流背道而驰的政治体制,势必伴随现代化发展而被扫入历史垃圾堆。虽然沙特没有经历民主化政治变革,是当前世界上仅有的几个绝对君主制国家之一,但是坚持绝对君主制的沙特能够长期保持政治稳定,这一独特政治现象与西方主流政治理论的预测呈现明显的差异。因此,研究沙特政治稳定可以弥补西方主流政治稳定理论解释力不足的困境,反思西方民主政治存在的不足。

其次,研究沙特的政治稳定对其他发展中国家或者转型国家的政治稳定具有重要借鉴意义。

在众多发展中国家或者转型国家中,沙特是能够实现政治稳定的典型国家。沙特实现政治稳定的经验虽然具有自身的特殊性,但是也反映出一定的普遍性。因此,沙特实现政治稳定的有益经验对于同样处于转型时期的发展中国家可以提供重要参考。

研究沙特的政治稳定对中国也有一定的借鉴意义。中国作为一个后发现代化国家,在经历了30多年的经济高速发展后,各种矛盾初步显现,威胁政治稳定的问题日益突出。面对这种情势,政治稳定问题的理论研究就显得尤为必要,其中明辨国外政治稳定理论研究的内容、是非,对已有政治稳定研究进行梳理、批判、借鉴,更是题中应有之义。[①] 研究沙特政治稳定,可以为中国政治稳定理论创新提供有益借鉴,为完善中国特色社会主义制度理论提供有益的学术支持。

最后,研究沙特的政治稳定有益于维护中国的利益。

长期以来,中国在中东拥有广泛利益:能源安全、地缘战略追求、与国内稳定相关的外部环境,以及与其相符的大国地位。[②] 随着中国国

[①] 张弘:《转型国家的政治稳定研究:对乌克兰危机的理论思考》,北京:社会科学文献出版社,2016年,第4页。

[②] [美]安德鲁·斯科贝尔、阿里雷扎·纳德尔著,肖宪译:《中东对中国有多重要?》,《国际研究参考》,2017年第2期,第32至39页。

家综合实力持续增长,中国企业进一步"走出去",中国与沙特和中东地区的联系日益密切,中国在沙特和中东的利益得到进一步扩展,具体体现在以下几个方面:中东在中国国际贸易中份额不断增长;中东在中国对外投资、工程承包市场中的份额迅速增加;中东是中国最重要的石油进口来源地,沙特是中国最大的石油进口来源地之一等。①

实现中国在中东的国家利益,需要稳定的政治环境。因此,沙特的政治稳定事关中国国家利益。研究沙特的政治稳定可以对未来沙特的政治稳定进行预测和预警,有益于保护中国在沙特的利益。如果不深入了解沙特的政治制度以及未来政治变迁的趋势,那么中国企业在沙特的投资很有可能会处于潜在的风险状态之中。换言之,中国海外企业的投资风险评估需要通过研究沙特的政治稳定来完成。

第二节 文献回顾

沙特政治稳定是本书的研究主题,政治稳定理论奠定了本书的理论基础。所以本书可借鉴的主要文献包括关于政治稳定理论的研究和关于沙特政治稳定的研究。鉴于此,本书的文献回顾主要集中在以下两个领域:一个是政治稳定理论研究;另一个是沙特政治稳定研究。

一、政治稳定的研究综述

自人类进入政治社会以来,政治稳定问题是世界各国普遍关注的问题。早在古希腊时期,思想家亚里士多德就开始关注政治稳定问题。截

---

① 参见牛新春:《中国在中东的利益与影响力分析》,《现代国际关系》,2013年第10期。

至目前，国内外学者对政治稳定的相关议题进行了多层次、多角度的研究和论述，形成了丰富的研究成果，并在多个具体问题上达成了一定的共识。

(一) 国外关于政治稳定的研究

国外关于政治稳定的研究历史悠久，成果众多，形式多样。国外的政治稳定研究经历了数个发展阶段。起源于西方国家的现代政治稳定研究始于20世纪50、60年代，源于对二战后新独立的发展中国家在现代化进程中政治发展遭遇挫折的关注。作为政治发展的重要内容，政治稳定研究经历了三个阶段：酝酿期（20世纪50年代）、活跃期（20世纪60年代至20世纪70年代中期）、低速期（20世纪70年代中期以后）。① 不同学者因研究视角和关注点差异，形成了不同的研究范式和分析模式，其中具有代表性的包括以下几个流派：

比较历史学派的政治稳定理论。比较历史学派的学者往往通过比较两个以上国家的政治变迁过程的异同来探寻政治发展规律。著名政治学家塞缪尔·P.亨廷顿（Samuel P. Huntington）、弗朗西斯·福山（Francis Fukuyama）是该派别的主要代表。亨廷顿对政治体制与社会稳定之间相关性的理论进行了详细的解释，认为政治稳定包含有秩序性和继承性两个因素。发展中国家政治不稳定的根源在于一个国家进行了现代化而又未取得现代性。因为一方面这些国家的现代化刺激和加强了社会成员的欲望和期待，另一方面，社会的经济政治却还不具备现代性，无法满足这些欲望和期待，致使社会成员的强烈挫折感缺乏疏通渠道，终至酿成动乱。因此，政治稳定的实现根本上取决于政治组织化、制度化水平与不断扩张的政治参与相适应的程度，政治制度化水平是决

---

① 冯宏良：《社会政治稳定研究：历程回顾、核心要素与创新路向》，《湖北社会科学》，2016年第5期，第35至38页。

定政治稳定的关键。① 亨廷顿的学生弗朗西斯·福山提出了良好的政治秩序的三个基本要素：强大的国家、法治和负责制政府。②

政治系统-结构功能学派的政治稳定理论。政治系统-结构功能学派学者的共识是，社会是具有一定结构或组织化手段的系统，社会的各组成部分以有序的方式相互关联，并对社会整体发挥着必要的功能；整体以平衡的状态保持存在，任何部分的变化都会趋于新的平衡。戴维·伊斯顿（David Easton）和加布里埃尔·A. 阿尔蒙德（Gabriel A. Almond）是该派别的标志性人物。戴维·伊斯顿率先利用系统论、体系论来研究政治学有关议题，将政治系统的稳定视为输入和输出的不断平衡，认为政治稳定在于政治系统有能力承受外部环境对系统的压力。③ 阿尔蒙德认为，政治不稳定产生于"政治体系的能力和社会要求之间的脱节"。导致政治不稳定的主要原因是以下几个问题：政权合法性问题引发国家认同危机；社会集团之间的疏远和敌视很可能造成政治冲突；利益表达渠道的受阻将导致多种形式的冲突；政治体系对政治参与的扩大不能有效回应将引发政治冲突；政府公共政策的失误常常也会导致公共秩序的混乱。④《政治发展的危机和序列》认为，政治系统实现政治稳定的前提条件是解决合法性、认同、参与、命令贯彻和分配五

---

① 参见［美］塞缪尔·P. 亨廷顿、乔治·I. 多明格斯：《政治发展》，载［美］格林斯坦、波尔斯比编：《政治学手册精选（下）》，储复耘译，王沪宁校，北京：商务印书馆，1996年，第155页；［美］塞缪尔·P. 亨廷顿：《变化社会中的政治秩序》，王冠华等译，上海：上海人民出版社，2008年。

② 参见弗朗西斯·福山：《政治秩序的起源：从前人类时代到法国大革命》，毛俊杰译，桂林：广西师范大学出版社，2012年。

③ 参见［美］戴维·伊斯顿：《政治生活的系统分析》，王浦劬等译，北京：华夏出版社，1989年。

④ ［美］加布里埃尔·A. 阿尔蒙德、小G·宾厄姆·鲍威尔：《比较政治学——体系、过程和政策》，曹沛霖等译，北京：东方出版社，2007年。

种危机。①

社会文化心理学派的政治稳定理论。社会文化心理学派研究政治稳定主要从以下方面着手。在政治合法性研究方面，马克斯·韦伯开创了政治合法性研究的先河；西摩·马丁·李普塞特（Seymour Martin Lipset）探讨了政治合法性与政治稳定的关系。② 尤尔根·哈贝马斯（Jürgen Habermas）指出，合法性危机是一种政治认同危机。③ 卢西恩·派伊和加布里埃尔·A. 阿尔蒙德从新旧文化观念冲突的视角研究政治稳定，认为政治稳定的基础是政治文化，关键是政治心理和认同。④ 詹姆士·戴维斯于1962年提出相对剥夺理论（也称"J曲线理论"或"革命发生论"）。他认为，政治不稳定源于"相对剥夺"感，政治稳定的实现取决于人们需求期望与社会满足之间的差距度。⑤

（二）国内关于政治稳定的研究

中国学界对政治稳定的研究始于20世纪80年代。⑥ 国内学者立足于中国语境，在运用国外相关理论的基础上，进行了有益尝试和探索，取得了丰富的研究成果。总体而言，国内研究成果可以分为两大类。

---

① See Leonard Binder, *Crisis and Sequences in Political Development*, Princeton: Princeton University Press, 1971.
② ［美］西摩·马丁·李普塞特：《政治人——政治的社会基础》，张绍宗译，上海：上海人民出版社，1997年。
③ ［德］尤尔根·哈贝马斯：《合法化危机》，刘北成、曹卫东译，上海：上海世纪出版集团，2009年。
④ ［美］加布里埃尔·A. 阿尔蒙德、西德尼·维伯：《公民文化——五个国家的政治态度和民主制》，徐湘林等译，北京：华夏出版社，1989年，第546页。
⑤ 冯宏良：《社会政治稳定研究：历程回顾、核心要素与创新路向》，《湖北社会科学》，2016年第5期，第37页。
⑥ 杨海蛟、韩旭、刘杰：《近年中国政治学研究若干问题综述》，载李铁映、江蓝生编：《中国人文社会科学前沿报告》（2002年卷），北京：社会科学文献出版社，2004年，第364页；黄清吉：《中国社会转型过程中政治稳定的内涵探析》，《学术论坛》，2005年第1期，第16页。

第一类是对政治稳定理论的综合研究。综合研究又可以分为两部分。第一部分是关于政治稳定自身的研究，涉及政治稳定的概念、表现、特征和本质等，其中代表性成果有：吴大英和徐功敏主编的《改革开放与政治稳定》、邓伟志主编的《变革社会中的政治稳定》、张雷和程林胜等的《转型与稳定》、聂运麟主编的《政治现代化与政治稳定》、马建中编著的《政治稳定论》和李元书的《政治发展导论》。[1] 关于政治稳定的代表性定义包括政治秩序说、常态性说、认同说、有序变化说、评价标准说等。[2] 胡鞍钢提出了具有鲜明中国特色的"科学稳定观"，科学的社会政治稳定观包含以人为本、动态性、公正、民主、法治、和谐、可持续性等基本构成要素，其中以人为本是核心，动态性是前提，公正是基础，和谐是要旨，民主是关键，法治是保障，可持续性是本质。[3] 第二部分侧重对政治稳定理论历史演进和发展现状的介绍和综述，其中代表性成果有：左宏愿的《国外政治稳定理论研究综述》、冯宏良和江新国的《学术界社会政治稳定研究》、张体魄的《我国政治稳定研究综述》等。[4]

第二类是对具体问题、具体领域的政治稳定研究，主要从现代化或社会转型、政治发展、中产阶级、民主、政治参与、政治制度、公共政

---

[1] 吴大英、徐功敏主编：《改革开放与政治稳定》，北京：中国民主法制出版社，1993年；邓伟志主编：《变革社会中的政治稳定》，上海：上海人民出版社，1997年；张雷、程林胜等著：《转型与稳定》，上海：学林出版社，1999年；聂运麟主编：《政治现代化与政治稳定》，武汉：湖北人民出版社，2001年；马建中编著：《政治稳定论》，北京：中国社会科学出版社，2003年；李元书：《政治发展导论》，北京：商务印书馆，2001年。

[2] 杨仁厚：《发展政治学》，贵州：贵州大学出版社，2013年，第298至308页。

[3] 胡联合、胡鞍钢：《科学的社会政治稳定观》，《政治学研究》，2004年第4期，第55至60页。

[4] 左宏愿：《国外政治稳定理论研究综述》，《实事求是》，2010年第1期；冯宏良、江新国：《学术界社会政治稳定研究》，《中共青岛市委党校 青岛行政学院学报》，2008年第6期；张体魄：《我国政治稳定研究综述》，《毛泽东思想研究》，2006年第2期。

策、经济利益因素、政治认同等与政治稳定关系的研究向度展开分析。

关于现代化或者社会转型与政治稳定关系的分析主要有：唐皇凤分析了政治稳定与现代化之间的关系和主要影响因素；① 黄毅峰按照"政治冲突、政治稳定"的思路，分析现代化转型社会中政治冲突产生的现实动因及其逻辑关系。②

关于政治发展与政治稳定关系的成果有：陈朋的《政治发展与政治稳定的耦合及其空间拓展》、魏明康和万高潮的《论政治发展与政治稳定的良性互动》、王庆五的《政治发展的协调与政治稳定的实现》、王金水和孙奔的《简论政治发展与政治稳定的关系》、杨超的《政治发展进程中政治稳定分析》。③ 杨超论述了政治稳定与政治发展的正负相关效应。④ 陈朋探讨了政治发展与政治稳定的耦合之处：政治合法性、政治制度化水平、政治参与机会、政治信任能力、民主发展程度、法治理念。⑤ 这些文献均认为，政治稳定是政治发展的前提，政治发展是政治稳定的重要目标，两者共同组成政治生活的重要价值目标。

关于中产阶级与政治稳定的关系存在三种观点。主流观点认为，中产阶级既是政治稳定的社会基础，也是维持政治稳定的社会力量，其中代表性著作包括李强的《关于中产阶级和中间阶层》、周晓虹的《中产

---

① 唐皇凤：《转型时期政治稳定的谋与略》，武汉：湖北人民出版社，2012年。
② 黄毅峰：《安邦治道：转型社会中的政治冲突与政治稳定》，南昌：江西人民出版社，2013年。
③ 陈朋：《政治发展与政治稳定的耦合及其空间拓展》，《理论与现代化》，2014年第1期；魏明康、万高潮：《论政治发展与政治稳定的良性互动》，《淮阴师范学院学报》，2015年第5期；王庆五：《政治发展的协调与政治稳定的实现》，《江苏行政学院学报》，2013年第1期；王金水、孙奔：《简论政治发展与政治稳定的关系》，《科学社会主义》，2013年第6期；杨超：《政治发展进程中政治稳定分析》，《南京政治学院学报》，2000年第2期。
④ 杨超：《政治发展进程中政治稳定分析》，《南京政治学院学报》，2000年第2期。
⑤ 陈朋：《政治发展与政治稳定的耦合及其空间拓展》，《理论与现代化》，2014年第1期。

构建稳定——"石油王国"的改革、调整与稳定

阶级：何以可能与何以可为？》。① 与之相对立的观点则认为，中产阶级不一定是社会政治的"稳定器"，代表性文献有张翼的《中产阶级是社会稳定器吗？》。② 第三种观点是，中产阶级与政治稳定的关系需要具体情况具体分析，代表性文献包括：李春玲的《寻求变革还是安于现状：中产阶级社会政治态度测量》、刘长江的《国家的现代化路径与中产阶级的类型》、曹敏的《中产阶级的政治文化转型与政治稳定：韩国的视域》、何平立的《现实与神话：东亚中产阶级与政治转型》、李路路的《中间阶层的社会功能：新的问题取向和多维分析框架》、沈瑞英的博士论文《西方中产阶级与社会稳定研究》。③

关于民主与政治稳定的关系，目前学术界有两种不同的看法。第一，民主对政治稳定具有正向功能，如张光辉的《参与式民主：实现可持续政治稳定的现实之道》认为，参与式民主是实现可持续政治稳定的现实之道。参与式民主化解矛盾冲突的五个途径包括公众自治，提高决策质量，畅通表达渠道，教育功能，增强政治现实感。④ 第二，民主是否有益于政治稳定需要一定的条件，如徐国利的《民主、民主化与政治稳定》、闫明明和邢健的《民主化、治理绩效和政治稳定——基于现有

---

① 李强：《关于中产阶级和中间阶层》，《中国人民大学学报》，2001年第2期；周晓虹：《中产阶级：何以可能与何以可为？》，《江苏社会科学》，2002年第6期；周晓虹主编：《中国中产阶级调查》，北京：社会科学文献出版社，2005年。

② 张翼：《中产阶级是社会稳定器吗？》，载李春玲主编《比较视野下的中产阶级形成：过程、影响以及社会经济后果》，北京：社会科学文献出版社，2009年。

③ 李春玲：《寻求变革还是安于现状：中产阶级社会政治态度测量》，《社会》，2011年第2期；刘长江：《国家的现代化路径与中产阶级的类型》，《江苏行政学院学报》，2006年第4期；曹敏：《中产阶级的政治文化转型与政治稳定：韩国的视域》，《广州社会主义学院学报》，2006年第3期；何平立：《现实与神话：东亚中产阶级与政治转型》，《上海大学学报》（社会科学版），2006年第2期；李路路：《中间阶层的社会功能：新的问题取向和多维分析框架》，《中国人民大学学报》，2008年第4期；沈瑞英：《西方中产阶级与社会稳定研究》，上海大学博士学位论文，2007年。

④ 张光辉：《参与式民主：实现可持续政治稳定的现实之道》，《中州学刊》，2013年第9期。

理论的梳理和地区数据的实证分析》。① 闫明明和邢健认为,政治稳定的实现需要经济绩效和政治绩效同步发展。②

关于政治参与与政治稳定关系的分析有:肖克认为,政治参与对政治稳定具有正反两方面的影响;③ 王金水分析了互联网发展背景下网络参与与政治稳定的内在逻辑,提出了以"机制整合、过程系统、多元治理"为原则的构建政治稳定的长效机制。④

关于政治制度与政治稳定的关系的分析包括:何精华认为,政府通过制度安排来实现利益的合理调整,是实现政治稳定的基石;⑤ 曹帅和许开轶讨论了政治情绪排解机制与政治稳定的关系,认为政治情绪排解机制通过消解、平衡和驱动功能维护政治稳定。⑥

研究公共政策与政治稳定关系的代表是袁明旭。袁明旭讨论了公共政策与政治稳定的相关性,他认为,公共政策是政治稳定的内生变量,是影响政治稳定的深层次原因。⑦

关于经济利益因素与政治稳定的关系,尽管学者有不同观点,但是绝大部分学者都认为,经济发展与政治稳定的关系是复杂的,经济发展

---

① 徐国利:《民主、民主化与政治稳定》,《宁夏大学学报》(人文社会科学版),2009年第5期;闫明明、邢健:《民主化、治理绩效和政治稳定——基于现有理论的梳理和地区数据的实证分析》,《武汉理工大学学报》(社会科学版),2017年第3期。

② 闫明明、邢健:《民主化、治理绩效和政治稳定——基于现有理论的梳理和地区数据的实证分析》,《武汉理工大学学报》(社会科学版),2017年第3期。

③ 肖克:《民族政治参与行为的国家治理:政治稳定视阈下的国际比较》,《中南民族大学学报》(人文社会科学版),2016年第3期。

④ 王金水:《网络政治参与与政治稳定机制研究》,北京:中国社会科学出版社,2013年。

⑤ 何精华:《市场化进程中的制度安排与政治稳定》,《政治学研究》,2003年第1期。

⑥ 曹帅、许开轶:《政治情绪排解机制与转型社会的政治稳定》,《长江论坛》,2013年第5期。

⑦ 袁明旭:《政治稳定与公共政策的相关性分析》,《云南行政学院学报》,2011年第6期;袁明旭:《政治稳定的公共政策悖论解析》,《云南行政学院学报》,2014年第1期。

对政治稳定既有积极效应,也有消极效应;既有直接的关联,也有间接的关联。其中代表性文献包括王磊和胡鞍钢的《经济发展与社会政治不稳定之间关系的实证研究——基于跨国数据的比较分析》、黄毅峰的《经济增长之于政治稳定的双向效应:"馅饼"与"陷阱"》、杜旭宇的《经济发展与社会稳定的正相关分析》和《经济发展与社会稳定的负相关分析》、周建军的《经济增长作为不稳定力量:基于韩国财阀模式的考察》、刘晓凯的《利益分化与政治稳定:兼论30年来中国社会阶级阶层的变迁》。①

关于政治认同与政治稳定关系的文献有:孔德永的《政治认同与政治稳定》、马振超的《当前维护我国政治稳定的对策思考》、丁志刚和王树亮的《论政治文化与政治稳定之间的关系》。② 这些文献均认为政治认同与政治稳定之间存在着密切的相关性。同时孔德永指出,政治认同与政治稳定之间的关系具有复杂性。③

关于政治文化与政治稳定间关系的文献有:丁志刚和王树亮的《论

---

① 王磊、胡鞍钢:《经济发展与社会政治不稳定之间关系的实证研究——基于跨国数据的比较分析》,《经济社会体制比较》,2010年第1期;黄毅峰:《经济增长之于政治稳定的双向效应:"馅饼"与"陷阱"》,《郑州大学学报》(哲学社会科学版),2011年第1期;杜旭宇:《经济发展与社会稳定的正相关分析》,《湖南社会科学》,2008年第3期;杜旭宇:《经济发展与社会稳定的负相关分析》,《学术论坛》,2008年第5期;周建军:《经济增长作为不稳定力量:基于韩国财阀模式的考察》,《经济社会体制比较》,2011年第2期;刘晓凯:《利益分化与政治稳定:兼论30年来中国社会阶级阶层的变迁》,北京:人民出版社,2008年。

② 孔德永:《政治认同与政治稳定》,《社会主义研究》,2012年第3期;孔德永:《动态理解政治认同与政治稳定》,《思想理论教育》,2014年第9期;孔德永:《当代中国公民政治认同与政治稳定的关系研究刍议》,《云南行政学院学报》,2014年第5期;马振超:《当前维护我国政治稳定的对策思考》,《中国人民公安大学学报》(社会科学版),2014年第6期;丁志刚、王树亮:《论政治文化与政治稳定之间的关系》,《江汉论坛》,2011年第9期;

③ 孔德永:《政治认同与政治稳定》,《社会主义研究》,2012年第3期;孔德永:《动态理解政治认同与政治稳定》,《思想理论教育》,2014年第9期;孔德永:《当代中国公民政治认同与政治稳定的关系研究刍议》,《云南行政学院学报》,2014年第5期。

政治文化与政治稳定之间的关系》、经纬的《政治文化与政治稳定的价值论》、刘文萍的《政治文化对政治稳定的影响》、朱光磊和于丹的《中国意识形态建设面临的双重挑战与政治稳定》、刘凯军的《政治文化对社会政治稳定的影响》。① 涂用凯和郭艳妮阐释了精英文化和大众文化对政治稳定的不同影响，认为精英文化对政治稳定起主导作用，大众文化对政治稳定起支撑作用。② 上述文献均承认，政治稳定是政治文化形成的前提条件，政治文化是构成政治稳定的深层因素。

关于社会心理与政治稳定关系的分析有：马建中认为，政治稳定的关键是政治心理；③ 娄成武和张平讨论了推动政治稳定的积极心理表现和破坏政治稳定的消极心理表现；④ 胡润忠认为，相对剥夺感产生政治暴力，而政治暴力是政治不稳定的重要表现。⑤

此外，还有从综合视角展开的对政治稳定的研究。马建中将危及政治稳定的因素归结为五个方面的因素：生产力和经济发展水平的变动、政治制度化水平的高低、执政者执政水平的高低、社会分层结构的变动、社会政治文化的变迁。⑥ 邓志伟从国际、国内两个维度分析了影响

---

① 丁志刚、王树亮：《论政治文化与政治稳定之间的关系》，《江汉论坛》，2011年第9期；经纬：《政治文化与政治稳定的价值论》，《思想战线》，1999年第2期；刘文萍：《政治文化对政治稳定的影响》，《赣南师范学院学报》，2002年第4期；朱光磊、于丹：《中国意识形态建设面临的双重挑战与政治稳定》，《马克思主义与现实》，2010年第3期；刘凯军：《政治文化对社会政治稳定的影响》，《陕西师范大学学报》，2002年专辑。

② 涂用凯、郭艳妮：《论政治文化与政治稳定——从政治文化主体二分法角度的考察》，《湖北大学学报》（哲学社会科学版），2009年第5期。

③ 马建中：《论现阶段影响我国政治稳定的社会心理问题》，《政治学研究》，2003年第2期。

④ 娄成武、张平：《中国政治稳定性的社会心理基础透视》，《理论与改革》，2013年第3期。

⑤ 胡润忠：《论相对剥夺感与政治稳定》，载刘建军主编：《复旦政治学评论》，《复旦政治学评论》（第二辑），上海：上海辞书出版社，2003年。

⑥ 马建中：《论现阶段影响我国政治稳定的社会心理问题》，《政治学研究》，2003年第2期。

构建稳定——"石油王国"的改革、调整与稳定

政治稳定的因素：体制阻抗、观念冲突、示范误导、期望膨胀、群体摩擦、政治腐败、社会流动机会不均、政治参与无度、权力分散、决策多变、国际风潮。① 蔡拓和吴志成提出影响中国政治稳定的因素有七个方面：腐败，期望过高，社会矛盾激化，社会控制能力不足，贫富差距过大，就业压力、物价上涨、通货膨胀，文化观念的影响。② 聂运麟则从经济、文化和政治三个层面来分析：经济方面主要是分配不公、就业困难、社会保障制度不够完善、政府宏观调控力度不够、生活环境不断恶化；文化层面有期望反差导致的挫败感、新旧文化的冲突、道德准则的不一等；政治方面是指官员腐败、不够民主、政策多变、执行困难、政治的合法性备受怀疑以及资本主义的和平演变等。③ 黄新华认为，政治发展中影响政治稳定的因素包括国家能力、财富分配、利益冲突、意识形态、路径依赖等。④ 冯宏良提出影响社会政治稳定的五个核心要素：经济社会的发展、政治制度的合法性与有效性、政治参与与政党制度、政治文化与政治心理、政治权威与政府能力。⑤

实现政治稳定需要政治稳定机制。构建政治稳定研究分为两类。一类是广义的稳定机制研究。王庆五概括了实现政治稳定的举措：构建和谐的现代政治价值体系、统筹协调各方利益关系和规范公民政治参与。⑥ 雷振文提出了转型期中国政治秩序调适路径：政治路径和社会路

---

① 邓伟志主编:《变革社会中的政治稳定》,上海:上海人民出版社,1997年。
② 蔡拓、吴志成主编:《市场经济与政治发展》,福州:福建人民出版社,1998年。
③ 聂运麟:《政治现代化与政治稳定》,武汉:湖北人民出版社,2000年。
④ 黄新华:《政治发展中影响政治稳定的因素探析》,《政治学研究》,2006年第2期。
⑤ 冯宏良:《社会政治稳定研究：历程回顾、核心要素与创新路向》,《湖北社会科学》,2016年第5期。
⑥ 王庆五:《政治发展的协调与政治稳定的实现》,《江苏行政学院学报》,2013年第1期。

径。① 张体魄认为，实现政治稳定的对策具体包括经济发展、政治发展和文化发展等。② 王军洋提出实现社会政治稳定应该从国家与社会互动的角度展开。③ 阚和庆提出了实现政治稳定的对策：协调社会各阶层的利益、推动政治系统与社会的良性互动、培育促进政治稳定的理性心态和文化氛围。④ 胡联合和胡鞍钢认为，中国政府为了实现繁荣稳定，一方面应调节社会冲突、维护社会秩序，另一方面应维持社会正义。⑤

另一类是狭义的稳定机制研究。鞠健提出了构建中国政治稳定的路径：改革和发展、权威和秩序、民主机制、提高党的执政水平。⑥ 杨超构建了政治发展中政治稳定的机制：包容机制、凝聚机制、吸纳机制、互动机制以及创造政治发展的良好环境。⑦ 陈浩春建构了实现政治稳定的具体机制：权威完善与整合机制、政治参与与表述机制、经济发展与安全机制、收入分配与调节机制、社会缓冲与消融机制、社会监控与预警机制、快速查证与处置机制、国民教育与凝聚机制。⑧ 王彩波与李智构建了中国转型时期的政治稳定保障机制：制度保障是政治体系的包容和平衡机制；动力保障是政治体系的吸纳和分配机制；社会保障是政治体系与社会之间的互动机制。⑨ 董文芳构建的政治稳定机制包括权力制

---

① 雷振文：《转型期中国政治秩序调适路径探析》，中央党校博士学位论文，2007年。
② 张体魄：《我国政治稳定研究综述》，《毛泽东思想研究》，2006年第2期。
③ 王军洋：《国家能力与社会抗议：社会稳定研究的两个学术进路》，《人文杂志》，2017年第11期。
④ 阚和庆：《当代中国社会阶层变迁与政治稳定》，北京：中国社会科学出版社，2012年。
⑤ 胡联合、胡鞍钢：《繁荣稳定论：国家何以富强和谐》，北京：中国大百科全书出版社，2009年。
⑥ 鞠健：《新时期中国政治稳定问题研究》，北京：中共党史出版社，2008年。
⑦ 杨超：《政治发展进程中的政治稳定分析》，《南京政治学院学报》，2000年第2期。
⑧ 陈浩春：《当代中国社会转型时期稳定机制的宏观架构》，《理论与改革》，2001年第3期。
⑨ 王彩波、李智：《论我国社会转型时期的政治稳定机制》，《吉林大学社会科学学报》，2002年第5期。

衡机制、政治沟通机制、合理分配机制和吸纳机制等。[①]

(三) 现有研究成果存在的不足

第一，政治稳定的概念界定分歧严重，并未形成基本共识。

我国学术界对政治稳定的定义达到了十几种，[②] 国外学术界对政治稳定的定义更加复杂多样。上述状况表明，学界对政治稳定研究取得了丰富的学术成果，形成了多种认识和分析理论框架，这是学术繁荣和进步的具体体现。但是，不容忽视的是，概念是进行理论研究的起点和基础，就相关概念形成共识是政治理论进一步发展的基石。从这一角度来看，当前学界对政治稳定的概念界定还存在着诸多分歧，政治稳定理论还没有摆脱关于基本概念的争论。这种学术现状既体现了政治稳定的重要性，也反映了政治稳定概念和理论的复杂性。未来研究需要进一步厘清政治稳定的概念，形成共识，为推动政治稳定研究发展奠定基础。

第二，影响政治稳定的因素与政治稳定之间的因果机制有待进一步探索。

从多个视角和因素，如从现代化、制度、文化等视角，从政治、经济、文化等因素分析政治稳定，这为理解政治稳定提供了有益的视角和知识储备。不同学者对中产阶级、民主、经济、政治参与等因素与政治稳定的关系有不同的结论。如关于中产阶级与政治稳定的关系存在三种观点：中产阶级既是社会政治稳定的基础，也是维持政治稳定的社会力量；中产阶级不一定是社会政治的"稳定器"；中产阶级与政治稳定的关系需要具体情况具体分析。关于民主与政治稳定的关系也有不同的观点：民主对政治稳定具有正向功能；民主有益于政治稳定需要一定的条件。关于经济与政治稳定的关系同样有不同的观点：经济发展是政治稳

---

① 董文芳：《建构政治可持续稳定的生态机制》，《齐鲁学刊》，2003年第4期。
② 杨仁厚：《发展政治学》，贵州：贵州大学出版社，2013年。

定的"馅饼";经济发展是政治稳定的"陷阱";经济发展与政治稳定不是线性关系。由此可知,这些因素与政治稳定的因果机制不完善,存在一定的研究拓展空间,需要进一步探索。

第三,实现政治稳定的途径有待进一步细化。

实现政治稳定总体上存在两种路径:广义的政治稳定机制和狭义的政治稳定机制。广义的政治稳定机制虽然内容丰富,但是似乎成了能够容纳万物的"百宝箱",同时存在针对性不强的缺陷。狭义的政治稳定机制虽然有比较详细、具体的机制措施,但是存在头痛医头,脚痛医脚的倾向。政治稳定绝不仅是一个政治领域的议题,经济因素、社会因素和文化因素对政治稳定的影响也不容忽视。未来政治稳定机制需要在广义政治稳定机制和狭义政治稳定机制之间寻求平衡。

二、沙特政治稳定的研究综述

国内外关于沙特的研究成果众多,涉及沙特历史研究、现代化研究、政治发展研究、对外关系研究等多个方面,其中部分内容涉及沙特政治稳定议题。下文将从国外研究和国内研究两个方面展开简要概述。

(一) 国外关于沙特政治稳定的研究

国外学者,尤其是西方国家学者关注沙特政治稳定始于1973年阿拉伯国家实施"石油禁运"和随之而来的石油繁荣。国外学者对沙特政治稳定研究已经有较长的时间,并且取得了较为丰富的成果。

西方学者因研究视角、评价标准和关注点不同,对沙特能否保持稳定持有不同观点。第一种观点是悲观论。持此观点的学者多关注沙特面临的问题,如沙特王室内部权力斗争激化、伊斯兰反对派势力壮大、政治制度不完善、贫富分化严重、社会不平等加剧等因素,因而对沙特政治稳定持悲观态度,认为沙特必将面临一场巨大的社会变革或革命,政治混乱将代替以前沙特民众的顺从和沙特社会的繁荣。其中典型代表是克里斯托弗·M.戴维森的《谢赫之后：即将崩溃的海湾君主国》[1]。第二种观点是乐观论。持此观点的学者多关注沙特现代化所取得的成就，如沙特建立了以石油工业为核心的现代工业体系，实现了经济的高速、持续发展，建成了高福利社会，同时与美国建立了紧密的政治和军事联盟，因而认为沙特能够保持稳定。其中典型代表是彼得·霍布德的《今日沙特阿拉伯》。[2] 第三种观点是折中论。持此观点的学者既认识到促使沙特政治稳定的因素，也注意到威胁政治稳定的因素。他们认为，沙特能够保持政治稳定，但是面临一系列不稳定因素的威胁。其中典型代表是格雷戈瑞·高斯的《中东新时代的沙特》。[3] 这三种观点尽管在不同时期是共存的，且相互竞争，但是在不同时期占据不同的地位，具有不同的影响力。自20世纪末期以来，折中论日益占据主导地位。

对于影响沙特政治稳定的因素，国外学者主要从石油、伊斯兰、与西方国家的关系、沙特家族统治等方面进行了分析。

1. 石油食利国家的视角

沙特是世界石油超级大国，号称"石油王国"。巨额的石油收入使沙特政府能够分配福利，控制国民经济，形成强大的政府机构和"收买"政治反对派。有关这方面论述的代表作包括贾科莫·卢贤尼和哈齐姆·贝卜拉维的《食利国家》、吉尔·克里斯特尔的《海湾地区的石油与政治》、基仁·阿齐兹·乔杜里的《财富价格：中东地区的经济和机构》、格雷戈瑞·高斯的《石油君主：海湾阿拉伯国家面临的国内和安

---

[1] Christopher M. Davidson, *After the sheikhs: the coming collapse of the Gulf monarchies*, London: Hurst, 2012.

[2] [英] 彼得·霍布德：《今日沙特阿拉伯》，周仲贤、余程译，北京：新华出版社，1981年。

[3] F. Gregory Gause Ⅲ, *Saudi Arabia in the New Middle East*, Council on Foreign Relations, Council Special report No. 63, December 2011.

全挑战》、马修·R. 西蒙斯的《沙漠黄昏：即将来临的沙特石油危机与世界经济》。① 现有文献认为，石油财富主要通过以下途径影响沙特政治稳定。

第一，大量的石油资源使沙特建立了大量管控社会和安全事务的政府机关。

在石油繁荣之前，由于缺乏稳定的财政收入来源，沙特无力建立规模庞大的政治机构，无力雇佣大量的政府工作人员。阿卜杜勒·阿齐兹国王只能依赖其亲戚和值得信赖的谋士以私人代表的形式管理国家事务。当石油充盈国库时，包括暴力机器在内的国家机构不断膨胀。官僚机构成为统治者实施国家发展项目、向社会各个阶层分配财富与福利的执行者。警察部门、安全部门和情报部门等政府部门成为沙特监控社会的重要工具。

第二，大量的石油资源使沙特政府能够以"免费"方式向国民提供广泛的社会服务，如教育、医疗卫生、住房、消费品和其他服务。

在沙特，统治者与民众往往达成"口头协定"：民众享受政府提供的从摇篮到坟墓的福利体系，政府则换取民众的政治忠诚。沙特的《基本法》确认了居民享有的权利。例如，《基本法》第 28 条规定，"沙特政府为那些有能力工作的人提供就业机会"。沙特居民不向国家缴纳任何赋税（除了天课），但可以享有广泛且优渥的福利性服务。但是任何质疑沙特王室的人，将会因被剥夺公民身份而面临失去其享有的国家福利权利的风险。尽管沙特公民被剥夺公民权的可能性很小，但是这对公

---

① Giacomo Lucianni & Hazem Beblawi（eds.），*The Rentier State*，London：Croom Helm，1987；Jill Crystal，*Oil and Politics in the Gulf*，Cambridge：Cambridge University Press，1995；Kiren Aziz Chaudhry，*The Price of Wealth：Economies and Institutions in the Middle East*，Ithaca，NY：Cornell University Press，1997；F. Gregory Gause Ⅲ，*Oil Monarchies：Domestic and Security Challenges in the Arab Gulf State*，New York：Council of Foreign Relations，1994；［美］马修·R. 西蒙斯：《沙漠黄昏：即将来临的沙特石油危机与世界经济》，徐小杰译，上海：华东师大出版社，2006 年。

民而言是巨大威胁，因而促使公民必须与统治者保持良好关系。大批外籍劳工虽然为沙特经济社会发展做出了重大贡献和牺牲，但是不能享有同等的福利体系。因此，与外籍劳工相比，沙特公民的福利体系特权具有显著优越性，这加剧了本国国民对失去享有国家福利权利的恐惧，进而促使沙特公民服从沙特政府当局。

第三，食利经济直接或者间接削弱了沙特政治反对派的经济社会基础。

在沙特，几乎所有政治组织逐渐成为国家的委托人，因为巨额的石油收入使沙特王室成为国民经济的主宰者。一方面，王室大力发展广泛的基础设施，如道路、自来水厂和管道、机场和港口，这致使沙特各类经济利益集团对王室和政府具有依赖性。另一方面，国家为了推动国家经济发展，给予本国各类利益集团众多商业特权。因此这些家族为了持续获得特许权选择支持沙特王室。此外，沙特统治者利用丰富石油资源带来的巨额财富，与民众成立"口头协定"：民众享受政府提供的从摇篮到坟墓的福利体系，政府则换取民众的政治忠诚。但是任何质疑沙特王室的人会因被剥夺公民身份而面临失去其享有国家福利的风险，大部分民众为了享有优渥的福利忠于或者服从沙特王室和政府。在沙特政治力量问题稳定的情况下，多数利益集团和民众支持沙特王室削弱沙特国内的政治反对派力量。因此，沙特利用食利经济在一定程度上直接或者间接削弱了沙特政治反对派的经济社会基础。

2. 伊斯兰教瓦哈比派的视角

现代沙特阿拉伯是沙特家族与瓦哈比派联盟对外扩张的结果。马达维·拉希德强调，伊斯兰教是国家政权的意识形态基础，渗透到社会的各个层面。[1] 沙特的《基本法》第1条规定，沙特是伊斯兰国家，根据

---

[1] See Madawi al-Rasheed, *Contesting the Saudi State: Islamic Voices from a New Generation*, Cambridge & New York: Cambridge University Press, 2006.

导 论

伊斯兰法律（"沙里亚"）统治国家。因此许多学者从伊斯兰教瓦哈比派视角研究沙特政治稳定，其中代表性成果有：亚历山大·布莱的《沙特宗教精英（乌勒玛）：沙特阿拉伯王国政治体系的参与者》、约瑟夫·克奇奇安的《乌勒玛在伊斯兰国家政治中的作用：以沙特阿拉伯为案例》、艾曼·亚辛尼的《宗教与国家：沙特阿拉伯》、马蒙·法兰蒂的《沙特阿拉伯和政治反对派》、约书亚·特伊特尔鲍姆的《假仁假义：沙特阿拉伯的伊斯兰反对派》、纳塔那·J.德龙的《伊斯兰教瓦哈比派：从复兴和改革到全球圣战》、大卫·康明斯的《瓦哈比的使命与沙特阿拉伯》、马达维·拉希德的《对沙特国家提出异议：来自新一代的伊斯兰声音》。[①] 现有文献认为，伊斯兰教主要通过以下途径影响沙特政治稳定：

第一，伊斯兰教瓦哈比派是沙特国家构建的重要工具，为沙特王室提供合法性。

1744年，穆罕默德·本·阿卜杜·瓦哈卜（Muhammad ibn Abd al-Wahhab，简称"瓦哈卜"）与沙特家族的穆罕默德·伊本·沙特（Muhammad bin Saud）建立政教联盟，双方达成协定：沙特家族保障瓦哈比派传教士与信徒的安全，并在国家层面传播瓦哈比派教义，而瓦哈比派则全心全意支持沙特家族的统治，在传道时肯定沙特家族的丰功

---

① Alexander Bligh, The Saudi Religious Elite (Ulama) as Participant in the Political System of the Kingdom, *International Journal of Middle East Studies*, Vol. 17, 1985, pp. 37 - 50; Joseph A. Kechichian, The Role of the Ulama in the Politics of an Islamic State: The case of Saudi Arabia, *Interantional Journal of Middle East Studies*, Vol. 18, 1986, pp. 53 - 71; Ayman al-Yassini, *Religion and State in the Kingdom of Saudi Arabia*, Boulder, CO: Westview Press, 1985; Mamoun Frandy, *Saudi Arabia and the politics of Dissent*, London: Macmillan Press, 1999, pp. 36 - 38; Joshua Teitellbaum, *Holier than Thou: Saudi Arabia's Islamic Opposition*, Washington. DC: Washington Institute for Near East Policy, 2000; Natana J. Delong-bas, *Wahhabi Islam: From Revival and Reform to Global Jihad*, Cairo, Egypt: The American University in Cairo Press, 2005; David Commins, *The Wahhabi Mission and Saudi Arabia*, London: I. B. Tauris, 2006; Madawi al-Rasheed, *Contesting the Saudi State: Islamic Voices from a New Generation*, Cambridge & New York: Cambridge University Press, 2006.

伟业。此后，沙特家族与瓦哈比派开启了宝剑与《古兰经》相结合的对外扩张之路，先后建立了沙特第一王国和第二王国。尽管沙特第一王国和第二王国分别于1819年和1892年覆灭，但是复兴沙特王国成为沙特家族的理想。在20世纪初，阿卜杜勒·阿齐兹恢复了沙特家族与瓦哈比派的联盟关系。自1912年开始，在瓦哈比教义的指导下，阿卜杜勒·阿齐兹建立了"伊赫万·穆瓦希德"（"敬奉唯一真主兄弟会"，简称"伊赫万"）。"伊赫万"成员成为沙特军事力量的骨干，在建立沙特阿拉伯王国过程中发挥了重要作用。最终阿卜杜勒·阿齐兹凭借"伊赫万"和伊斯兰教瓦哈比派，再次建立了现代沙特阿拉伯王国。

第二，沙特利用伊斯兰教瓦哈比派构建国家认同和统治合法性。

在建国初期，沙特是由具有不同习俗和身份认同的民众和宗教信徒组成的混合体。[①] 为了构建国家认同，阿卜杜勒·阿齐兹将瓦哈比派作为国家官方宗教，以伊斯兰教瓦哈比派作为基础构建沙特国民的国家认同。同时伊斯兰教是沙特王室构建政治合法性的工具。一方面，阿卜杜勒·阿齐兹及其继承者让高级宗教领袖参与重要政治决策，使其在诸如王位继承、战争与和平等问题上提供政治合法性。其具体方式是由"乌勒玛长老委员会"（又称"高级宗教学者委员会"）依据《古兰经》和"逊奈"颁布"法特瓦"，为国家重要政治决定提供合法性依据。另一方面，伊斯兰教瓦哈比派是抵制世俗的、反沙特家族统治的思想——纳赛尔主义和阿拉伯复兴社会主义（Ba'thism）——的有力工具。为了抵制世俗的、反沙特家族统治的思想，阿卜杜勒·阿齐兹积极支持根据瓦哈比派教义解释伊斯兰教思想。

第三，沙特王室利用伊斯兰教作为控制社会的工具。

历史上，伊斯兰统治者利用伊斯兰教遏制反对派和民众叛乱。现代

---

① Stig Stenslie, *Regime Stability in Saudi Arabia: The Challenge of Succession*, London & New York: Routledge, 2012, p. 10.

沙特同样如此。在教义上，沙特宗教学者颁布"法特瓦"宣称，反叛和破坏穆斯林社团比不公正的统治者更加恶劣。在现实生活中，沙特通过"沙里亚"法庭、"劝善惩恶委员会"和宗教警察监控社会。1970年，费萨尔国王建立司法部，其职责是管理沙特300余个"沙里亚"法庭，这些法院根据瓦哈比派宗教学者对安拉之法的严格解释宣判案件，严重的罪犯将遭到严厉惩罚。

第四，沙特利用伊斯兰教强化"伊斯兰世界盟主"的地位。

20世纪50年代至20世纪60年代，沙特成为邻国被驱逐的伊斯兰主义者的聚居地。来自世界各地的青年穆斯林在有影响力的宗教学者的鼓动下，纷纷赴沙特的伊斯兰大学学习。随着沙特石油财富集聚，沙特王室通过在世界范围内资助伊斯兰活动，对外输出伊斯兰教瓦哈比派教义，从而扩大沙特在伊斯兰世界中的影响力。沙特国家和私人性质的慈善基金会对世界各地的伊斯兰主义运动资助达到数十亿美元，因此沙特王室成为世界上最重要的伊斯兰慈善支持者。[1]

3. 沙美特殊关系的视角

沙特与美国的特殊关系意义重大。沙美双边关系始于20世纪30年代。1933年，阿卜杜勒·阿齐兹与美国加利福尼亚标准石油公司签订了授权协议，许可加利福尼亚标准石油公司在沙特进行勘探以寻找石油资源，此协议标志着沙特阿美石油公司诞生。沙特与美国特殊战略关系始于阿卜杜勒·阿齐兹与美国总统富兰克林·罗斯福于1945年2月14日在"昆西号"战舰上的首次会晤。此后维护沙美特殊战略关系成为阿卜杜勒·阿齐兹及其继承者的一贯政策。因此众多研究成果从沙美特殊关系视角来解释沙特的政治稳定，如威廉姆·B. 匡特的《20世纪80年代的沙特：外交政策、安全和石油》、大卫·E. 朗的《美国与沙特：

---

[1] J. Millard Burr & Robert O. Collins, *Alms for Jihad: Charity and Terrorism in the Islamic World*, Cambridge & New York: Cambridge University Press, 2006, p. 28.

构建稳定——"石油王国"的改革、调整与稳定

矛盾的盟友》、雷克斯·J.卡希尔的《石油与外交：美国对沙特外交政策的演进》、纳达夫·萨夫兰的《沙特阿拉伯：不断寻求安全》、安东尼·H.科德斯曼的《沙特阿拉伯进入21世纪：军事和国际安全视角》、保罗·阿尔茨的《沙特王室的持久性：对外视角》和阿迪德·I.达维沙的《沙特寻求安全》。①

进入21世纪以来，沙美特殊战略关系出现危机。在"9·11"事件后，许多学者预测，在2003年打败伊拉克萨达姆政权后，沙美特殊关系将结束。一旦美国占领伊拉克，美国会从沙特撤走军事装备，对沙特的石油依赖度也会降低。在中东变局爆发后，许多观察者预测，沙特与美国将面临外交危机。因为阿卜杜拉国王因担心中东国家政权更迭的溢出效应，反对奥巴马政府向埃及、也门等中东国家施加压力。但是，沙特与美国特殊关系的牢固程度不容低估。保罗·阿尔兹认为，沙特和美国特殊关系还没有走到"十字路口"，沙美间由来已久的"石油换安全"战略在未来一段时间内将不会结束。②

---

① William B. Quandt, *Saudi Arabia in the 1980s: Foreign Policy, Security and Oil*, Washington, DC: Brooking Institution, 1981; David E. Long, *The United States and Saudi Arabia: Ambivalent Allies*, Boulder, CO: Westview Press, 1985; Rex J. Cassils, *Oil and Diplomacy: The Evolution of American Foreign Policy in Saudi Arabia*, 1933—1945, New York: Garland, 1988; Nadav Safran, *Saudi Arabia: The Ceaseless Quest for Security*, Cambridge, MA: Harvard University Press, 1985; Anthony H. Cordesman, *Saudi Arabia Enters the Twenty-First Century: The Military and international Security Dimensions*, London: Praeger, 2003; Paul Aarts, The Longevity of the House of Saudi: Looking outside the Box, in Oliver Schlumberger (ed.), *Debating Arab Authoritarianism: Dynamics and Durability in Nondemocratic Regimes*, Stanford, CA: Stanford Unversity Press, 2007, pp. 251-67; Adeed I. Dawisha, *Saudi Arabia's Search for Security*, Adelphi Paper, No. 158, London: International Institute for Strategic Studies, 1970—1980.

② Paul Aarts, The Longevity of the House of Saud: Looking outside the Box, in Oliver Schlumberger (ed.), *Debating Arab Authoritarianism: Dynamics and Durability in Nondemocratic Regims*, Stanford, CA: Stanford Unversity Press, 2007, p. 256.

4. 其他视角的研究

迈克尔·赫布强调了沙特王室在维持政治稳定中的特殊地位。他认为，沙特政权的稳定日益取决于沙特王室自身的团结及其政权战略；沙特政权的成功取决于统治家族推动石油经济发展、宗教、文化以及其他方面的作用。[1]

斯登斯列从精英整合视角研究沙特政治，认为沙特政权长期保持相对稳定的原因是沙特王室整合了沙特王室战略精英。[2] 迈克尔·斯科特·多兰认为，沙特君主制的运转必须依赖于两大差异明显、实力强大的政治集团——西化的政治精英集团和瓦哈比宗教学者集团。进步的西化精英把欧洲和美国模式作为政治发展的典范，然而瓦哈比宗教学者试图将伊斯兰黄金时代作为政治发展的样板。[3]

还有些学者从综合视角对沙特政治稳定进行了研究。克里斯托弗·M. 戴维森探讨了影响海湾君主存续的两个因素——伊斯兰教和石油财富。海湾君主与伊斯兰势力合作，不仅可以巩固国内的权力，而且可以抵制阿拉伯民族主义和其他进步思想的传播。但是与伊斯兰势力合作是一把双刃剑，伊斯兰运动中无论是温和分子还是激进分子，都因对统治家族的非伊斯兰行为、专制、过度依赖外国安全保护和猖獗的腐败等现象不满，进而质疑国家现有的统治。海湾君主通过财富分配，满足持不同政见者的需求，进而将其纳入统治家族主导的政治轨道。但是财富分配衍生出大量的腐败。此外海湾君主面临众多社会问题，如失业、贫

---

[1] Michael Herb, *All in the Family: Absolutism, Revolution, and Democracy in the Middle Eastern Monarchies*, Albany: State University of New York Press, 1999.

[2] Stig Stenslie, *Regime Stability in Saudi Arabia: The Challenge of Succession*, London & New York: Routledge, 2012, p. 2.

[3] Michael Scott Doran, The Saudi Paradox, *Foreign Affairs*, Vol. 83, No. 1, pp. 35-51.

困、歧视、外籍劳工和教派主义。① 哈立德·沙特·胡迈迪在文献综述中梳理了影响沙特政治稳定的因素：促使沙特政权稳定的因素包括依赖外部力量的保护、选择重要的王室成员控制王国的关键部门、国内镇压、利用石油财富换取民众的忠诚、王室与伊斯兰教的乌勒玛集团形成联盟；威胁沙特政治稳定的因素涉及过度依赖美国的保护、王室内部继承争端、公民不满情绪增加和石油资源枯竭等。② 杰姆·昆利文列举了沙特维护政治稳定的举措：利用家庭、民族和宗教忠诚，组建与正规军事力量相平行的军事力量，建立安全机构，鼓励军队专业化，建立资助基金。③

在中东阿拉伯变局开始后，沙特政治稳定再次引起国外学者高度关注。杰克·库格勒分析了沙特自中东变局发生以来保持政治稳定的原因，认为沙特政治稳定依赖于宗教的和世俗的支持力量。一方面，沙特统治精英利用丰富的石油资源给沙特王室成员提供巨额的财富，给部落首领大量的补贴，给普通民众提供大量的福利，如免费的教育、土地等；另一方面，沙特王室通过赋予保守的"协商会议"（又称"舒拉委员会"，Shoura Council 或 Majlis al-Shura al-Watani）广泛的权力，获得以宗教学者为代表的穆斯林的支持。因此沙特政权获得了较广泛的政治支持者，从而能够在中短期内保持稳定。④ 格雷戈瑞·高斯概括了沙特在中东变局爆发后实现政治稳定的举措：沙特通过高福利收买民众的忠诚、利用忠于王室和训练有素的军队、动员沙特政权的庇护网络和分

---

① Christopher M. Davidson, *After the sheikhs: the coming collapse of the Gulf monarchies*, London: Hurst, 2012.

② Khalid Saud Alhumaidi, *Regime Stability in Saudi Arabia: The Role of the Population Composition Represented by Tribes*, Master Dissertation, The University of South Dakota, 2016.

③ Jame Quinlivan, Coup-Proofing: Its Practice and Consequences in the Middle East, *International Security*, Vol. 24, No. 2, p. 133.

④ Jacek Kugler, Amir Bagherpour, Mark Abdollahian & Ashraf Singer, Pathways to Stability for Transition Governments in the Middle East and North Africa, *Asian Politics & Policy*, Vol. 7, No. 1, pp. 5-38.

化改革派，促使沙特政治在当前及未来一段时间内保持稳定。他同时指出了沙特面临的挑战：王室继承更替频繁、财政赤字、青年失业率高和错失改革机遇。①

其他研究沙特政治稳定的文献包括：米迦勒·C. 哈德森的《阿拉伯政治：寻求合法性》、马蒙·范迪的《沙特阿拉伯与政治反对派》、约瑟夫·科斯迪纳的《中东君主：现代性的挑战》、伯纳德·汉克等主编的论文集《沙特转型：考察社会、政治、经济和宗教的变化》。②

其他关于沙特概况的文献也有助于研究沙特政治稳定，其中代表性著作有：彼得·霍布德的《今日沙特阿拉伯》、田村秀治的《伊斯兰盟主：沙特阿拉伯》、詹姆斯·温布兰特的《沙特阿拉伯史》、别里亚耶夫的《美帝国主义在沙特阿拉伯》、尼·伊·普罗申的《沙特阿拉伯：历史与经济概况》、威廉·匡特的《石油巨人：八十年代的沙特阿拉伯》、赛义德·萨拉赫的《沙漠——我的天堂》、莫尼尔·阿吉列尼的《费萨

---

① F. Gregory Gause Ⅲ, *Saudi Arabia in the New Middle East*, Council on Foreign Relations, Council Special report No. 63, December 2011, p. 5 - 14.
② Michael C. Hudson, *Arab Politics: The Search for Legitimacy*, New Haven: Yale University Press, 1977; Mamoun Fandy, *Saudi Arabia and the Politics of Dissent*, New York: St. Martin's Press, 1999; Joseph Kostiner, *Middle East Monarchies: The Challenge of Modernity*, Boulder, Colo: Lynne Rienner Publishers, 2000; Joseph Kostiner, *Middle East Monarchies: The Challenge of Modernity*, Boulder, Colo: Lynne Rienner Publishers, 2000; Bernard Haykel, Thomas Hegghammer & Stephane Lacroix (eds.), *Saudi Arabia in Transition: Insights on Social, Political, Economic and Religious Change*, Cambridge: Cambridge University Press, 2015.

尔传》、凯迈勒·吉拉尼的《法赫德传》。①

(二) 国内关于沙特政治稳定的研究

与西方相比，由于起步较晚，中国学者对沙特的研究相对滞后；与中国对中东其他大国如伊朗、土耳其等的研究比较，对沙特的研究也相对薄弱。目前国内关于沙特政治稳定的研究主要散见于以下几类成果之中。

在学术著作方面，第一类是对沙特的政治、经济等方面展开专门研究的著作。孙鲲概述了当代沙特经济，尤其是石油经济的发展和现状。② 黄民兴分析了沙特人力资源发展。③ 王铁铮详细研究了沙特从部落酋长国演变为现代民族国家的发展历程。④ 吴彦介绍了沙特现代政治发展轨迹。⑤

第二类是关于中东研究的著作在部分章节中研究了沙特的经济、政

---

① [英]彼得·霍布德：《今日沙特阿拉伯》，周仲贤、余程译，北京：新华出版社，1981年；[日]田村秀治：《伊斯兰盟主：沙特阿拉伯》，陈生保等译，上海：上海译文出版社，1981年；[美]詹姆斯·温布兰特：《沙特阿拉伯史》，韩志斌、王泽壮译，上海：东方出版中心、2009年；[苏联]别里亚耶夫：《美帝国主义在沙特阿拉伯》，商杰译，北京：商务印书馆，1958年；[苏联]尼·伊·普罗申：《沙特阿拉伯：历史与经济概况》，北京大学历史系翻译小组译，北京：人民出版社，1973年；[美]威廉·匡特：《石油巨人：八十年代的沙特阿拉伯》，李国富、伍永光译，北京：世界知识出版社，1986年；[沙特]赛义德·萨拉赫著：《沙漠——我的天堂》，仲跻昆、赵龙根译，南京：江苏人民出版社，1983年；[叙利亚]莫尼尔·阿吉列尼：《费萨尔传》，何义译，北京：商务印书馆，1977年；[沙特]凯迈勒·吉拉尼：《法赫德传》，王贵发译，北京：中国和平出版社，1994年。

② 孙鲲主编：《沙特经济新貌》，北京：时事出版社，1989年。

③ 黄民兴：《沙特阿拉伯——一个产油国人力资源的发展》，西安：西北大学出版社，1998年。

④ 王铁铮主编：《沙特阿拉伯的国家与政治》，西安：三秦出版社，1997年。

⑤ 吴彦：《沙特阿拉伯政治现代化进程研究》，杭州：浙江大学出版社，2011年。

治和伊斯兰教问题。刘竞、安维华主编的《现代海湾国家政治体制研究》①是第一部专门论述海湾国家或中东国家政治体制的著作，②该书介绍了海湾国家政治体制的历史与演变，以及政治体制中的权威人物、部落、伊斯兰教等因素，其中第六章详细介绍了沙特的政治体制。杨灏城和朱克柔着重探讨了沙特的宗教与世俗关系的由来、发展、演变及其现实的状况。③哈全安论述了沙特从部落酋长国到石油时代的现代化历程。④李意探讨了中东国家如何建立政权的政治合法性，分析了中东各国统治者的政治合法性和伊斯兰教的关系，他的《当代中东国家政治合法性中的宗教因素》的第四章分析了沙特政治合法性的特点。⑤彭树智专门探讨了战后沙特伊斯兰教与现代化的关系：乌勒玛集团与世俗政权合作，为国家的现代化政策提供论证和辩护。⑥

第三类是介绍沙特概况的著作，为研究沙特政治稳定提供了有益知识储备。具体有众志的《沙特阿拉伯》、北京大学亚非研究所西亚研究室编著的《石油王国沙特阿拉伯》、钱学文的《当代沙特阿拉伯王国社会与文化》、王铁铮和林松业的《中东国家通史：沙特阿拉伯卷》、邓浩和颜国栋编著的《对沙特阿拉伯出口指南》、刘元培编著的《沙特阿拉伯》、张浩和张允编著的《沙特阿拉伯》、雷志义和史正涛的《走向沙特

---

① 刘竞、安维华主编：《现代海湾国家政治体制研究》，北京：中国社会科学出版社，1994年。
② 冬生：《一部关于中东政体的好书——评介〈现代海湾国家政治体制研究〉》，《西亚非洲》，1995年第1期。
③ 杨灏城、朱克柔主编：《当代中东热点问题的历史探索：宗教与世俗》，北京：人民出版社，2000年。
④ 哈全安：《中东国家的现代化历程》，北京：人民出版社，2006年。
⑤ 李意：《当代中东国家政治合法性中的宗教因素》，北京：世界知识出版社，2017年。
⑥ 彭树智主编：《伊斯兰教与中东现代化进程》，西安：西北大学出版社，1997年。

阿拉伯》、陈沫的《列国志：沙特阿拉伯》。① 近年来，中国曾经在沙特工作过的外交官或者工作人员也撰写了一些介绍沙特基本情况的书籍，代表性著作包括郁兴志的《在沙特当大使的日子》、郑达庸和李中的《沙漠王国——沙特》、杨洪林的《沙特情怀》、郑达庸的《沙漠绿洲——沙特阿拉伯》、郑达庸和李中的《中国驻中东大使话中东：沙特》。②

在学术论文方面，国内学术界对沙特政治稳定研究不断深入，同时具有明显的阶段性。20世纪90年代，国内对沙特政治稳定的研究处于起步阶段。刘鸿武认为，沙特君主制能够长期延续的根源包括：家族政治传统在现代社会的延续；西方政治制度和文化对沙特的影响有限；保守的伊斯兰教政治价值标准有益于君主制存续；巨额石油财富缓解了社会矛盾和政治冲突；沙特君主自身不断调整以适应社会变革。③ 李绍先较详细地介绍了沙特的大臣会议，认为沙特大臣会议的建立、发展和演进是沙特政治能够长期稳定的原因之一。④ 赵国忠考察了沙特家族治国

---

① 众志：《沙特阿拉伯》，北京：世界知识出版社，1959年；北京大学亚非研究所西亚研究室编著：《石油王国沙特阿拉伯》，北京：北京大学出版社，1985年；钱学文：《当代沙特阿拉伯王国社会与文化》，上海：上海外语教育出版社，2003年；王铁铮、林松业：《中东国家通史：沙特阿拉伯卷》，北京：商务印书馆，2004年；邓浩、颜国栋编著：《对沙特阿拉伯出口指南》，北京：中国经济出版社，1994；刘元培编著：《沙特阿拉伯》，沈阳：辽宁教育出版社，2000年；张浩、张允编著：《沙特阿拉伯》，乌鲁木齐：新疆人民出版社，2008年；雷志义、史正涛：《走向沙特阿拉伯》，北京：世界知识出版社，2010年；陈沫：《列国志：沙特阿拉伯》，北京：社会科学文献出版社，2011年。

② 郁兴志：《在沙特当大使的日子》，上海：上海辞书出版社，2009年；郑达庸、李中：《沙漠王国——沙特》，上海：上海锦绣文章出版社，2010年；杨洪林：《沙特情怀》，南京：南京师范大学出版社，2012年；郑达庸：《沙漠绿洲——沙特阿拉伯》，乌鲁木齐：新疆人民出版社，2013年；郑达庸、李中：《中国驻中东大使话中东：沙特》，北京：世界知识出版社，2014年。

③ 刘鸿武：《论君主制在沙特阿拉伯长期延续的根源》，《西亚非洲》，1991年第2期。

④ 李绍先：《沙特阿拉伯王国政府——大臣会议》，《西亚非洲》，1992年第4期。

的特点及其对政治稳定的影响。①

　　"9·11"事件爆发后,国内关注沙特政治稳定的论文日益增多。李志星分析了沙特政治稳定在"9·11"事件后面临的危机:"基地"组织与沙特王室反目,多次发动恐怖袭击,致使沙特遭遇严重的安全危机;瓦哈比内部激进势力泛滥,王权与教权关系紧张,威胁王室统治根基;沙特民众对沙特王室统治不满,改革呼声高涨;美沙长期战略盟友关系有了裂痕。②卢少志和贾淑荣分析了全球化对沙特政治稳定的冲击,主要探讨了中东民主化浪潮、新兴中产阶级政治参与诉求增加、宗教政治反对派兴起等因素对沙特政治稳定产生的消极影响。③毕健康考察了沙特王位继承制度的发展历程及其对政治稳定的影响。④

　　中东变局以来,国内关注沙特政治稳定的论文再次增多。丁隆认为,保持政治稳定的因素是源于传统的政治合法性、地租型经济、以家族和部落为核心的政治联盟、外部力量支持。阿拉伯君主制虽然仍将长期存在,但也面临诸如经济、民生等问题,族际、教派冲突等挑战。阿拉伯君主制国家须通过改革,适应快速变化的经济、社会现实。⑤胡雨认为,阿拉伯君主国凭借传统的宗教政治合法性、丰富的石油资源、侍从关系网络和强制性的政治手段,加之海合会国家间的相互援助以及西方国家的默许支持,维持了相对有效的政治稳定。但同时沙特也面临社会经济发展停滞、政治改革滞后、"青年人膨胀"、教派冲突频仍、王权继承危机等一系列严重问题。阿拉伯君主国要维持政治稳定应该走上渐

---

① 赵国忠:《沙特家族化治国模式》,《西亚非洲》,2000年第4期。
② 李志星:《身陷困局的沙特王室命运》,《现代国际关系》,2004年第9期。
③ 卢少志、贾淑荣:《全球化与沙特阿拉伯的政治民主化进程》,《内蒙古民族大学学报》,2003年第3期。
④ 毕健康:《沙特阿拉伯国家构建与王位继承》,《国际政治研究》,2010年第3期;毕健康:《沙特阿拉伯王位继承问题刍论》,《西亚非洲》,2010年第2期。
⑤ 丁隆:《阿拉伯君主制政权相对稳定的原因探析》,《现代国际关系》,2013年第5期。

进改良的中间道路,即在稳定和秩序的基础上,以循序渐进的方式,积极推进全方位改革,努力实现制度变革。① 雷昌伟分析了沙特王室与政治稳定的关系,强调沙特政权的稳定取决于王室内部的联盟、分权、制衡同决策能力和领导能力之间的平衡。② 虎翼雄认为,沙特政权保持稳定的原因是以动态多元平衡实现王室内部的稳定,以动态多元平衡应对意识形态和安全挑战,以动态多元平衡推动王国渐进性改革,这使沙特沿着一个渐进性改良的方向发展,保持了政权的稳定。③ 吴彦认为,家族政治是沙特政治稳定的一个重要因素,具体体现在沙特家族通过控制石油经济而间接地控制社会变动,以高福利的社会政策和广泛的社会补贴换取民众的忠诚和顺从,在一定程度上有利于确保政治稳定和巩固政治霸权。④

3. 现有研究存在的不足

第一,静态研究较多,缺乏动态研究。

虽然静态研究有助于深入研究,但是容易出现"只见树木,不见森林"的困境。多数研究缺乏动态研究,致使得出的政治稳定与影响政治稳定因素之间因果关系不准确。例如,在石油方面,沙特丰富的石油资源尽管为沙特提供了巨额石油收入,但是也导致沙特利益多元化、社会利益集团分化重组,给沙特政治稳定带来隐患。因此沙特石油并不能直接使沙特政治稳定。沙美关系对沙特政治稳定的影响同样是因时而异。在冷战时期,由于苏联威胁沙特、海湾和中东的安全,沙特与美国形成了联盟。但是冷战结束后,苏联的威胁不复存在,美国开始要求沙特推行民主化,试图改造伊斯兰世界,这致使沙特国内反美力量增加,沙美

---

① 胡雨:《中东变局与中东君主制国家政治稳定》,《国际论坛》,2014 年第 2 期。
② 雷昌伟:《王室权力机制与沙特政权之稳定》,《阿拉伯世界研究》,2015 年第 6 期。
③ 虎翼雄:《沙特阿拉伯政权稳定的根源》,《理论视野》,2017 年第 7 期。
④ 吴彦:《沙特阿拉伯家族政治的演变特征》,《西亚非洲》,2017 年第 2 期。

特殊关系成为沙特国内反对派攻击沙特政府和沙特家族的重要原因。上述研究文献对政治稳定与影响政治稳定的因素之间因果机制的复杂性缺少足够重视。未来研究需要静态研究与动态研究相结合，弥补上述不足。

第二，突出了社会因素，忽视了国家的自主性。

现有研究多从石油经济、伊斯兰教、与美国的特殊关系等因素分析沙特政治稳定，但是上述因素多是影响沙特政治稳定的社会性因素或者外部因素。马克思主义辩证法认为，内因是事物自身运动的源泉和动力，是事物发展的根本原因；外因是事物发展、变化的第二位的原因；内因是变化的根据，外因是变化的条件，外因通过内因而起作用。从辩证法看，现有文献忽视了政治稳定的内因，即国家治理能力和政治体系的调控能力。从国家与社会关系角度看，"社会中心论"和"国家中心论"是政治研究中相互竞争的研究视角。现有文献多重视政治稳定的经济、文化、社会因素，而忽视了沙特国家及其制度对政治稳定的作用，国家似乎成为其他因素"任意装扮的小姑娘"。可见，现有文献明显具有"社会中心论"色彩。但是，国家在政治稳定中的作用不仅不容忽视，而且有加强趋势。未来政治稳定研究需要进一步重视和发掘国家建设及其制度和政策调整的独特作用。

第三节　研究思路、研究方法和内容结构

一、研究思路

本书的重点是运用政治发展理论尤其是政治稳定理论，考察沙特构建政治稳定的举措和方式。本书的研究视角是国家与社会双向互动视角，关注国家主导下的国家与社会各方面的冲突和合作，立足于国家而

兼顾国家与经济、社会的关系。本书的研究逻辑是以政治系统理论和国家与社会互动关系理论为理论基础，以国家制度改革和政策调整为视角，提出构建政治稳定的理论框架，对沙特政治稳定进行案例研究。本书将分析沙特构建政治稳定的路径、方式、措施，评价沙特维护政治稳定的效果，总结沙特在构建政治稳定过程中面临的问题与挑战，展望沙特政治稳定的前景。

二、研究方法

（一）规范分析和经验分析相结合

政治学最重要的两种分析方法是规范分析方法和经验分析方法。规范分析方法所要研究的是价值性的"应该怎样"的问题，而经验分析方法所要研究的是工具性的"是什么"的问题。两种分析方法虽然有明显区别，但是关系密切。规范研究必须以一定的实证研究为基础，必须有充分的经验证据做支撑；实证研究最终要服务于规范研究。本书的研究对象政治稳定包括两个层面：应然层面和实然层面。在第一章中，文章定义了政治稳定的概念、特点、衡量指标和构建政治稳定的方式和措施，属于规范分析层面；在第二、三、四、五章中，文章以沙特政治稳定作为研究对象，详细考察了沙特如何从制度建设、政治整合、意识形态和社会经济绩效提升等层面实现政治稳定。因此，规范分析和经验分析的结合是本书总体上的研究方法。

（二）系统分析法

系统分析法是一种把要解决的问题作为一个系统，对系统要素进行综合分析，找出解决问题的可行方案的研究方法。政治稳定是一项系统工程，是政治发展过程中各层面协调共进的结果，是影响政治稳定的诸因素之间形成的一种动态均衡。因此系统分析法是研究沙特政治稳定的一个重要研究方法。笔者拟以系统的视角研究沙特政治稳定，分析沙特政治体系自身各要素间的互动、沙特政治系统与社会环境间的互动，而不是孤立地看待影响政治稳定的单个因素。

（三）历史分析法

历史分析法是运用发展、变化的观点分析客观事物和社会现象的方法，既可以进行多个案例的平行比较，也可以进行单个案例内不同历史时期的比较。沙特自建国以来，政治稳定面临的经济、社会、政治条件发生了显著变化，实现政治稳定的方式和手段也发生了明显变化。本书以沙特政治稳定作为研究对象，以历史视角考察沙特政治发展过程中政治、经济、思想变化的表现和方式。

（四）文献研究法

文献研究法是充分运用国内外公开出版的著作、译著、史料、档案、调研报告、回忆录、讲话稿、政府文件、统计资料等，并通过对文献的研究形成对事实的科学认识的方法。笔者试图通过搜集和查阅相关学者的著作和论文、政治机构的正式文件、国际组织机构的报告、研究机构和智库的学术成果、包括沙特在内的主要媒体的评论，对其中与沙特政治稳定相关的资料进行整理和分析，了解和认识沙特政治稳定的总体概况、阶段性特征、影响因素、应对举措、成效和前景等，在此基础上全面、深入地理解和掌握沙特政治稳定的独特性和一般性。

三、内容结构

本书分为四部分，共六章，具体内容结构如下：

第一部分为导论。主要介绍本书的研究背景和研究意义，概述国内外研究政治稳定和沙特政治稳定的源流、流派、成果和不足，进而提出本书的研究视角，确立本书的理论基础。

第二部分为理论框架，即第一章"核心概念和研究框架"。首先，对政治稳定的相关理论进行梳理，界定政治稳定的基本内涵、特征、衡量指标；其次，借用国家理论和制度理论的有关内容，提出构建政治稳定的方式和举措；最后，分析研究框架对研究沙特政治稳定的适用性。

第三部分为分析框架的具体应用部分，包括第二章至第六章。第二章重点关注沙特推进政治制度建设与政治稳定的关系，概述沙特自建国以来政治制度建设面临的问题及其对沙特政治稳定的负面影响，重点梳理沙特改革和调整政治制度的过程和举措，评价政治制度建设对政治稳定的影响。第三章重点关注沙特强化政治吸纳与政治稳定的关系，介绍沙特传统政治集团和新兴政治集团的分化重组及其对沙特政治稳定的负面影响，详细分析沙特强化吸纳各个政治集团的机制和举措，最后评估强化政治吸纳对沙特政治稳定的影响。第四章重点关注沙特引领主流政治文化与政治稳定的关系，指出沙特主流政治文化和社会主流思潮面临的多元化挑战及其对政治稳定的消极影响，归纳沙特引领主流政治文化和社会主流思潮的路径和举措，评估沙特引领主流政治文化和社会主流思潮对政治稳定的影响。第五章重点关注沙特提升经济社会绩效与政治稳定的关系，概括沙特在发展过程中面临的经济危机和社会挑战及其对政治稳定的威胁，归纳沙特发展经济的政策和解决社会问题的路径和举措，评估沙特提升经济社会绩效对政治稳定的影响。第六章重点关注沙特在构建政治稳定过程中仍然面临的问题和挑战。

第四部分为结语部分，总结沙特构建政治稳定的方式和举措，归纳沙特维护政治稳定过程的特点，预测沙特政治稳定的前景。

第一章
核心概念和研究框架

第一节 政治稳定的概念界定

政治稳定不仅是本书的研究对象,而且是本书的核心概念。准确把握政治稳定的科学内涵,是本书研究的前提和出发点。

一、政治稳定的内涵

政治稳定不仅是普通民众、执政者、政府和国际社会共同关注的重大实践课题,更是当代政治学,尤其是发展政治学持续探索的核心理论议题。政治稳定理论研究肇始于古希腊时期的思想家、政治家亚里士多德;现代政治稳定理论研究始于20世纪50、60年代。在政治实践和政治理论发展过程中,众多学术成果不仅从多个视角、多个维度界定政治稳定概念,而且不断引申和扩展政治稳定概念,因而政治稳定概念众说纷纭，其中具有代表性的概念就有十几种[①]。政治稳定的界定应从以下维度展开。

第一，从政治系统的总体状态界定政治稳定。政治稳定"是人类政治生活的一种状态"[②]。具体而言，政治稳定是对政治体系总体性状态的描述。塞缪尔·P. 亨廷顿指出了政治稳定的理想状态——秩序性和继承性。部分学者强调政治稳定是一种维持原有关系的状态。如丁·普拉诺等著的《政治学分析辞典》对政治稳定的定义："稳定是指系统的组成部分保持或恢复到固定关系的一种状态。"[③] 吉斯·M. 道丁和理查德·金伯认为："政治稳定是指特定政治体系的某种存在状态……自身特征并不会因突发性事件的冲击而发生变化。"[④] 部分学者强调政治稳定的多方面特征。莱昂·赫尔维茨认为界定政治稳定的维度至少存在五种：没有暴力、持久的政府生命力、合法宪政的存在、从未发生结构性变化、多维的社会属性。[⑤] 部分学者强调政治稳定是一种政治系统与社会系统互动所呈现的状态。李元书认为，政治稳定是"政治系统为适应社会环境系统的变化和发展所建立或维持的一种有序社会政治态势"[⑥]。

政治稳定作为一种社会政治状态，具有两个层次的状态。作为目标

[①] Svante Ersson & Jan-Erik, Political Stability in European Democracies, *European Journal of Political Research*, Vol. 11, No. 3, pp. 245 - 246，转引自郑慧：《政治稳定概念辨析》，《社会主义研究》，2002年第4期，第48至52页。

[②] 雷振文：《转型期中国政治秩序调适路径探析》，中央党校博士学位论文，2007年，第20页；宋效峰：《马来西亚现代化进程中的政治稳定：政党制度的视角》，山东大学博士学位论文，2009年，第28页。

[③] 郑慧：《"政治稳定"概念辨析》，《社会主义研究》，2002年第4期，第48页。

[④] Keith M. Dowding and Richard Kimber, The Meaning and Use of Political Stability, *European Journal of Political Research*, Vol. 11, No. 3, 1983, pp. 238 - 239.

[⑤] Leon Hurwitz, Contemporary Approaches to Political Stability, *Comparative Politics*, Vol. 5, No. 3 (1973), pp. 449 - 463.

[⑥] 李元书：《政治发展导论》，北京：商务印书馆，2001年，第261页。

第一章　核心概念和研究框架

状态的政治稳定，政治稳定就是政治秩序的完全确立与充分有效的实施。但是政治秩序的确立与实施需要一系列条件的支持，政治稳定的目标状态难以实现，因而政治稳定还有另一层次的状态——现实状态。作为现实状态的政治稳定，政治稳定是政治秩序有效实施的范围和程度，"将社会利益矛盾和政治冲突控制在一定秩序内"①。

第二，从政治体系构成要素角度理解政治稳定。从政治体系构成要素的关系界定政治稳定，是研究政治稳定的重要视角。由于政治体系由众多要素构成，所以政治稳定主要体现在"系统内部各要素排列秩序的合理性"②。从构成要素角度理解政治稳定，代表性观点有以下几种。(1) 三要素说。邓伟志从政权体系、权力结构和政治过程界定政治稳定，认为"政治稳定包括稳定的政权体系、合理的权力结构和有序的政治过程等三个不同层次"③。朱光磊和于丹从政治体系、意识形态和政治过程界定政治稳定，"政治稳定包括政治体系稳定，稳定的意识形态和有序、有效的政治过程三个相互作用的层次"④。(2) 五要素说。王英认为，"政治稳定包括国家政权稳定、政府稳定、基本政策稳定、政治生活秩序稳定、社会政治心理稳定等"⑤。(3) 六要素说。派伊列举了政治稳定的六项标准：政治文化的一体化、政治权威和职责的合法性、政府的有效性、政治的包容性、公民政治参与与政府决策的一致

---

① 鞠健：《新时期中国政治稳定问题研究》，南京师范大学博士学位论文，2006年，第12页。
② 吴志成：《关于政治稳定理论的几个问题》，《湖北大学学报》，1997年第1期，第103页。
③ 邓伟志主编：《变革社会中的政治稳定》，上海：上海人民出版社，1997年，第24页。
④ 朱光磊、于丹：《中国意识形态建设面临的双重挑战与政治稳定》，《马克思主义与现实》，2010年第3期，第72页。
⑤ 王英：《政治和谐：挑战与对策——以利益分析为视角》，中国社会科学院博士学位论文，2010年，第40页。

性、社会分化的均衡性。① 吴志成认为，"政治稳定的内容包括：国家主权的稳定、政权稳定、政府稳定、政策稳定、政治生活秩序的稳定、社会政治心理的稳定"②。

第三，从过程角度理解政治稳定。政治体系不是静止不动的，而是时时运转的。政治系统的运转包括输入、转换、输出和反馈四个核心环节。政治稳定的实现取决于政治系统与社会系统之间的互动。"政治系统为适应社会环境变化而不断调整各要素之间的结构，并保持相对平衡与协调，进而使政治系统的运行呈现出有序性和连续性的状态。"③ 因此吉斯·M. 道丁和理查德·金伯认为政治稳定是"政治体系有能力克服危险的突发事件对自身生存的威胁，自身特征并不会因突发性事件的冲击而发生变化"④。

政治稳定的实现不仅取决于政治系统与社会系统之间的互动，更取决于政治系统与社会系统实现协调性的方式和手段。面临社会环境系统的种种变化和压力的政治体系，运用一系列包括政治制度和政治体制在内的多种调节机制，将社会利益矛盾和冲突控制在一定秩序内，维持政治发展有序性与社会发展可控性。⑤ 政治稳定的实现不仅取决于政治系

---

① Lucian W. Pye, Introduction: Political Culture and Political Development, in Lucian W. Pye & Sindey Verba (eds.), *Political Culture and Political Development*, New Jersey, USA: Princeton University Press, 1965, pp. 3 - 26.

② 吴志成：《关于政治稳定理论的几个问题》，《湖北大学学报》，1997年第1期，第103页。

③ [美]戴维·伊斯顿：《政治生活的系统分析》，王浦劬等译，北京：华夏出版社，1989年，第39页。

④ Keith M. Dowding and Richard Kimber, The Meaning and Use of Political Stability, *European Journal of Political Research*, Vol. 11, No. 3 (1983), pp. 238 - 239.

⑤ 左宏愿：《民族地区政治稳定理论探析：内涵、特征与影响因素》，《广西民族研究》，2011年第2期，第17至19页；张吉军、汪金国：《"后阿富汗战争时代"阿富汗政治稳定发展研判：国家治理的视角》，《南亚研究》，2014年第1期，第145页；施雪华：《政治现代化比较研究》，武汉：武汉大学出版社，2006年，第551页；何精华：《市场化进程中的制度安排与政治稳定》，《政治学研究》，2003年第1期，第78至82页；杨鲁慧：《政治稳定：东亚国家社会转型的先决条件》，《国家行政学院学报》，2013年第3期，第118页；化涛：《论当代中国社会转型期的政治稳定》，《理论导刊》，2010年第4期，第40页。

第一章 核心概念和研究框架

统与社会系统之间的互动，更取决于政治系统对社会系统的适应能力。派伊认为："稳定的基础是有能力从事有目的、有秩序的变迁。"[1] 刘晓凯将政治稳定界定为："政治体系有能力化解合法性危机、认同危机、参与危机、命令贯彻危机和分配危机，并不断获得广泛社会认同的过程。"[2]

综合上述三个维度，政治稳定的概念可表述如下：政治稳定是指面临社会环境系统变化和压力的政治系统运用各种调节机制，将社会利益矛盾和政治冲突控制在一定秩序范围内，从而实现政治系统运行和发展的有序和可控状态。

二、政治稳定的衡量指标

政治稳定的表现具有显著的规范性描述色彩，因此衡量政治稳定的指标具有较强的主观色彩。衡量政治稳定的指标应包括以下指标：

（一）国家基本政治制度维持和可持续的程度

政治活动是人类的集体行动，集体行动为了避免冲突需要一套行为规则——制度。"制度是社会博弈的规则，是人所创造的用以限制人们相互交往的行为框架。"[3] 制度对政治稳定具有重要作用，正如诺斯所说："在社会中制度的主要作用是通过构建一个稳定的结构来减少不确

---

[1] Lucian W. Pye, *Aspects of Political Development*, Boston, MA: Little, Brown & Co., 1966, p. 41.
[2] 刘华安：《当代中国政治稳定机制研究》，中共中央党校博士学位论文，2005年，第4页。
[3] Peter A. Hall & Rosemary C. R. Taylor, Political Science and the Three New Institutionalisms, *Political Studies*, Vol. 44, No. 5 (1996), pp. 936-957.

定性。"①

政治制度稳定是政治体系的骨架和"硬件",因而是政治稳定的根本性标志。政治制度是指"一国宪法和有关法律规定本国的一系列基本政治制度,包括国家性质、国家形式和保持国家机器正常运转的具体规则等"②。

政治制度稳定程度反映政治稳定程度。如果社会不存在破坏和反对这些基本政治制度的群体性力量和有组织的行为,政治制度能够有效运行,则表明政治稳定;如果这些基本政治制度能够适应经济社会变革的需要而不断调整自身,而且这种调整是渐进有序的,则表明政治稳定可以维持,否则表明政治稳定受到不同程度的威胁。

(二) 政治体系中主要政治力量的结构关系相对稳定,变化有序

社会政治力量是推动政治体系演变的根本力量,是决定政治稳定趋势的决定性因素。社会政治力量的结构关系反映政治稳定程度的三个层次:首先,当各种社会政治力量维持相对均衡状态,则推动政治体系变化的动力较小,因此政治体系处于稳定状态;其次,在社会变革过程中,各种社会政治力量对比关系发生变化,社会政治力量间的冲突趋于激化,但是主导性社会政治力量(联盟)和国家制度能够控制社会政治力量结构,调节社会矛盾和冲突,则政治稳定仍然可以维持;最后,若各种社会政治力量间的冲突激化,同时主导性政治力量(联盟)不复存在,则政治不稳定是必然结果。

---

① Douglass North, *Institutions, Institutional Change, and Economic Performance*, New York: Cambridge University Press, 1990, p. 6.
② 许和隆:《冲突与互动:转型社会政治发展中的制度和文化》,苏州大学博士学位论文,2006年,第53页。

(三) 政治文化稳定

如果说政治制度是政治体系的"硬件",政治文化可谓是政治体系的"软件"。政治文化包括政治价值观、政治态度、政治情感、政治认同等要素。政治文化是政治体系的合法性基础,"政治文化比外在的政治制度对政治稳定的影响更长远、更深刻,比政治制度具有更大的塑造作用"[①]。如果主流政治文化被全体社会成员普遍接受,多数社会成员认同国家,支持政府行动,则该国政治稳定。如果主流政治文化难以在社会成员中推广,多数社会成员对国家认同程度低,反对或者抵制政府行动,那么该国政治稳定面临风险。

(四) 政治体系运行稳定

政治体系运行稳定是政治稳定的直接表现。政治体系运行包括两层含义:第一,政治体系内部运行稳定;第二,政治体系与社会体系互动稳定。

在政治体系内部运行层面,政治稳定表现为政治权力的产生和更替不受暴力行为的支配,国家和政府各层级及其负责人能够通过合法和平稳的方式产生和换届,政治统治行为较少诉诸暴力和高压手段,社会成员或者政治利益集团有序进行政治参与。

在政治体系与社会体系互动层面,政府能够有效地控制社会经济发展局势和趋势。在国家和政府治理下,社会经济繁荣、社会阶级关系稳定和谐、社会矛盾不凸显。此种情况是政治体系与社会体系良性互动,是高层次的政治稳定。当社会环境系统出现社会经济危机、社会阶层分化、社会矛盾激化时,国家和政府能够及时调整政策,有效应对经济危

[①] 丁志刚、王树亮:《论政治文化与政治稳定之间的关系》,《江汉论坛》,2011年第9期,第23页。

机，缓和阶级冲突，化解社会冲突，控制政治发展局势和趋势。这种状态是低层次的政治稳定。否则，社会体系将陷入分崩离析的局面，政治稳定面临严重威胁。

政治稳定的程度与衡量政治稳定的指标，是相互联系、相互影响的。评判政治稳定的程度，有时需要多个指标综合评价，有时仅需要一个指标即可评价。但是上述指标是评价政治稳定的基本指标。

三、政治稳定的特点

（一）总体性

政治稳定是政治体系的总体稳定。根据马克思主义辩证法观点，世界上的一切事物都可以被分解为若干部分，整体是由它的各个部分构成的。整体具有部分根本没有的功能。就政治稳定而言，政治稳定总是总体的和相对的，政治稳定的政治体系总存在着不稳定因素，孕育着不稳定的因素。

（二）动态性

政治稳定具有动态性。辩证唯物主义认为，世界是运动的，运动是物质的固有性质和存在方式；静止是运动所表现出的特殊形式。政治稳定就是政治体系运动过程中的相对静止。从社会现实经验来看，伴随社会经济发展，社会利益关系、社会阶级基础和社会矛盾均将发生变化。作为社会体系的一个子系统，政治体系尽管有自主性，也终将伴随社会体系的变化而变化，进入新的调整期。随之而来的是，政治稳定不可避免地出现不稳定迹象。从此角度来看，构建政治稳定是一个永远在路上的过程。

（三）可控性

政治体系的组成要素众多，影响政治稳定的因素众多。影响政治稳定的因素不会自动形成政治稳定，政治稳定的实现不是一个自然发生的过程。同时社会系统变迁与构建政治稳定存在不一致性。鉴于此，政治体系需要发挥调控功能。从现实主义视角看，政治系统需要运用各种调节机制，将社会利益矛盾和政治冲突控制在一定秩序内。否则，政治稳定将不复存在，成为"水中月""镜中花"。

（四）有序性

政治稳定的目标是实现政治系统运行和发展的有序状态。秩序是政治稳定的核心价值，[1] 有序性是政治稳定的核心特征。作为政治稳定的目标状态层面，政治稳定就是政治秩序的确立与有效实施。[2]

第二节　政治稳定的构建方式

一、理论前提

政治系统理论是分析政治现象的重要理论框架。政治系统理论的集

---

[1] 刘达禹：《国家控制与社会自主——改革开放以来中国政治稳定问题研究》，吉林大学博士学位论文，2011年，第20页。
[2] 雷振文：《转型期中国政治秩序调适路径探析》，中央党校博士学位论文，2007年，第20页。

构建稳定——"石油王国"的改革、调整与稳定

大成者是戴维·伊斯顿[①]和加里布埃尔·A. 阿尔蒙德[②],其主要内容可以被概括为三方面。(1) 政治系统包含多个子系统,它们之间产生的积极作用,能够保证政治系统的连续性。(2) 政治系统在社会生活中的有序运转,依赖于政治系统对社会系统的积极作用。(3) 政治系统的相关构成要素之间,以及其与社会系统之间的积极作用,主要体现在输入、转换、输出和反馈等四个核心环节。

"政治国家是政治体系的抽象表述,政治体系是政治国家有机组织的概括表述。……政治体系的概念适用于对政治国家有机组织的分析和研究。"[③] 从这一角度来看,政治体系与社会体系的关系就是国家与社会的关系,国家与社会的关系也是考察政治生活的重要视角。"国家中心主义"和"社会中心主义"是政治学研究的两大研究范式。"社会中心主义"视角聚焦政治系统的社会环境,注重从政治系统的外部视角阐释社会条件对政治系统的影响。"国家中心主义"视角则聚焦政治系统中的国家或者制度,注重从政治系统的内部视角阐述国家或者制度的作用。在"社会中心主义"视角下,国家是社会诸因素的伴生物,国家的作用和功能被有意或者无意地忽视;在"国家中心主义"视角下,国家、国家能力和国家作用得到重视,国家不仅具有自主性,而且对社会因素具有重要的干预能力。随着"国家中心主义"和"社会中心主义"的交流对话,国家与社会双向互动视角逐渐成为多数学者的共识。故本书拟采用国家与社会双向互动视角,关注国家主导下的国家与社会各方

[①] [美]戴维·伊斯顿:《政治体系——政治学状况研究》,马清槐译,北京:商务印书馆,1993年,第122至123页;[美]戴维·伊斯顿:《政治生活的系统分析》,王浦劬译,北京:华夏出版社,1989年,第8页。

[②] [美]加里布埃尔·A. 阿尔蒙德、小 G·宾厄姆·鲍威尔:《比较政治学——体系、过程和政策》,曹沛霖等译,上海:上海译文出版社,1987年,第5页。

[③] 王沪宁:《比较政治分析》,上海:上海人民出版社,1987年,第334页。

第一章　核心概念和研究框架

面的互动，立足于国家而兼顾国家与经济及社会的关系。①

二、政治稳定的构建方式

政治稳定是政治的价值追求和目标选择，然而政治稳定的达成和维系，不是自然而然形成的，需要国家主动采取措施，在"冲突"中谋求政治稳定。衡量政治稳定的指标包括国家基本政治制度、主要政治力量的结构关系、政治文化和政治体系运行的稳定程度。针对上述指标，本书提出关于构建政治稳定方式的假设。

（一）推进政治制度建设

政治制度是政治稳定的核心因素。"政治制度是人们赖以存续的根本结构。一旦政治制度乱了，人们赖以生存的结构就乱了。"② 2014年，在庆祝全国人民代表大会成立60周年的讲话中，习近平总书记提出了"政治制度的决定性作用"："政治制度是用来调节政治关系、建立政治秩序、推动国家发展、维护国家稳定的。""一个国家的政治制度决定于这个国家的经济社会基础，同时又反作用于这个国家的经济社会基础，乃至于起到决定性作用。在一个国家的各种制度中，政治制度处于关键环节。"③ 基于政治制度的重要性，政治制度化是构建政治稳定的关键。亨廷顿认为"政治是否制度化是影响社会稳定的最终的决定因

---

① ［澳］琳达·维斯、约翰·M. 霍布森：《国家与经济发展——一个比较及历史性的分析》，黄兆辉等译，长春：吉林出版集团有限责任公司，2009年，第9至13页。
② 杨光斌：《实现国家治理现代化的关键是什么？》，《人民论坛》，2017年25期，第26页。
③ 习近平：《在庆祝全国人民代表大会成立60周年大会上的讲话》，《人民日报》，2014年9月6日，第1版。

素，并把政治制度化作为其维护社会稳定的根本药方"①。

政治制度化是政治建设的核心。亨廷顿认为："政治制度化是组织与程序获得价值与稳定性的过程。"②"制度化"是一个从不稳定、无序的和非结构的形式发展到稳定的、有序的和有结构形式的过程，是一个从不明确的结构到明确的结构，从非正式的控制到正式的控制的过程。③ 实质上，制度化过程是"使要素在系统内部形成功能有序和结构分层的格局"。④ 政治制度化水平可以以两个维度进行衡量：从量的角度看，政治制度化水平体现在制度的范围和力量，组织的规模和数量；从质的角度看，政治制度化水平体现在制度的适应性、复杂性、自立性、内聚性，组织的有效性。⑤

推进政治制度化对构建政治稳定的影响主要体现在以下两个方面。一方面，推进政治制度化有助于实现国家权力的集中统一。国家最高权力统一是政治稳定的前提条件。国家制度和政府机构是权力运行的依托。推进政治制度化不仅有助于国家权力运行更加稳定，而且有助于增加国家权威。政治制度建设使中央政府居于其他社会政治集团之上，有助于统治阶层加强对其他政治集团的控制。同时统治阶级可以利用国家政治制度和国家权力调动尽可能多的社会政治资源维护政治稳定。

另一方面，推进政治制度化能够增强国家治理能力。政府机构是国家执行国家职能的工具。执行国家职能需要结构合理、功能齐全的政府

---

① 邰绍辉：《亨廷顿政治秩序论的逻辑透视及其对现实的启示》，《郑州航空工业管理学院学报》（社会科学版），2015年第6期，第16至17页。
② [美]塞缪尔·P.亨廷顿：《变革社会中的政治秩序》，李盛平等译，北京：华夏出版社，1988年，第12页。
③ 张文学：《高校大学生思想政治教育制度化研究》，中国地质大学博士学位论文，2012年，第22页。
④ 丁长艳：《中国政治体系制度化的逻辑：基础、措施和限度》，《中共浙江省委党校学报》，2011年第3期，第69页。
⑤ 付金辉：《试论1956—1966年中国政治制度化的衰退》，河南大学硕士学位论文，2008年，第2页。

第一章　核心概念和研究框架

机构。推进政治制度化既能够形成结构合理、功能齐全的政治结构体系，又能形成科学、有效的政治决策体系。结构合理、功能齐全的政治结构体系和科学、有效的政治决策体系必然提高国家治理能力：管理国家经济的能力显著提高，社会服务能力明显增强，应对政治危机的能力明显增强。因此通过推进政治制度化提升国家治理能力有助于政治稳定。

（二）强化政治吸纳

社会政治力量是推动政治体系演变的根本力量，因而是决定政治稳定趋势的决定性因素。从国家与社会关系来看，国家的生存和延续需要坚实的社会基础。同样，政治稳定需要坚实的社会基础——尽可能多的社会政治集团和社会阶层的支持。"对一个国家来说，最关键的不在于采取何种政体，而是生存发展主要依靠哪个或哪些阶级——是依靠少数精英，还是多数民众。"[1] 政治体系稳定程度取决于支持力量和反对力量的力量对比。换言之，政治体系的支持力量越广泛、越深厚，政治体系越稳定，反之亦然。政治吸纳是扩大政治体系支持力量的重要途径。

政治吸纳是政治系统中的统治者通过建立特定的制度体系，采取各种方法和手段把特定的社会群体及其成员纳入国家的主流政治生活之中的活动。[2] 政治吸纳存在两个向度：一个向度是主体针对其内部的分散化而进行的吸纳；另一个向度是整合主体外部具有独立性的或者向政治体系提出要求的社会力量。根据政治吸纳的制度化程度，政治吸纳包括制度化政治吸纳和非制度化政治吸纳。制度化政治吸纳与非制度化政治

---

[1] 田文林：《对当前阿拉伯国家变局的深度解读》，《现代国际关系》，2011年第3期，第30页；田文林：《困顿与突围：变化世界中的中东政治》，北京：社会科学文献出版社，2016年，第69页。

[2] 袁明旭：《从精英吸纳到公民政治参与：云南边疆治理中的政治吸纳模式转型》，《思想战线》，2014年第3期，第31页。

吸纳相比，具有持久性和稳定性；制度化政治吸纳是非制度化政治吸纳发展的必然方向，非制度化政治吸纳是制度化政治吸纳的有益补充。

国家有效吸纳各类政治势力，有助于实现政治制度的自我修复，提高政府的合法性，推动国家政策的顺利实施。[①] 政治吸纳对政治稳定的影响主要体现在以下三个方面。第一，推动有序的政治参与，满足国民政治参与诉求，从而扩大政治稳定的支持力量。学者普遍认为，有序并且有效的政治参与能够维护国家政治稳定和促进社会和谐发展。然而，"在国家与社会分离的基础上，现代政治出现了吸纳与参与的二元化，政治有序参与的前提是政治吸纳"[②]。政治吸纳有助于满足各个社会政治集团的政治参与诉求，有益于各个社会政治集团在政治领域发挥各自的政治影响力，在不同程度上分享国家权力。在此背景下，各个社会政治集团成员对政治制度有较高的满意度，为成为政治制度体系的"主人"而自豪。因此政治稳定能够巩固和扩大支持国家政治稳定的社会政治力量。

第二，强化政治调控能力。政治调控是实现政治稳定的必要方式，其中政治控制是政治调控的重要方式。政治吸纳将社会成员纳入国家控制网络，从而有助于加强政府对国民的监督与控制。被纳入国家控制网络的社会成员对国家产生不同程度的依赖性，这使国民在政治态度上对政府持默许和容忍态度，在行动上对政府表示服从。被纳入国家控制网络的社会政治集团成员若反对政治当局将面临高昂的机会成本，这使被政治吸纳的社会政治集团成员在政治态度上采取保守态度和中立立场，至少较少公开抵制或者反抗政府。因此，政治吸纳有助于扩大国内政治势力的中间力量。

---

① See Andrew J. Nathan, Authoritarian Resilience, *Journal of Democracy*, Vol. 14, No. 1 (January 2003), pp. 6-17.

② 肖存良：《政治吸纳·政治参与·政治稳定——对中国政治稳定的一种解释》，《江苏社会科学》，2014年第4期，第76页。

第三，孤立和削弱威胁政治稳定的潜在势力。亨廷顿指出："在理论上每一个没有被妥当纳入政治体系中去的社会阶级都具有潜在的革命性。"① 因此政治吸纳将大多数社会成员纳入政治体系中，从而清除潜在反对派生存和发展的土壤。同时，在社会政治力量总体稳定的情况下，政治吸纳扩大了支持和忠于沙特王室和政权的社会政治势力，② 就自然削弱了政治反对派势力。

总之，政治吸纳主要通过上述三方面改变支持力量和反对力量间的力量结构关系，最终决定政治稳定的发展趋势。

（三）引领主流政治文化

如果说政治制度是政治体系的"硬件"，政治文化可谓政治体系的"软件"。鉴于政治文化的重要性，强化政治文化引领是实现政治稳定的重要方式。政治文化引领"是指一个国家和掌握国家政权的政党，为了统治阶级的利益，牢牢掌握思想文化等政治文化领域的领导权，保证代表和反映统治阶级利益和意志的思想、文化、观念、道德在政治文化领域的主导地位"③。强化政治文化引领涵盖两个方面：对主流政治文化的塑造和对主流政治文化的推广。

政治文化影响政治稳定的途径主要体现在以下三个方面。首先，政治文化具有形塑社会成员思想观念，引导社会成员行为方式的功能。根

---

① ［美］塞缪尔·P. 亨廷顿：《变化社会中的政治秩序》，王冠华等译，上海：上海人民出版社，2008年，第229页。
② 袁明旭：《国家治理现代化进程中的政治吸纳功能与机制研究》，《云南行政学院学报》，2015年第3期，第5至7页；肖存良：《政治吸纳·政治参与·政治稳定——对中国政治稳定的一种解释》，《江苏社会科学》，2014年第4期，第78至79页；曹帅、许开轶：《政治吸纳与社会转型时期中国的政治稳定》，《广西社会科学》，2014年第6期，第11至13页。
③ 姜国俊、杨飞龙、向建洲：《意识形态控制：全球化多维观照下"淡化"与"强化"的辩证思考》，《理论与改革》，2002年第4期，第13页。

据马克思主义理论,政治文化具有能动作用,具有激发和鼓动人类政治行为的作用。具体而言,政治文化通过引导和形塑社会成员思想观念,使特定的意识形态内化为社会成员自身的理想信念、价值取向,规制社会成员的行为取向和方式,使社会成员的思想观念、行为方式和整个社会的社会秩序都保持在主流政治文化允许的范围之内,同时把政治文化的冲突限制在一定的范围、程度之内,最终实现政治文化的引导功能和社会控制功能。

其次,政治文化对其赖以产生和存在的经济基础和政治上层建筑具有巨大的辩护功能和合法化功能。根据马克思历史唯物主义理论,政治文化与经济基础和政治上层建筑之间是辩证统一的关系。政治文化对其基础——经济基础和政治上层建筑的作用主要体现在,政治文化"对一个阶级的统治地位的合法性的维护或对社会集团利益目标和价值取向合理性的辩护"[①]。根据合法性理论,一个国家政权的长期维持必须以其合法性为前提。正如丹尼尔·贝尔所说:"任何政治制度的关键问题都是制度的合法性问题。"[②] 政治文化为国家政治制度、政策和政治行为的合法化提供理论支持。"从维持政治稳定的角度看,政治文化可以使社会成员相信现行制度是公平的,并促使人们自觉地不违反规则和不侵犯产权,这将大大减少对规则和产权的执行费用,从而构建国家政权得以维持即政治稳定的基础。"[③]

最后,政治文化有吸引、感召社会成员的凝聚功能和社会整合功能。派伊认为政治不稳定的根源在于社会变迁中政治文化的破碎,以及

[①] 陈淑雅:《意识形态和意识形态控制理论》,河南大学博士学位论文,2012年,第41页。

[②] [美]丹尼尔·贝尔:《资本主义的文化矛盾》,赵一凡、蒲隆、任晓晋译,北京:生活·读书·新知三联书店,1989年,第232页。

[③] 黄新华:《政治发展中影响政治稳定的因素探析》,《政治学研究》,2006年第2期,第85至86页。

人们缺乏政治活动的共同取向。① 政治文化则是克服上述问题的有效工具。由于政治文化代表着特定社会阶级或全体社会成员的根本利益和集体意志，代表着特定社会阶级成员共同的社会理想、思想观念、价值取向和行动准则。所以，一方面，政治文化具有较强的感召力、吸引力和影响力，能够凝聚特定的社会成员，使特定社会成员在思想上和行动上保持协调一致；另一方面，认同特定政治文化的社会成员对该政治文化及其支持的政治制度、政策和政治行为具有亲近感和认同感，能够自觉抵御其他异质思想观念的竞争，从而实现整合社会成员的目标。

（四）提升经济社会绩效

实现政治稳定的根本路径是发展经济，并在此基础上促进社会的全面进步。因为"在大多数的正常情况下，大多数社会成员都倾向于追求丰富多彩的物质生活方式，并不热衷于追求更多的政治生活"②。不稳定的原因往往来自利益冲突，而发展本身不可避免地导致利益冲突。因此提升政府的经济社会绩效是实现政治稳定的重要举措。政府的经济社会绩效主要体现在发展国民经济，解决影响国民切身利益的社会问题。

政府的经济社会绩效提升对构建政治稳定的影响主要体现在以下三个方面。首先，政府的经济社会绩效提升有助于增强国家自主性，提升化解社会矛盾和抵御社会政治风险的能力。实现政治稳定需要国家的参与和调控，即国家自主性，而充足的经济社会资源是国家维持自主性的物质基础。虽然财政收入的多寡取决于国家经济规模和国家汲取财政收入的能力，但是国家经济规模更具有决定性。在经济发展的前提下，国家财政收入快速增加，国家能够建立完整的政府机构、庞大的官僚体

---

① ［美］派伊：《政治发展面面观》，任晓、王元译，天津：天津人民出版社，2009年，第124页。
② 桑成玉：《关于政治学的主题与政治学基本问题的思考》，《政治学研究》，2017年第5期，第20页。

系、强大的军事武装力量，从而提升国家自主性。社会问题是经济发展过程的副产品，国家财政收入增加为解决社会问题提供了雄厚的物质基础。同时国家凭借其国家自主性和雄厚的物质基础能够有效抵御和抗击社会风险。

其次，政府的经济社会绩效提升有助于最大限度满足国民的社会期望。利益冲突是社会转型期导致政治不稳定的根本动因，期望与现实的差距是政治不稳定的直接动因。因此协调利益关系是政治稳定的根本要务。一方面，国民经济快速发展满足了国民日益增加的社会物质需求，使人们集中精力关注经济的发展态势、生活水平，而较少关注政治问题。另一方面，政府的经济社会绩效最大限度满足了国民的社会期望，同时国民对国家的依赖性愈加强烈，高福利国家尤为如此。国民社会期望满意程度高和普通国民对国家福利体系的依赖性强，有助于削弱国民的极端主义倾向，有助于清除滋生极端主义的土壤。

最后，政府的经济社会绩效提升能够增加政府的合法性，增强社会的凝聚力。政府的经济社会绩效是国家绩效合法性的具体体现，同时国民往往将政府的经济社会绩效提升归功于国家。因此政府的经济社会绩效提升能够增强国家的合法性。

第三节　研究框架对研究沙特政治稳定的适用性分析

理论与案例是政治学研究的两个方面，理论需要得到案例的验证，案例能够推动理论发展。个案研究是案例研究的重要方法。本节简要探讨研究框架对研究沙特政治稳定的适用性。

第一章 核心概念和研究框架

一、沙特长期维持政治稳定

沙特政治制度稳定。沙特政治制度包括大臣会议制度、王位继承制度、官方宗教管理制度、协商会议制度和地方政府制度等,其中大臣会议制度是沙特政治制度的核心。1953年10月9日,阿卜杜勒·阿齐兹国王决定成立大臣会议,标志着大臣会议制度的诞生。1954年3月,沙特国王正式颁布《大臣会议条例》,确定了大臣会议的成员、规章制度、运转程序、管理权限和组成部门,这为大臣会议制度提供了法律依据。阿卜杜勒·阿齐兹国王的继承者始终坚持大臣会议制度,并通过扩大大臣会议的权限、充实大臣会议的组成部门、规范大臣会议的运转流程推动大臣会议制度日益完善。1992年2月29日,法赫德国王颁布《政府基本法》和《大臣会议法》,再次对大臣会议制度以明文法典形式予以确认。

尽管沙特有改变和反对沙特政治制度的呼声和诉求,但是沙特政治制度始终保持总体稳定。在大臣会议建立初期,以沙特国王为代表的守旧势力试图废除新生的大臣会议制度,以"自由亲王"为代表的君主立宪派欲建立英式君主制,但是两派最终以失败而告终。在1958年和1964年,费萨尔国王两次修改《大臣会议条例》,为大臣会议制度的巩固提供了法律支持。冷战结束后,尽管民主化浪潮波及沙特,沙特进行了多种形式的民主化改革,但是大臣会议制度不仅继续保持稳定,而且仍然是沙特政治制度的核心。

沙特主要政治力量的结构关系稳定。纵观现代沙特政治发展历程,影响沙特政治稳定的政治集团主要包括沙特王室成员集团、宗教学者集团、部落领袖集团、商业家族集团和新兴社会阶层。虽然沙特国内主要政治势力此消彼长,且日益分化,但是沙特王室通过多种形式的政治吸纳,将沙特主要政治势力纳入沙特王室控制范围内,形成了以沙特王室

构建稳定——"石油王国"的改革、调整与稳定

为核心的政治联盟格局。因此沙特主要政治力量的结构关系稳定。

沙特主流政治文化稳定。伊斯兰教在沙特拥有悠久的历史和深厚的文化根基,瓦哈比教义是沙特的立国之本。因此以瓦哈比教义为核心的伊斯兰文化自然成为沙特主流政治文化。自沙特建国以来,尽管沙特社会经历了翻天覆地的变化,政治文化日益多元化,但是瓦哈比教义作为沙特主流政治文化相对稳固。

沙特政治体系运行相对稳定。政治体系运行稳定是政治稳定的直接表现。尽管沙特政治体系面临众多矛盾性因素,经历多次政治危机,但是沙特政治体系均能稳妥地化解政治危机,将矛盾和危机控制在可控范围内。

在建国初期,对阿卜杜勒·阿齐兹国王不满的"伊赫万"领袖发动叛乱,但是阿卜杜勒·阿齐兹国王迅速镇压了"伊赫万"叛乱,沙特度过了首次政治危机。此后,阿卜杜勒·阿齐兹国王成为沙特"克里斯玛型"领袖,直至阿卜杜勒·阿齐兹去世。沙特政治体系尽管保持原始状态,但是也能保持平稳运行。

在20世纪50年代末至20世纪60年代初期,沙特国王与费萨尔亲王围绕王位开展了激烈争夺,这导致沙特面临严重的政治危机。为了应对政治危机,沙特王室建立了"王室长老会议"(the ahl al-hall wa al-aqd),并较好地解决了沙特国王与费萨尔亲王间的权力斗争。费萨尔继任国王后,展开了大规模的政治、经济、社会改革,沙特由此进入了现代化的快车道。

20世纪90年代,沙特民主改革热潮空前高涨,沙特面临强大的改革压力。1992年2月29日,沙特颁布《政府基本法》和《大臣会议法》,再次对沙特王室统治以明文法典形式予以确认。同时沙特进行了多种形式的民主化改革,扩大国民政治参与,如1992年正式建立协商会议,2005年首次举行市政委员会选举。沙特平稳度过了20世纪90年代初期的政治危机。

第一章　核心概念和研究框架

中东变局以来，沙特东部地区曾出现局部的示威游行，故再次面临政治危机。一方面，沙特政府多次发布社会红包，以平息社会不满；另一方面，沙特政府积极解决国民失业问题，废除对女性的种种束缚，以赢得国民支持。沙特顺利度过了中东乱局。

沙特是中东地区少有的几个能够长期保持政治稳定的国家。自二战以来，中东经历多轮政治不稳定期，多个国家遭遇政治动荡。巴勒斯坦地区内外纷争和冲突持续不断，至今尚未实现建国。阿富汗、叙利亚、利比亚、伊拉克和也门等国不仅经历多次政治动荡，而且至今仍然深处国内纷争泥潭。伊朗、土耳其、黎巴嫩、埃及、突尼斯、阿尔及利亚等国均遭遇多次政治不稳定局面。约旦深受巴以冲突困扰，阿曼和卡塔尔均发生过宫廷政变，巴林曾在中东变局中出现政治动荡。然而，沙特在动荡不安的中东地区长期保持总体稳定，不仅是中东地区少有的几个能够长期保持政治稳定国家之一，而且是中东地区唯一一个能够保持政治稳定的地区大国。因而沙特被称为"中东稳定之锚"。

二、沙特构建政治稳定的举措符合分析框架

现代沙特阿拉伯王国是以沙特家族为首的阿拉伯半岛政治势力征服和扩张的结果。建国后，沙特家族是沙特最为强大的政治势力，主导了沙特民族国家构建过程、政治发展进程。沙特王室、国家和政府三位一体，是沙特构建政治稳定的主导性力量，具体体现在以下四个方面。

（一）沙特通过完善政治制度构建政治稳定

在沙特政治发展过程中，沙特固有的政治制度难以适应现代沙特政治、经济、社会发展的需要，同时政治制度缺失致使沙特政治稳定经常面临威胁。但是沙特从多个方面着手，积极稳妥推动政治制度建设。

改革大臣会议制度。自现代沙特阿拉伯王国建立，阿卜杜勒·阿齐

构建稳定——"石油王国"的改革、调整与稳定

兹借鉴了希贾兹地区的政府管理体制，并积极探索适合全国的政治制度。1953年10月9日，阿卜杜勒·阿齐兹国王在临终前决定将各部大臣组织起来，成立一个现代中央政权机构——大臣会议，这标志着沙特个人统治形式的终结，制度化统治方式的开始。阿卜杜勒·阿齐兹国王的继承者从调整大臣会议的权限和责任、充实大臣会议的组成部门、规范大臣会议的运转流程等方面着力，继续推进大臣会议制度建设。

在大臣会议建立初期，以沙特国王为代表的守旧势力试图废除新生的大臣会议制度，以"自由亲王"为代表的君主立宪派欲建立英式君主制，但是两派最终以失败告终。在1958年和1964年，费萨尔国王两次修改《大臣会议条例》，努力扩大大臣会议的职责和权限，使其成为国家政治权力中心，成为领导沙特现代化的中枢机构。哈立德国王和法赫德国王延续了费萨尔国王的施政原则。

1992年2月29日，《政府基本法》和《大臣会议法》的颁布以明文法典的形式确认了大臣会议制度。进入21世纪，大臣会议为强化经济管理职能，相继成立了最高经济委员会、石油和矿产事务最高委员会、旅游事务最高委员会等跨部门的大臣会议议事决策机构。同时大臣会议开始实施任期制，提高对各部大臣的行为准则的要求。

完善王位继承制度。1933年5月，阿卜杜勒·阿齐兹国王召集协商会议和咨询会议，指定沙特亲王为王储，这开创了沙特国王指定王储的先例。20世纪60年代初期，沙特王室为解决王位继承问题成立了非正式机构"王室长老会议"。此后"王室长老会议"成为协调王储选择和监督王位继承的非正式机构。同时，费萨尔国王任命王储兼任大臣会议的副主席，这有助于王位继承制度化。1992年3月1日，法赫德国王颁布了《政府基本法》，以国家法律的形式对国王选择的范围、资格等内容做出了较为明确的规定，这使国王继承制度化迈出了坚实的一步。进入21世纪，阿卜杜拉国王颁布《效忠委员会法》，组建"效忠委员会"，明确了王储选择机制和程序，废除了国王个人决定王储的权力，

改由王室成员集体决定。

调整官方宗教管理制度。1970年，费萨尔国王组建了司法部，这是沙特宗教权力国家化的开始。在司法领域，费萨尔国王成立了司法部和最高司法委员会，将原属于乌勒玛集团的司法权力纳入政府管辖范围。在宗教权威方面，1971年，费萨尔国王颁布国王敕令，宣布建立"乌勒玛长老委员会"（"高级宗教学者最高委员会"，The Supreme Council of Senior Scholars），负责制定国家宗教政策，发布宗教法令，决定国家具体宗教事务。2010年8月，阿卜杜拉国王成立新的法特瓦委员会负责发布"法特瓦"事务。在宣教领域，沙特成立了"宗教研究、教法宣传和指导委员会"负责宣教事务。此外，1962年，"朝觐事务和宗教基金部"建立，负责管理朝觐事务和宗教财产；1993年，"朝觐事务和宗教基金部"被拆分为伊斯兰事务、宗教基金、祈祷和指导部和朝觐部；1994年10月，法赫德国王宣布建立"最高伊斯兰事务委员会"。这些机构的建立推动了伊斯兰教管理的国家化和官僚化。

（二）沙特通过强化政治吸纳构建政治稳定

沙特对沙特王室成员、宗教集团、部落集团、商人集团和新兴阶层采取了不同的政治吸纳机制。

针对沙特王室成员，沙特采取的措施主要有：建立和维护"费萨尔秩序"，维护沙特内部各支系的平衡；成立"沙特王室家族委员会"解决王位继承、王室成员婚姻、福利津贴分配等问题，以妥善处理王室内部矛盾；沙特鼓励众多沙特王室成员在中央政府、地方政府和军队担任重要职务；给予沙特王室成员巨额的津贴和补助。

针对宗教集团，沙特采取的措施主要有：让沙特王室与谢赫家族进行多次政治联姻，礼遇宗教集团成员；通过正式或者非正式方式听取宗教精英的意见；邀请宗教精英在政府部门担任要职；建立庞大的宗教集团成员网络，吸纳中下层宗教集团成员；联合民间宗教运动中的温和派。

针对部落集团，沙特采取的主要措施有：让沙特王室与部落精英进行政治联姻；建立专门管理部落事务的部门，吸纳部落首领进入地方政府部门；通过国民卫队吸纳部落成员。针对商人集团，沙特王室邀请商人集团成员在大臣会议担任政府高级官员；任命商人精英担任协商会议委员；邀请商人精英进入半官方的工商业联合会、最高经济委员会咨询委员会。针对新兴阶层，大臣会议向新兴精英阶层开放；沙特各级政府部门聘用大量的新兴阶层成员；协商会议和市政委员会积极吸纳新兴阶层。

沙特通过对各个社会政治集团的政治吸纳，建立了以沙特王室为核心的政治联盟，巩固了沙特家族统治的社会基础。

（三）沙特通过引领主流政治文化构建政治稳定

在沙特主流政治文化遭到新兴思潮冲击的背景下，沙特积极采取措施以巩固瓦哈比派的主导性地位。在塑造主流政治文化方面，沙特塑造家族统治的宗教性，实现宗教认同与国家认同的合流，根据时代变化转变瓦哈比派的使命：由革命向保守转换，由征服扩张向维护沙特家族统治转变；在坚持瓦哈比教义的前提下，奉行"开明的瓦哈比理论"，以实现伊斯兰教与现代社会的调适；建立官方宗教机构，掌握了主流政治文化的话语权；整合非官方伊斯兰主义思潮，将非官方伊斯兰学派纳入官方宗教范围内。在推广主流政治文化方面，沙特严格管理宣教活动，利用宗教警察整肃社会风尚，严格监管社会媒体。通过这些措施，沙特有效抵御了各种非主流的政治文化，巩固了瓦哈比派在国内的主导性地位，引领了国内民众的政治文化。

（四）沙特通过提升社会经济绩效构建政治稳定

为了解决沙特经济发展滞后的困局，沙特积极参与国家经济建设。

自1970年开始,沙特实行了10个五年经济发展计划,指导国民经济发展。2000年以前,石油收入和政府财政支出是沙特经济发展的发动机,政府最重要的功能是分配物质生产资料,政府积极发挥经济实体的作用。沙特大幅增加用于经济发展的财政支出,成立了众多支持经济发展的银行、基金和公司,以支持国民经济发展,同时重点发展基础设施、工业领域、农业领域。进入21世纪后,沙特减少国家对国民经济的直接干预,加强国家对经济的宏观调控能力,以推动国民经济发展。沙特新的经济发展战略包括:推动经济多元化,推动工业化战略;推行私有化战略;积极吸引外国资本;营造良好的营商环境。

同时,沙特重点解决其面临的贫富差距问题和失业问题。针对失业问题,沙特构建"老有所养"的养老体系,构建"学有所教"的教育体系,构建"病有所医"的医疗卫生体系,构建"住有所居"的住房体系,建立特殊时期的非制度化的福利体系,从而建立了全面且高水平的福利体系。针对失业问题,沙特既发展制造业和服务业,扶植中小企业发展,以达到增加就业岗位的目标,又大力开发人力资源,提高职业素养,提高国民岗位竞争力。同时实施"沙特化"政策,限制外籍劳工数量。这些措施在一定程度上缓解了沙特的社会矛盾。

综上所述,沙特构建政治稳定的举措与理论假设基本相符。第二章至第五章将详细论述沙特构建政治稳定的具体举措,评估各项举措对构建政治稳定的效果,以验证本书提出的构建政治稳定方式的分析框架。

第二章
完善政治制度与沙特的政治稳定

政治制度是政治体系的骨架和"硬件",政治制度稳定是政治稳定的根本性标志,政治制度化建设是构建政治稳定的关键。亨廷顿认为"政治制度化是影响社会稳定的最终决定因素,并把政治制度化作为其维护社会稳定的根本药方"[①]。本章主要分析沙特如何建立和完善本国政治制度,进而实现其政治稳定。

第一节 沙特政治制度面临的不稳定因素

1932年9月,沙特阿拉伯王国正式建立,标志着沙特进入了新的历史发展阶段。但是就国家形态和政治制度而言,沙特实际上是一个传统的酋长国,犹如庞大的部落联盟,[②] 其显著特征是部落集团主导政治

[①] 邰绍辉:《亨廷顿政治秩序论的逻辑透视及其对现实的启示》,《郑州航空工业管理学院学报》(社会科学版),2015年第6期,第16至17页。

[②] 哈全安:《中东国家史:610—2000》,天津:天津人民出版社,2010年,第766页;[以色列]约瑟夫·康斯蒂尔著,尹婧译:《双重转变:沙特部落与国家的形成》,《中东问题研究》,2016年第2期,第161页。

第二章　完善政治制度与沙特的政治稳定

生活，伊本·沙特个人主义统治与脆弱的非制度化的统治者之间的合作①。尽管现代沙特政治发展历程是其政治制度不断完善和发展的过程，但是沙特固有的政治制度仍难以适应现代沙特政治、经济、社会发展需要，同时政治制度的不足致使沙特政治稳定经常面临威胁。在沙特政治发展的不同阶段，沙特政治制度仍然存在诸多不稳定因素。

一、沙特政治制度不适应现代社会发展需要

在政治权力和政治体制上，沙特的统治被称为"胶囊式"国家体制。② 1932年9月，阿卜杜勒·阿齐兹建立了"沙特阿拉伯王国"，形式上实现了阿拉伯半岛的大部分统一，但是"沙特阿拉伯王国"并不是一个制度统一的国家。"希贾兹和纳季德只是共享共同的国王……是两个完全不同的独立国家。"③

1926年8月31日，阿卜杜勒·阿齐兹颁布《希贾兹王国约法》（Basic Instruction of the Hijaz），规定："希贾兹王国应当被视为具有明确边界线的政体，不得以任何方式对其加以分割。希贾兹应当是设有咨议机构的君主国和伊斯兰国家，自主处理其内外事务……麦加是希贾兹王国的首都……希贾兹王国的最高权力属于阿卜杜勒·阿齐兹国王陛下。"④《希贾兹王国约法》是沙特的第一部基本法，它以法律形式确定

---

① David Holden and Richard Johns, *The House of Saud*, London: Macmillan, 1982, pp. 23-38.
② ［以色列］约瑟夫·康斯蒂尔著，尹婧译：《双重转变：沙特部落与国家的形成》，《中东问题研究》，2016年第2期，第173页。
③ Alexei Vassiliev, *The History of Saudi Arabia*, New York: New York University Press, 2000, p. 293.
④ Alexei Vassiliev, *The History of Saudi Arabia*, New York: New York University Press, 2000, p. 295.

了希贾兹地区与纳季德地区的分治政策。① 沙特建国后，第2716号王室法令第5款再次确认了沙特政府机构不统一的现状："目前希贾兹、纳季德及其归属地区的政府结构维持原状，直至王国新的统一政府机构形成。"②

在阿卜杜勒·阿齐兹征服希贾兹后，希贾兹地区继承了原有的统治方式——奥斯曼帝国的政治体制。1924年，阿卜杜勒·阿齐兹组建了咨询会议，宣称"由乌勒玛、显要人物和商人组成的委员会是国民和国王之间沟通的媒介"③。阿卜杜勒·阿齐兹担任希贾兹地区的国王，并委派其子费萨尔亲王担任希贾兹总督，代表阿卜杜勒·阿齐兹统治。费萨尔主持麦加咨询会议，咨询会议由国王任命的乌勒玛、权贵和商人代表组成④，其主要职责是向总督提出有关立法、预算、特许权和公共事务等方面的建议⑤。此后希贾兹地区重组或者新建了协商会议、咨询委员会、代表会议等机构，但是这些机构仍然多是沿袭了咨询会议的组织形式和运行模式。

在纳季德地区，行政和管理体制保留了浓厚的传统因素，尤其是部落和家族传统仍然盛行；行政和管理体制显得杂乱无序，缺乏体制化和法制化特征，政府部门机构的设置，官员的任期、职责和权限基本上都

---

① 哈全安：《中东国家史（610—2000）：阿拉伯半岛诸国史》，天津：天津人民出版社，2016年，第177页。

② Summer Scott Huyette, *Political Adaptation in Saudi Arabia: a Study of the Council of Ministers*, Boulder: Westview Press, 1985, p. 57.

③ James Buchan, Secular and Religious Oppisition in Saudi Arabia, in Tim Niblock (ed.), *State, Society and Economy in Saudi Arabia*, London: Routledge, 1982/2015, p. 108.

④ Willard A. Beling, *King Faisal and the Modernisation of Saudi Arabia*, London: Croom Helm, 1980, p. 28.

⑤ Joseph Kostiner, *The Making of Saudi Arabia (1916—1936): From Chieftaincy to Monarchical State*, New York: Oxford University Press, 1993, p. 101.

第二章　完善政治制度与沙特的政治稳定

由国王决定，具有很大的随意性。① 阿卜杜勒·阿齐兹国王集国家元首、政府首脑、最高法官、伊玛目和军事领导人于一身。因此当时的沙特被称为"家长统治的沙漠国家"②。纳季德地区唯一比较重要的领导机构是沙特王室会议（又称枢密院）。沙特王室会议既是沙特王国的中央政府机构，也是纳季德地区的地方政府机构。沙特王室会议主要包括沙特家族重要成员、部落谢赫、瓦哈比派乌勒玛和其他的国王亲信等③，是集体讨论和决定财富分配、部落争端、宗教信仰和对外"圣战"等议题的场所。在王室会议上，阿卜杜勒·阿齐兹先广泛征求相关议题的意见和建议，再与部落和宗教领导人达成公议，以此决定纳季德地区的各项重要事务。但是阿卜杜勒·阿齐兹凭借其"卡里斯玛"的人格魅力，具有最高权威，在众多事务中具有最终决定权。

沙特两种政治制度并行的局面维持了20余年。与之伴随的是，沙特政治机构不完善，其职能不适应现代社会发展需要。截至1947年底，沙特中央政府只存在三个部：外交部（1931）、财政部（1932）和国防部（1944）。到20世纪50年代初，一个有能力管理现代国家的政府仍然没有建立起来。两个部门（外交部和财政部）雇用了不到4700名员工，其中多数人没有固定收入。各个部门对自身的活动也没有正式的记录。④ 在沙特建国初期，沙特政治制度发展滞后，政府机构严重缺失，无力满足经济需要。在阿卜杜勒·阿齐兹统治时期，沙特政府不能向沙

---

① 陈沫主编：《列国志：沙特阿拉伯》，北京：社会科学文献出版社，2011年，第87至88页。
② Frank Tachau, *Political Elites and Political Development in the Middle East*, Cambridge: Schenkman Publishing Company Inc., 1975, p. 166.
③ Leslie McLoughlin, *Ibn Saudi: Founder of a Kingdom*, New York: St. Martin's Press, 1935, pp. 116 – 117.
④ ［美］詹姆斯·温布兰特：《沙特阿拉伯史》，韩志斌、王泽壮、尹斌译，上海：东方出版中心，2009年，第230页。

特国民提供教育和医疗卫生服务,这些职能一直由沙特阿美石油公司承担。[1] 在地方,部落不仅作为社会组织向部落成员提供各种社会服务,而且作为中央政府在地方的代表行使国家权力,诸如维护社会秩序、解决部落成员纠纷和矛盾。

二、王位继承制度不完善

沙特君主制的典型特征是君主"亲理朝政"。以沙特国王为核心的沙特王室始终掌握着国家最高权力,是沙特政治、经济和宗教的中枢神经。[2] 作为沙特王室的族长,沙特国王掌握着广泛的政治权力,集国家元首、武装部队总司令、政府首脑——大臣会议主席、最高宗教领袖"伊玛目"和所有部落的酋长领袖("谢赫")于一身,既行使最高行政权,又行使最高司法权,同时拥有"沙里亚"以外的立法权,被称为"国家权力的总揽者"。[3] 因此沙特王位继承制度事关沙特王室的团结,影响沙特政治稳定。

虽然沙特王室面临的严重的继承危机与阿拉伯-伊斯兰教传统有重要关系,但是其根本原因是沙特王室缺少制度化的继承制度和程序。在建国初期,包括王室成员、宗教领袖和部落领袖在内的沙特国民向国王宣誓效忠,是影响王位继承的唯一制度性因素。回顾当代沙特政治进程,沙特继承危机曾多次出现,始终威胁着沙特政治稳定。

第一次继承危机发生于沙特建国前后。在完成沙特统一大业后,阿卜杜勒·阿齐兹开始寻求巩固自身血统的延续性,欲将沙特王位传承给

---

[1] Stig Stenslie, *Regime Stability in Saudi Arabia: The Challenge of Succession*, London & New York: Routledge, 2012, p. 63.

[2] 郑达庸、李中:《中国驻中东大使话中东:沙特》,北京:世界知识出版社,2014年,第30至31页。

[3] 陈建民编著:《当代中东》,北京:北京大学出版社,2002年,第29至30页。

第二章　完善政治制度与沙特的政治稳定

儿子们。然而，阿卜杜勒·阿齐兹国王面临着来自沙特王室内部其他支系要求其退位的威胁。1922年至1934年间，阿卜杜勒·阿齐兹国王的兄弟穆罕默德·伊本·阿卜杜勒·希德试图挑战阿卜杜勒·阿齐兹国王的权力，并欲将其儿子哈立德立为沙特国王。1927年，哈立德企图谋杀沙特亲王；1933年，阿卜杜勒·阿齐兹国王欲立其长子沙特为王储，穆罕默德·伊本·阿卜杜勒·希德及其儿子哈立德王子则坚决反对立沙特亲王为王储，并拒绝向国王效忠。这使新生的沙特政权面临严重危机。直到哈立德王子在1938年因车祸去世，穆罕默德·伊本·阿卜杜勒·希德在1943年因病逝世，阿卜杜勒·阿齐兹国王在同辈人中再无竞争对手，因而建立了无可争辩的权威。① 在此期间，阿卜杜勒·阿齐兹国王把自己的兄弟、侄子和外甥都贬黜到权力的边缘地带，以有利于自己的儿子。② 这也为阿卜杜勒·阿齐兹的儿子顺利继承王位奠定了基础。

　　第二次继承危机发生于20世纪50、60年代。1953年11月，阿卜杜勒·阿齐兹国王逝世，沙特亲王继承王位成为沙特国王，但是沙特国王与费萨尔亲王之间的斗争日益激烈，且公开化。1958年，费萨尔亲王联合沙特王室地位高和有权力的高级亲王召开会议，会议决定将沙特国王管理的政府职责转交给费萨尔亲王，并任命费萨尔亲王为大臣会议主席。③ 但是沙特国王一直试图重新恢复自己的权威。在1960年至1962年期间，沙特国王再次控制了政府权力，迫使费萨尔亲王出国休养。1962年10月，费萨尔亲王以大臣会议主席的身份重新获得了权

---

　　① Stig Stenslie, *Regime Stability in Saudi Arabia：The Challenge of Succession*, London & New York：Routledge, 2012, p. 108.
　　② ［美］詹姆斯·温布兰特：《沙特阿拉伯史》，韩志斌、王泽壮、尹斌译，上海：东方出版中心，2009年，第219页。
　　③ Robert Cullen, Uneasy Lies the Head That Wears a Crown, *Nuclear Energy*, Third Quarter 1995, p. 24.

力，沙特国王被迫以治病之名出国修养。但是沙特国王并不甘于失败。1963年，沙特国王在国内各地巡游，向国内有影响力的部落领袖许以众多政治承诺，赠予巨额财富，以此取得地方部落势力的支持；1964年3月，沙特国王威胁用皇家卫队炮轰费萨尔亲王府邸。[①] 这导致王室内部支持费萨尔亲王的派别与支持沙特国王的派别展开了激烈的斗争，沙特家族统治危机空前严重。1964年11月，沙特王室的68名高级亲王和宗教领袖开会以应对王室危机，最终决定废除沙特国王，推举费萨尔亲王为国王。此次王位继承斗争至此结束。

此后王位继承斗争没有公开发生，但是围绕王储的斗争持续发生。其中最重要的是围绕阿卜杜拉王储的斗争。在哈立德国王时期，法赫德亲王担任王储，"苏得里集团"之外的绝大部分亲王力推阿卜杜拉亲王为王位第二顺位继承人——副王储。在法赫德担任国王时，"苏得里集团"势力迅速膨胀。法赫德国王曾多次试图废除时任王储阿卜杜拉亲王，但是"苏得里集团"以外的所有亲王联合起来，集体维护阿卜杜拉亲王的王储地位，以抑制"苏得里集团"。在1995年至1996年期间，时任王储兼国民卫队司令的阿卜杜拉亲王与时任副王储兼内政大臣的苏尔坦亲王为争夺王储展开公开对抗。1995年12月，苏尔坦亲王动员乌勒玛成员发布"法特瓦"宣布，支持苏尔坦亲王继承王位的权利，解除阿卜杜拉亲王国民卫队司令的职务。阿卜杜拉命令国民卫队举行"引人关注"的军事演习，威胁沙特国防军，以显示自己的政治实力。因此许多人认为，"费萨尔秩序"将不复存在，类似于20世纪50年代至20世纪60年代的王室斗争将再次出现。[②] 但是阿卜杜拉亲王清楚地知道，

[①] David Holden & Richard Johns, *The House of Saud: The Rise and Rule of the Most Powerful Dynasty in the Arab World*, New York: Holt, Rinehart & Winston, pp. 237-238.

[②] Joseph A. Kechichian, *Succession in Saudi Arabia*, New York: Palgrave, 2001, p. 57.

公开的权力斗争将导致沙特王室覆灭；同时苏尔坦没有得到沙特王室、乌勒玛集团和其他精英集团的支持。最终，阿卜杜拉亲王与苏尔坦亲王主动缓和了双方的矛盾。1996年1月1日，法赫德国王宣布临时将国家最高权力移交至时任王储阿卜杜拉亲王。自1997年开始，时任王储阿卜杜拉亲王已经掌握了沙特政府日常的大部分职责。

沙特王室内部关于国王与王储、王储与亲王之间的继承权斗争时而出现，这从侧面反映了沙特王室继承制度的不足。王室内部亲王之间的竞争和冲突可能导致沙特王室分裂，进而威胁政治稳定。[1] 因此建立和完善王位继承制度是沙特王室面临的迫切任务。

第二节 沙特完善政治制度的措施

一、大臣会议制度的建立和完善

大臣会议作为沙特的核心政治制度，集立法权、行政权、司法权和咨询权于一体。大臣会议制度的建立与完善是沙特现代政治制度完善的首要标志。

（一）阿卜杜勒·阿齐兹国王时期，大臣会议制度的建立

阿卜杜勒·阿齐兹尽管面临希贾兹与纳季德政治制度分立和并存的局面，但是仍然不遗余力地支持建立统一的政府管理体系。[2] 为此，阿

---

[1] Ian Bremmer, *The J. Curve: A New Way to Understand Why Nations Rise and Fall*, New York: Simon & Schuster Paperbacks, 2007, p. 109.

[2] Harry St. John Philby, *Sa'udi Arabia*, London: Eenest Benn, 1955, p. 325, in Summer Scott Huyette, *Political Adaptation in Saudi Arabia: a Study of the Council of Ministers*, Boulder: Westview Press, 1985, pp. 58-59.

构建稳定——"石油王国"的改革、调整与稳定

卜杜勒·阿齐兹在希贾兹地区进行了长期的尝试和探索。

1927年7月,阿卜杜勒·阿齐兹建立"调查和改革委员会"(Commission on Insepection and Reform),负责审查政府组织结构,评估王国的行政管理体制,提出政府改革意见,① 并组建一个咨询委员会来具体负责实施。咨询委员会由国王指定的8名成员组成,他们分别来自希贾兹和纳季德的不同地区。阿卜杜勒·阿齐兹授权咨询委员会规划社会经济政策,管理政府部门的财政预算,拥有一定的立法权力②。

随后"调查和改革委员会"建议整合原有的政府机构,组建新的协商会议。新的协商会议由总督和8名成员组成。新的协商会议章程要求每两周开一次例会,讨论诸如财政预算、新的经济项目、用于公共事业的税收的征收、法律法规的颁布、外国人员的雇佣等议题。"新的协商会议章程赋予协商会议更大的权力和更多的职责,强化了协商会议的功能。"③ 1928年,新协商会议在人员组成和程序问题上再次调整:在人员方面,协商会议吸纳了更多的受过教育的希贾兹人;在权力方面,协商会议强化了立法功能。

1931年12月30日,根据"调查和改革委员会"的建议,代表委员会(又称"希贾兹地区代表会议"或者"汉志大臣会议",Council of Deputies)正式建立。代表委员会由外交事务代表、协商会议代表、财政事务代表和代表会议主席费萨尔组成。④ 代表委员会直接隶属于国

---

① Summer Scott Huyette, *Political Adaptation in Saudi Arabia: a Study of the Council of Ministers*, Boulder: Westview Press, 1985, p. 55.

② Ayman Al-yassini, *Religion and State in the Saudi Arabia*, Boulder: Westview Press, 1985, p. 25.

③ Soliman Solaim, Constitutional and Judicial Organization in Saudi Arabia, Ph. D. Dissertation, The Johns Hopkins University, 1970, p. 30.

④ Fouad Al-Farsy, *Modernity and Tradition: The Saudi Equation*, London: Kegan Paul International, 1991, p. 48; Summer Scott Huyette, *Political Adaptation in Saudi Arabia: a Study of the Council of Ministers*, Boulder: Westview Press, 1985, p. 56.

第二章　完善政治制度与沙特的政治稳定

王，直接对国王负责。代表委员会将重要政府部门集中到一起，并就国家行政问题向国王提供建议。代表委员会下设6个核心部门，分管"沙里亚"、内政、外交、财政、国民教育和军事事务。① 代表委员会是沙特通过整合各个政府部门于一体，管理全国事务的第一次尝试。② 代表委员会虽然并不是全国性机构，仅仅负责希贾兹地区政务，但是代表了希贾兹地区新的政府管理方式，为沙特政府未来发展提供了框架。代表委员会的管理模式随后开始从希贾兹地区向沙特全国推广。

20世纪30年代，阿卜杜勒·阿齐兹开始致力于加强中央集权，将希贾兹政府机构扩展到纳季德，建立了一批统一的政府机构。其中最重要的是财政部。沙特财政部源于阿卜杜勒·阿齐兹的私人财政助手纳季德人苏莱曼（Al-Sulayman）。在阿卜杜勒·阿齐兹征服希贾兹后，苏莱曼负责将希贾兹的财政收入纳入宫廷国库（Court Treasury），成立了财政总局（Agency of Finance）。1932年，苏莱曼将财政总局改为财政部（Minister of Finance）。③ 当时财政部不仅统一掌管全国的财政税收，而且管理除外交事务之外的所有事务，负责监督朝觐事务、医疗卫生、教育、社会公益、邮政、电报和无线电、农业生产、公共建设和交通运输以及包括石油和矿产在内的其他经济活动。自1934年起，沙特开始制定财政预算。④

二战推动国防部发展出现代化的国防体系。1944年12月，阿卜杜勒·阿齐兹国王将其子曼苏尔亲王（Mansur）领导的国防局升格为部。

---

① 北京大学亚非研究所西亚研究室编著：《石油王国沙特阿拉伯》，北京：北京大学出版社，1985年，第26页。
② Summer Scott Huyette, *Political Adaptation in Saudi Arabia*: *a Study of the Council of Ministers*, Boulder: Westview Press, 1985, p. 56.
③ Summer Scott Huyette, *Political Adaptation in Saudi Arabia*: *a Study of the Council of Ministers*, Boulder: Westview Press, 1985, p. 56.
④ Alexei Vassiliev, *The History of Saudi Arabia*, New York: New York University Press, 2000, p. 305.

构建稳定——"石油王国"的改革、调整与稳定

这使沙特政府的组成部门由2个增加至3个。

二战后，伴随政府管理需求的不断增加，财政部的附属机构不断独立，发展为众多的政府部门。1951年6月，卫生部和内政部从财政部分离出来，由阿卜杜拉·费萨尔领导。1952年，沙特政府建立了航空部，苏尔坦亲王担任大臣；同年，沙特成立了沙特阿拉伯货币局。1953年9月，交通部成立，由塔拉勒亲王担任首任交通部大臣。1953年底，教育部和农业部又分别从内政部和财政部中被分离出来。

1953年10月9日，阿卜杜勒·阿齐兹国王在临终前颁布了决定成立大臣会议的1388号王室法令。该法令明确规定大臣会议的人员组成、权力范围、运行程序和组织机构。该法令迈出了将各部大臣组织成一个现代中央政权机构的第一步，大臣会议的序幕由此拉开。[1]

(二) 沙特-费萨尔阶段：大臣会议制度的曲折发展与全面确立

1. 第一阶段：1953年至1958年

1953年11月9日，阿卜杜勒·阿齐兹国王逝世，标志着沙特个人统治形式的终结，新的领导方式将诞生。[2] 沙特亲王和费萨尔亲王因没有其父亲阿卜杜勒·阿齐兹的权威，不能像阿卜杜勒·阿齐兹国王一样自由行动。[3] 阿卜杜勒·阿齐兹的后继者需要建立新的中央政府机构——大臣会议，以加强自己的权威，巩固自身权力。

1954年3月7日，沙特国王举行大臣会议成立仪式；同月26日，沙

---

[1] 李绍先：《沙特阿拉伯王国政府——大臣会议》，《西亚非洲》，1992年第4期，第9页；Summer Scott Huyette, *Political Adaptation in Saudi Arabia: a Study of the Council of Ministers*, Boulder: Westview Press, 1985, p. 60.

[2] Summer Scott Huyette, *Political Adaptation in Saudi Arabia: a Study of the Council of Ministers*, Boulder: Westview Press, 1985, p. 60.

[3] Harry St. John Philby, *Sa'udi Arabia*, London: Eenest Benn, 1955, pp. 340, 341, in Summer Scott Huyette, *Political Adaptation in Saudi Arabia: a Study of the Council of Ministers*, Boulder: Westview Press, 1985, p. 57.

第二章　完善政治制度与沙特的政治稳定

特公布了沙特王国第 1508 号王室法令，即《大臣会议条例》（Regulations of the Council of Ministers）和《大臣会议组成部门条例》（Regulations of the Divisions of the Council of Ministers），确定了大臣会议的成员、规章制度、运转程序、管理权限和组成部门。根据《大臣会议条例》，大臣会议"对沙特政府管理事务具有监督、决定和建议等权力"[1]，是国王的"左膀右臂"，协助国王处理日益复杂的经济社会事务。在召开第一次大臣会议的五个月后，沙特颁布 1527 号王室法令，任命费萨尔亲王为大臣会议主席。1528 号王室法令第 18 条赋予大臣会议主席如下权力：（1）监督大臣会议、大臣会议大臣和大臣会议各部门；（2）监督王室法令、大臣会议颁布的法律和决定的执行；（3）监督国家财政预算的实施；（4）为了执行王室法令，大臣会议主席可以根据现实需要颁布管理条例和规章，但是这些管理条例和规章必须得到大臣会议的批准以及国王的认可和同意。

1527 号和 1528 号王室法令为费萨尔亲王扩大大臣会议权力提供了法律依据。此后费萨尔亲王作为大臣会议主席，极力维护大臣会议的地位和权力，扩展大臣会议的管理权限。在大臣会议结构上，大臣会议组成部门增加至 9 个（表 2-1）。[2] 同时各部的下属部门不断增加。在官员组成方面，费萨尔通过高薪吸引技术人员、工程师、教师和经济学家进入政府各部门。经过费萨尔亲王的努力，大臣会议成为沙特政治活动的焦点，成为讨论、评估和应对社会变化的平台。[3]

---

[1] Summer Scott Huyette, *Political Adaptation in Saudi Arabia: a Study of the Council of Ministers*, Boulder: Westview Press, 1985, p. 66.

[2] 陈沫主编：《列国志：沙特阿拉伯》，北京：社会科学文献出版社，2011 年，第 88 页；Summer Scott Huyette, *Political Adaptation in Saudi Arabia: a Study of the Council of Ministers*, Boulder: Westview Press, 1985, p. 65.

[3] Summer Scott Huyette, *Political Adaptation in Saudi Arabia: a Study of the Council of Ministers*, Boulder: Westview Press, 1985, pp. 68-69.

构建稳定——"石油王国"的改革、调整与稳定

表 2-1 1954 年大臣会议组成部门及各部大臣

部门	各部大臣	成立时间(年)
外交部	费萨尔·伊本·阿卜杜勒·阿齐兹	1930
财政部	穆赛义德·伊本·阿卜杜·拉赫曼	1932
国防部	米沙勒·伊本·阿卜杜勒·阿齐兹	1944
卫生部	拉希德·法拉昂	1951
内政部	阿卜杜拉·费萨尔	1951
交通部	塔拉勒·伊本·阿卜杜勒·阿齐兹	1953
农业部	苏尔坦·伊本·阿卜杜勒·阿齐兹	1953
教育部	法赫德·伊本·阿卜杜勒·阿齐兹	1953
商业部	谢赫·穆罕默德·阿里瑞泽	1954

资料资源:Summer Scott Huyette, *Political Adaptation in Saudi Arabia: a Study of the Council of Ministers*, Boulder: Westview Press, 1985, p. 67.

然而,大臣会议的发展并非一帆风顺。首先,大臣会议并没有充分获得《大臣会议条例》所赋予的权力。在沙特国王统治时期,沙特国王"随心所欲地管理着他的国家,没有人分享他的权力"[1]。同时,沙特国王试图延续传统的、家长式的、非正式的和个人式的统治方式,更喜欢凭借自己的喜好,依靠其信任的智囊管理国家事务,因而既对新组建的大臣会议及其活动不感兴趣,经常有意绕开大臣会议自行其是,又没有授予大臣会议实权,尤其是决策权。大臣会议仅仅是国王的咨询机构和国王决定与命令的执行机构。其次,大臣会议沦为沙特国王和费萨尔亲王进行权力斗争的场所。由于各部大臣同时对国王和大臣会议主席负责,国王和大臣会议主席之间形成权力二元结构。[2] 为了争夺最高权力,沙特国王与大臣会议主席之间的权力斗争不可避免。沙特国王倾向

---

[1] [叙利亚]莫尼尔·阿吉列尼:《费萨尔传》,何义译,北京:商务印书馆,1977年,第327页。

[2] 吴彦:《沙特阿拉伯政治现代化进程研究》,杭州:浙江大学出版社,2011年,第167页。

第二章　完善政治制度与沙特的政治稳定

于采用以独断专行为特征的家长式传统，经常无视大臣会议的存在和职责；费萨尔作为大臣会议主席，则极力维护大臣会议的地位和权力，将大臣会议作为推动经济发展和向沙特国王争夺权力的工具。这致使大臣会议难以正常运转。最后，沙特国王治理国家的能力不足，致使沙特政治混乱。沙特国王因缺少其父亲阿卜杜勒·阿齐兹的能力和智慧，造成沙特政府在处理国内外事务方面"进退失据"，国家面临严重的内忧外患，国家财政更是面临崩溃的困境。因而大臣会议的制度化进程缺乏稳定的政治环境和充足的资金支持。上述因素导致沙特大臣会议制度化进程缓慢。

2. 第二阶段：1958年至1964年

1958年3月，费萨尔亲王接管王国最高权力后，采取多项重要改革措施，努力促使国家行政管理机构摆脱国王的直接干预和介入，强化大臣会议的独立性。其中最重要的举措是，费萨尔亲王于1958年和1964年对《大臣会议条例》进行了修改，《大臣会议条例》得以完善和成型。①

1958年5月11日，费萨尔亲王颁布39号王室法令，首次修改了《大臣会议条例》，这是大臣会议发展史上的一个重要转折点。② 新的《大臣会议条例》扩大了大臣会议的权限：大臣会议负责制定国家重要事务，如财政、经济、教育、国防和外交等公共事务的政策，并负责监督执行；大臣会议拥有规划权、执行权和管理权；大臣会议是财政事务和其他所有国家政府事务的最高负责机构；国际条约和协议的批准需要大臣会议许可；大臣会议制定政府预算和财政计划，统辖地方政府。同时新的《大臣会议条例》扩大了大臣会议主席的权力：王储兼任大臣会议主席，主持大臣会议；指导国家总体政策；保证大臣会议的各部事务

---

① 王铁铮、林松业：《中东国家通史：沙特阿拉伯卷》，北京：商务印书馆，2004年，第193页。
② Summer Scott Huyette, *Political Adaptation in Saudi Arabia: a Study of the Council of Ministers*, Boulder: Westview Press, 1985, p. 69.

的协调和合作，保证大臣会议活动的统一性和持续性；接受国王的指示，并根据指示活动；签署大臣会议的决议，并将决议交于相关部门执行；负责监督大臣会议、各部大臣和各部事务；监督大臣会议所做的决定和规章的执行。① 此外，新的《大臣会议条例》明确规定了各部的权限和责任，各部大臣是各部事务的直接领导和最高权威。各部大臣就本部工作向大臣会议主席负责，大臣会议主席就本人的工作和大臣会议的工作向国王负责。新的《大臣会议条例》规定，大臣会议可以根据实际需要扩大自己的行动。新的《大臣会议条例》通过扩大大臣会议和大臣会议主席的权力，一方面赋予费萨尔亲王管理整个国家的权力，另一方面使沙特国王的权力仅限于象征性职责。

尽管沙特国王和费萨尔亲王在1960年至1962年展开了激烈斗争，但是大臣会议的组成部门仍进一步增加。1962年10月，费萨尔亲王改组大臣会议，大臣会议下设12部（表2-2）。

表2-2 费萨尔时期大臣会议组成部门及各部大臣（1962年10月）

部门	各部大臣
外交部	费萨尔·伊本·阿卜杜勒·阿齐兹
财政部	穆赛义德·苏鲁尔·萨班
国防部	苏尔坦·伊本·阿卜杜勒·阿齐兹
卫生部	优素福·哈伊里
内政部	法赫德·伊本·阿卜杜勒·阿齐兹
交通部	穆罕默德·乌玛·陶菲格
农业部	易卜拉欣·苏维伊尔
教育部	谢赫·哈桑·伊本·阿卜杜拉·谢赫
商业部	阿比德·谢赫
石油和矿产资源部	艾哈迈德·扎基·亚马尼

---

① Summer Scott Huyette, *Political Adaptation in Saudi Arabia: a Study of the Council of Ministers*, Boulder: Westview Press, 1985, pp. 166–171.

第二章　完善政治制度与沙特的政治稳定

(续表)

部门	各部大臣
劳工和社会事务部	阿卜杜·拉赫曼·阿巴·哈伊尔
朝觐和宗教基金部	侯赛因·阿拉伯

资料资源：Summer Scott Huyette, *Political Adaptation in Saudi Arabia：a Study of the Council of Ministers*, Boulder：Westview Press, 1985, p. 72.

3. 第三阶段：1964年至1975年

1964年12月18日，费萨尔以沙特国王名义发布14号王室法令，再次修改《大臣会议条例》。修改后的《大臣会议条例》规定：大臣会议由主席、副主席和负责具体事务的大臣、国务大臣和国王任命的国王顾问组成，国王和王储分别兼任大臣会议主席和副主席；① "大臣会议大臣的任命和辞职须以王室法令的形式宣布生效，所有大臣会议成员向国王负责；大臣会议是国王主持下的立法机构，在主席或者副主席的主持下召开，做出的决定经由国王同意后方可生效"②；大臣会议拥有制定和修改除"沙里亚"（伊斯兰教法）之外的所有法律制度的权力，以及行政管理职能。

新的《大臣会议条例》巩固了大臣会议的地位，强化了大臣会议的权威。首先，沙特最高权力中心实现统一。在阿卜杜勒·阿齐兹国王时期，阿卜杜勒·阿齐兹国王毫无疑问是沙特唯一的权力中心和最高权威。在沙特国王时期，沙特国王与大臣会议主席费萨尔亲王围绕国家最高权力展开了激烈的斗争，致使大臣会议难以正常运转和国家动荡不安。自费萨尔继任国王后，国王兼任大臣会议主席，为消除国王和大臣

---

① Fouad Al-Farsy, *Saudi Arabia：A Case Study in Development*, London：Kegan Paul International, 1982, pp. 97 - 98.

② ［日］田村秀治编：《伊斯兰盟主：沙特阿拉伯》，陈生保等译，上海：上海译文出版社，1981年，第150页。

会议主席之间可能出现的冲突起了重要作用。① 其次，大臣会议成为隶属于国王的政治实体。伴随大臣会议成为国王领导的正式机构，并被授予广泛的政府权力，大臣会议开始真正参与王国的行政管理，很快成为国家的政治中心，逐渐成为领导沙特现代化的中枢机构。②

当费萨尔国王的权力得到巩固后，费萨尔根据"十点纲领"③ 的政治制度改革目标和社会经济发展的需要，在大臣会议的政权权限、组成部分和运行程序方面做出了众多制度性创新。

扩大大臣会议的权限。第一，将司法权力纳入大臣会议。1962年10月，费萨尔实施司法改革，成立了最高司法会议。1970年，随着沙特最高宗教权威大穆夫提去世，费萨尔设立司法部，将与伊斯兰法律相关的重要事务纳入政府管理的框架。第二，强化大臣会议的经济管理职能。1968年，中央计划署（Central Planning Organisation）署长希沙姆·纳泽尔在联合国和斯坦福研究所的帮助下，向费萨尔提交了1970/1971—1974/1975年发展计划，这是沙特的第一个五年发展计划。此后中央计划署连续制定了数个五年发展计划。中央计划署的成立标志着沙特中央政府开始领导国家经济发展。

充实大臣会议的组成部门。费萨尔国王于1965年1月将最高计划委员会（Supreme Planning Board）改组为中央计划署，并在1975年进一步将中央计划署改组为计划部。1967年10月1日，费萨尔设立大臣

---

① 李绍先：《沙特阿拉伯王国政府——大臣会议》，《西亚非洲》，1992年第4期，第10页。
② 郑蓉：《浅析沙特阿拉伯的现代化历程及特点》，载严庭国主编：《阿拉伯学研究》（第三辑），上海：华东师范大学出版社，2014年，第12页。
③ 1962年10月，费萨尔亲王就颁布了"十点纲领"，其主要内容涉及改革政治制度、实行司法独立、成立伊斯兰教法诠释委员会、保障公民言论自由、提高社会保障、发展经济、废除奴隶制等多方面。"十点纲领"是沙特阿拉伯王国的第一个全面而系统的治国方略。See Mordechai Abir, *Saudi Arabia in the Oil Era: Regime and Elites, Conflicts and Collaboration*, London: Routledge, 1988, p. 94.

第二章　完善政治制度与沙特的政治稳定

会议第二副主席职位，任命法赫德亲王担任这一职务；1970年，费萨尔设立司法部；1971年7月，费萨尔国王将中央计划署、人事总局、控制和调查委员会和纪律委员会4个部门的首脑提升为国务大臣。至费萨尔末期，大臣会议下属的部级机构达到20个，其他专业机构有70多个，① 初步具备了现代政府的基本规模，② 成为国王直接控制的较为完备的中央政府机构③。

规范大臣会议的运转流程。首先体现在大臣会议例会制度化。最初，大臣会议每月召开例会，但是开会日期并不固定，且时断时续。自1970年起，大臣会议改为每周召开例会，由国王授权王储兼大臣会议第一副主席主持。其中高级委员会（High Committee）和专家局（Bureau of Experts）是大臣会议运行制度化的最重要机构。

高级委员会源于《大臣会议条例》。在20世纪50年代，大臣会议下设三个分委员会——高级委员会、文官委员会和专家局，负责行政、人事和立法事务，以协助和配合大臣会议的工作。但是在60年代初期，自由亲王将三个分委员会整合为一个机构——总委员会（General Committee），并将总委员会作为大臣会议的决策中心，这使大臣会议成为一个无实权的空壳。当费萨尔国王恢复权力时，他再次将总委员会拆分为三个机构，并组建高级委员会，负责制定政策。高级委员会由时任王储哈立德亲王担任主席，成员包括内政大臣法赫德亲王、财政大臣

---

① David E. Long, *The kingdom of Saudi Arabia*, Gainesville：University Press of Florida, 1997, p. 48；Fouad Al-Farsy, *Saudi Arabia：A Case Study in Development*, London：Kegan Paul International, 1982, p. 99；Fouad Al-Farsy, *Modernity and Tradition：The Saudi Equation*, London：Kegan Paul International, 1991, p. 53；陈沫主编：《列国志：沙特阿拉伯》，北京：社会科学文献出版社，2011年，第90页；唐宝才：《略论沙特阿拉伯政治制度及政治民主化走势》，《西亚非洲》，2007年第3期，第61页。

② 陈沫主编：《列国志：沙特阿拉伯》，北京：社会科学文献出版社，2011年，第89页。

③ 吴彦：《沙特阿拉伯政治现代化进程研究》，杭州：浙江大学出版社，2011年，第167页。

穆萨义德·伊本·阿卜杜·拉赫曼亲王、国防大臣苏尔坦亲王、国民卫队司令阿卜杜拉亲王、王室顾问纳瓦夫亲王以及委员会秘书长拉希德·法拉奥恩博士。高级委员会负责决策国内外所有事务,大臣会议负责日常具体的人事任命、立法和行政事务。大臣会议秘书长负责安排大臣会议具体工作。这是费萨尔国王为保证王室对大臣会议的绝对领导而采取的必要措施。[①]

专家局规范化也是规范大臣会议运行的重要举措。伴随大臣会议成立,专家局(Bureau of Experts)于1954年成立。在20世纪50年代,专家局的重要成员全是埃及人,没有沙特人。在20世纪60年代,随着赴海外留学的沙特人不断回国,专家局主要成员变为沙特人,而且专家局的职能不断扩大,程序日益规范,成为大臣会议附设的重要咨询机构。专家局主要负责讨论拟立法的议案,为立法提供建议。专家局讨论所有立法事务,包括法律、规章制度、管理条例、国际条约和大臣会议主席办公室提交给专家局的所有事务。大臣会议大臣也将关于拟立法法案的建议提交至专家局。若大臣的意见与专家局的意见不一致,那么相关大臣与专家局会组成联席会议消除分歧。若联席会议仍然存在分歧,专家局将双方的意见提交至大臣会议,由大臣会议裁决。因此专家局在将立法法案提交至大臣会议之前,承担了大量的准备性工作。

在费萨尔国王时期,大臣会议发展成为国王直接控制下的比较完备的中央政府机构。[②] 费萨尔国王通过行政体制改革,将大臣会议转变为一个结构复杂、功能齐全、初步适应沙特经济建设和社会发展的现代化

---

① 陈沫主编:《列国志:沙特阿拉伯》,北京:社会科学文献出版社,2011年,第89页。
② 吴彦:《沙特阿拉伯政治现代化进程研究》,杭州:浙江大学出版社,2011年,第167页。

第二章　完善政治制度与沙特的政治稳定

行政机构。①

(三) 哈立德-法赫德时期，大臣会议制度的完善

1975年10月13日，哈立德国王颁布王室法令，宣布组建新一届大臣会议，并对大臣会议进行大规模改组（见表2-3）。根据经济与社会的发展需要，原来的工商部被拆分为商业部和工业与电力部，增设住房与公共工程部、市政与乡村事务部、高等教育部、工业与电力部、信息部、计划部等6个部。除了各部之外，大臣会议还陆续设立了数量众多的办事机构和专业委员会，如调查局、最高行政改革委员会、沙特石油和矿产总公司。1982年6月，法赫德国王再次改组和完善大臣会议（见表2-4）。此后，大臣会议的组成部门趋于稳定，② 大臣会议制度化改革集中于大臣会议运行程序方面。

表2-3　哈立德国王时期大臣会议组成部门及各部大臣（1975年10月13日）

部门	大臣会议大臣
外交部	沙特·费萨尔
财政部	穆罕默德·阿巴·哈伊尔
国防部	苏尔坦·伊本·阿卜杜勒·阿齐兹
卫生部	侯赛因·阿卜杜·拉扎克·雅扎里
内政部	纳伊夫·伊本·阿卜杜勒·阿齐兹
交通部	穆罕默德·乌玛·陶菲格
农业部	阿卜杜·拉赫曼·谢赫
教育部	阿卜杜勒·阿齐兹·霍韦特
商业部	苏莱曼·索兰

---

① 陈沫主编：《列国志：沙特阿拉伯》，北京：社会科学文献出版社，2011年，第65页。
② Summer Scott Huyette, *Political Adaptation in Saudi Arabia: a Study of the Council of Ministers*, Boulder: Westview Press, 1985, p. 79.

构建稳定——"石油王国"的改革、调整与稳定

(续表)

部门	大臣会议大臣
石油和矿产资源部	艾哈迈德·扎基·亚马尼
劳工和社会事务部	易卜拉欣·安卡里
朝觐和宗教基金部	阿卜杜·瓦哈卜·阿卜杜·威瑟
国民卫队	阿卜杜拉·伊本·阿卜杜勒·阿齐兹
信息部	穆罕默德·阿卜杜·亚马尼
司法部	谢赫·易卜拉欣·谢赫
高等教育部	谢赫·哈桑·谢赫
工业和电力部	加齐·古赛比
市政与乡村事务部	马吉德·伊本·阿卜杜勒·阿齐兹
计划部	希沙姆·乃孜尔
邮政、电话和电报部	阿拉维·达尔维什·卡伊尔
住房与公共工程部	米塔布·伊本·阿卜杜勒·阿齐兹
国务大臣	穆罕默德·易卜拉欣·马苏德
国务大臣	阿卜杜拉·穆罕默德·温兰
国务大臣	穆罕默德·阿卜杜·拉蒂夫·穆尔西木

资料资源：Summer Scott Huyette, *Political Adaptation in Saudi Arabia: a Study of the Council of Ministers*, Boulder: Westview Press, 1985, pp. 78-79.

表2-4　法赫德国王时期大臣会议组成部门及各部大臣（1982年6月）

部门	大臣会议大臣
外交部	沙特·费萨尔
财政和国民经济部	穆罕默德·阿卜杜·哈伊尔
国防部	苏尔坦·伊本·阿卜杜勒·阿齐兹
卫生部	加齐·古赛比
内政部	纳伊夫·伊本·阿卜杜勒·阿齐兹
交通部	侯赛因·易卜拉欣·曼苏尔
农业和水利部	阿卜杜·拉赫曼·谢赫
教育部	阿卜杜勒·阿齐兹·霍韦特

第二章　完善政治制度与沙特的政治稳定

（续表）

部门	大臣会议大臣
商业部	苏莱曼·索兰
石油和矿产资源部	艾哈迈德·扎基·亚马尼
劳工和社会事务部	穆罕默德·阿里·法耶兹
朝觐和宗教基金部	阿卜杜·瓦哈卜·阿卜杜·威瑟
国民卫队	阿卜杜拉·伊本·阿卜杜勒·阿齐兹
信息部	阿里·沙伊尔
司法部	谢赫·易卜拉欣·谢赫
高等教育部	谢赫·哈桑·谢赫
工业和电力部	阿卜杜·阿齐兹·扎米尔
市政与乡村事务部	易卜拉欣·安卡里
计划部	希沙姆·乃孜尔
邮政、电话和电报部	阿拉维·达尔维什·卡伊尔
住房与公共工程部	米塔布·伊本·阿卜杜勒·阿齐兹
国务大臣	穆罕默德·易卜拉欣·马苏德
国务大臣	穆罕默德·阿卜杜·拉蒂夫·穆尔西木

资料资源：Summer Scott Huyette, *Political Adaptation in Saudi Arabia: a Study of the Council of Ministers*, Boulder: Westview Press, 1985, pp. 91-92.

在哈立德-法赫德时期，大臣会议相继成立了一批新的下属机构，改进工作方法、精简会务，从而使大臣会议运行更加科学和高效。

总委员会。哈立德国王继承王位后，哈立德为了缓解现代化进程带来的沉重负担，重新组建了总委员会，但是总委员会的权力相对有限。在20世纪80年代，法赫德为了使大臣会议的运行机制更加高效，改组了总委员会，并制定了总委员会章程。总委员会章程规定：总委员会由1名主席和11名大臣会议成员组成，所有委员均由国王亲自选定，负

构建稳定——"石油王国"的改革、调整与稳定

责处理大臣会议日常事务；① 在委员会讨论某议案时，必须有 7 名以上的大臣出席；总委员会秘书必须向所有大臣通告总委员会的议程，任何大臣均有权参加总委员会的会议，并发表意见和评论；总委员会可以邀请其他部门的负责人和专家参加总委员会的讨论；如议案得到所有参会大臣一致同意，则递交大臣会议批准，若议案未获得一致同意，则提交大臣会议审议；如某部大臣缺席，总委员会就暂停讨论该部的事务，暂不做决定。随着总委员会的权力不断扩大，总委员会实际上演变为大臣会议中的核心决策机构，成为"小大臣会议"。

重建总委员会后，法赫德国王为各部大臣松绑，逐步扩大了他们的管理权限，使他们有权直接聘任包括副大臣在内的下属干部职务。此外，许多原来由大臣会议主席决断的事务下放至各部自行处理，因而有助于大臣提高决策能力。

公务员局。人事管理问题是政治制度管理中的重要议题。沙特公务员局（Civil Service Bureau）起源于财政部下设的人事和退休局（Bureau of Personnel and Retirement）。在 20 世纪 50 年代，人事和退休局主要负责沙特公务员人事档案的保存。但是由于沙特缺乏必要的专门技术人才，人事和退休局既没有规章制度，也没有保存人事档案和记录。1958 年，大臣会议成立人事总局（General Personnel Bureau），但是人事总局没有人事任命决定权，仅负责人事档案的收集、记录和归档。

1977 年 6 月，为减轻大臣会议的工作负荷，时任王储法赫德亲王颁布了关于公务员局章程的 2682 号王室法令。2682 号王室法令决定解散人事总局，成立公务员局及其决策机构公务员委员会；大臣会议授权公务员委员会负责公务员事务，包括职位等级、薪酬、职位要求、公务

---

① 钱学文：《当代沙特阿拉伯国王社会与文化》，上海：上海外语教育出版社，2003 年，第 44 至 45 页。

第二章 完善政治制度与沙特的政治稳定

员培训、公务员晋升等，但不包括最高级公务员的任命。公务员委员会每周举行例会，就人事工作展开讨论并做出决定。

1982年10月，法赫德颁布关于修改公务员委员会章程的2936号王室法令。王室法令规定：国王兼任公务员委员会主席，王储兼任公务员委员会副主席，其他成员还包括公务员委员会主席、专家局主席和五名会议大臣；最高人事权归国王，日常事务由公务员委员会独立处理，国王不出席公务员委员会会议，仅负责审批会议决议。此后公务员局和公务员委员会成为沙特人事领域的"小大臣会议"。

公务员局开始规范公务员的选任、擢升、惩罚等方面的标准和程序。随之而来的是，公务员晋升和薪水提高的主要依据是公务员在工作中的表现、公共行政学院的课程成绩。公务员局权威的增加，标志着沙特政府高官任意决定公务员选拔和擢升时代的结束。官员的选拔和擢升不以忠诚度和与沙特高官关系亲疏作为标准，而是依据能力和工作表现挑选，这在一定程度上确保了政治决策的科学化、规范化。

经过法赫德时期的机构改革，大臣会议集立法、行政及国家内外政策"智库"等多种功能于一身，成为领导沙特现代化建设的中央部门。①

（四）冷战结束后，大臣会议制度的进一步发展

1992年2月29日，法赫德主持大臣会议，通过了《政府基本法》《大臣会议法》和《地方行政法》等三项法案。上述法案在汇集、整理已有法令法规的基础上，以明文法律形式规定了国体、政体、国王职权、国王继承制度、中央政府职权和地方省区制度。《政府基本法》再次明确了沙特王室的绝对领导地位，规定了国王与国民的关系。《政府基本法》第6条规定，根据《古兰经》和"逊奈"，所有沙特国民必须

---

① 刘竞、安维华：《现代海湾国家政治体制研究》，北京：中国社会科学出版社，1994年，第171页。

构建稳定——"石油王国"的改革、调整与稳定

服从沙特国王及其统治。《政府基本法》再次确认了沙特国王的权力，《政府基本法》第52、57、58条规定，国王通过颁布王室法令，任命大法官，委任大臣会议的大臣、副大臣、国务大臣以及其他高级官员。①虽然《政府基本法》只是原有政治制度的汇编，但是以法律形式再次确认了沙特政治制度。这是沙特政治制度化进程中的一个里程碑。

为了适应沙特出现的新发展形势，法赫德国王和阿卜杜拉国王对大臣会议进行了一系列的改革。

进一步调整大臣会议组成部门。2005年10月，阿卜杜拉国王成立了"国家安全委员会"，其职责是重点打击国内恐怖主义和清除国内的"基地"组织。2011年3月25日，阿卜杜拉国王为解决沙特国民住房问题，决定改组住房总局，成立住房部，并委任前住房总局局长舒维施担任该部首任大臣。新成立的住房部将承担起原先住房总局所有与房建相关的职责，同时还直接负责处理与房建相关的土地事务。2011年11月6日，阿卜杜拉国王发布国王令，一方面，将原国防部和航空总监合并更名为国防部，任命原利雅得省总督萨勒曼亲王为国防大臣；另一方面，将民用航空管理权限从原国防部划归民用航空总局负责，任命法赫德·本·阿卜杜勒·本·穆罕默德亲王为民用航空总局局长（大臣衔），任命费萨尔·苏哈尔为民用航空总局副局长，并相应重组民用航空委员会，由民用航空总局局长兼任主席。

重点强化经济管理职能。1999年8月，沙特成立了最高经济委员会（Supreme Economic Council，简称SEC）。沙特最高经济委员会成员包括：大臣会议总务委员会主席、水利部大臣、工业和电力部大臣、石油和矿产资源部大臣、财政部大臣、经济与计划部大臣、劳工和社会事务部大臣、沙特阿拉伯货币局局长和两位国务大臣。沙特最高经济委

---

① Stig Stenslie, *Regime Stability in Saudi Arabia: The Challenge of Succession*, London: Routledge, 2012, pp. 29 - 30.

第二章　完善政治制度与沙特的政治稳定

员会的主要职责是评估和制定经济、工业、农业和劳动政策。最高经济委员会成为沙特大臣会议经济领域的"小内阁"。① 2009年11月，沙特国王阿卜杜拉宣布成立最高经济委员会常务委员会，以更加有效地管理国家经济发展。

2000年1月，沙特成立了石油和矿产事务最高委员会（Supreme Council for Petroleum and Minerals，简称SCPM），其主要职责是制定石油天然气开发政策。石油和矿产事务最高委员会主要任务是促进本国石油领域的私有化，吸引国际资本向沙特石油和天然气领域投资。

2000年4月，沙特成立了旅游事务最高委员会（Supreme Council of Tourism，简称SCT），其主要职责是发展旅游业，吸引国际游客赴沙特各地旅游，鼓励国内外资本向旅游部门投资。同年4月，沙特成立了沙特阿拉伯投资总局（Saudi Arabian General Investment Authority）。沙特阿拉伯投资总局作为投资管理机构，隶属于最高经济委员会。该管理委员会的职责为：对改善沙特投资环境的执行计划提出建议；对外国投资申请做出是否同意的决定；监督和评估本国和外国投资政策的实施，定期准备报告；对禁止外国投资的领域提出建议清单。

2014年4月，沙特大臣会议成立隶属于劳工部的创造就业和应对失业管理局（Authority to Create Jobs and Combat Unemployment），以专门应对失业问题和创造就业岗位。

实施任期制，规范各部大臣的行为准则。《政府基本法》首次规定：大臣会议任期4年；大臣会议大臣不经国王特许，大臣任期不能超过5年。该法首次明确了政府官员的任期限制，使官员任期走向制度化。②

---

① Mohamed A. Ramady, *The Saudi Arabian Economy: Policies Achievement and Challenge*, New York: Springer, 2010, p. 23.
② 陈沫主编：《列国志：沙特阿拉伯》，北京：社会科学文献出版社，2011年，第91页；钱学文：《当代沙特阿拉伯国王社会与文化》，上海：上海外语教育出版社，2003年，第46页。

构建稳定——"石油王国"的改革、调整与稳定

在地方，地方各省总督任期为4年，任期届满后，由国王再次任命。[①] 同时法赫德国王提高了对各部大臣的行为准则的要求。为了确保大臣会议大臣忠于国王，杜绝以权谋私，法赫德国王颁布多个法令，禁止各部大臣公开或私下表明任何个人立场，禁止大臣购买、出售或借贷政府财产。同时法令再次重申，非经国王批准，各部大臣的任期不得延长。[②]

（五）萨勒曼国王继位以来，大臣会议制度的进一步调整

沙特大臣会议部门构成和大臣人员长期保持稳定，阿卜杜拉国王仅在2009年和2014年对大臣会议进行微调。然而，萨勒曼国王则对大臣会议进行了数次改革。

进一步调整大臣会议的组成部门。2015年1月29日，萨勒曼国王下令将阿卜杜拉国王时期设立的12个委员会全部废除，并重组为2个委员会：一个是政治和安全事务委员会，由时任副王储纳伊夫亲王担任主席，成员包括外交大臣、国民卫队大臣、国防大臣、伊斯兰事务大臣、文化与信息大臣、情报总局局长等；另一个为经济和发展委员会，由其儿子穆罕默德·本·萨勒曼（Muhammad bin Salman，简称小萨勒曼）领导，成员包括司法大臣、石油和矿业大臣、财政大臣、住房大臣、商业与工业大臣、交通大臣、通信与信息技术大臣、社会事务大臣、市政与农村事务大臣、卫生大臣、公务员大臣、文化与信息大臣、教育大臣、农业大臣等。同时，萨勒曼国王宣布，废除传统作为沙特石油政策决策机构的石油和矿产事务最高委员会，将其职能并入新成立的

[①] Stig Stenslie, *Regime Stability in Saudi Arabia: The Challenge of Succession*, London & New York: Routledge, 2012, p. 33.

[②] Anthony H. Cordesman, *Sadui Arabia Enters the Twenty-First Century: The Political, Foreign, Economic and Energy Dimensions*, London: Praeger, 2003, p. 146.

第二章　完善政治制度与沙特的政治稳定

经济和发展事务委员会；将教育部和高等教育部合并为教育部。① 萨勒曼的措施精简了沙特政府机构，有助于集中国家权力。

2016年5月8日，萨勒曼国王颁布敕令，实施大臣会议数年来规模最大的改组，主要内容包括：取消"水电部"；"商工部"更名为"商业投资部"；"石油和矿产资源部"更名为"能源、工业和矿产资源部"；"农业部"更名为"环境水利和农业部"；"劳工部"和"社会事务部"合并为"劳动和社会发展部"；"正朝部"更名为"正朝和副朝部"；"伊斯兰事务、捐赠、联络和指导部"更名为"伊斯兰事务、联络和指导部"；"气象和环境保护领导办公室"更名为"气象和环境保护总局"；"青年关爱领导办公室"更名为"体育总局"；"公共教育评估委员会"更名为"教育评估委员会"；"宗教和所得税部"更名为"宗教和所得税总局"；新设"娱乐总局"；新设"文化总局"。② 同时，萨勒曼国王将国民卫队降级，纳归国防部辖制，要求其任何调度请求必须通过宫廷大臣向小萨勒曼请示。

强化大臣会议的经济改革职能。2015年3月，新任国王萨勒曼颁布其内政和外交施政安排，其中将建设多元化经济作为五大施政重点之一。2016年4月26日和6月6日晚，沙特大臣会议先后通过了"沙特阿拉伯2030愿景"（Saudi Arabia's Vision 2030，简称"2030愿景"）和"国家转型计划"（简称"NTP"），这是沙特近年来最具影响力的经济转型计划。2016年6月6日，沙特大臣会议以经济和发展委员会为中心，制定了"2030年愿景"的实施构架，其中包括设立行政办公室和数个委员会，以监管和确保愿景计划的执行。按照大臣会议的要求，经济和发展委员会新设财政委员会，负责对各部门中期收入和支出情况

---

① 唐志超：《沙特阿拉伯王位继承及前景》，载杨光主编：《中东发展报告（2014—2015）：低油价及其对中东的影响》，北京：社会科学文献出版社，2015年，第173页。

② 《政经要闻：国王颁布皇令，沙特内阁大规模重组》，2016年5月13日，http://www.saudi-cocc.net/info/cocc/323.html。

进行监管；新设战略委员会，每三个月召开一次会议，负责向经济和发展委员会汇报各大项目最新的实施进展情况，以及项目延期和出现问题的原因。在该框架下，包括能源工业和矿产资源部、财政部、房建部、商业投资部、劳动和社会发展部、交通部、城乡事务部、教育部、司法部和卫生部等在内的16个政府部门将定期向经济计划部提交报告，从而完善政府的工作机制，确保财政收支的透明度，提高各部门预算执行的效率。能源工业和矿产资源部、财政部、经济计划部、商业投资部将负责提高非石油经济的收入，采取措施以实现国家经济多元化的目标。①

积极采取反腐败举措。腐败是沙特政治、社会和经济领域长期存在的顽疾。2013年，阿卜杜拉国王计划成立专门的反腐败部门，惩治腐败，但是最终无果而终。2015年3月，新任国王萨勒曼颁布其内政和外交施政计划，其中将审视反腐败法规作为五大施政重点之一。2017年11月4日，萨勒曼国王颁布皇家法令，成立了由王储小萨勒曼领导的反腐败高级别委员会。反腐败高级别委员会的成立标志着沙特进入了加大腐败打击力度、净化投资环境、提高公共财政管理透明度的新时代，从而保护国民利益，实现社会公正，加强政府诚信，为经济改革扫清障碍。② 2018年3月11日，萨勒曼国王下令建立专门的反腐部门，该部门将直接隶属于总检察官办公室，专门处理各种形式的腐败案件，这标志着沙特反腐在制度化道路上迈出了坚实的一步。

---

① 《沙特政府确定"2030年愿景"的实施构架》，驻吉达总领馆经商室，2016年6月6日，http://jedda.mofcom.gov.cn/article/jmxw/201606/20160601333438.shtml。

② 《沙特开启反腐斗争新时代》，驻吉达总领馆经商室，2017年11月7日，http://jedda.mofcom.gov.cn/article/jmxw/201711/20171102666904.shtml。

第二章　完善政治制度与沙特的政治稳定

二、王位继承制度的完善

(一) 阿卜杜勒·阿齐兹时期：沙特王位继承制度的草创

鉴于王权遭到王室其他成员挑战，且自身健康状况恶化，阿卜杜勒·阿齐兹国王开始考虑王位继承问题。1933年5月，阿卜杜勒·阿齐兹召开协商会议和咨询会议，会议通过了推举沙特亲王为阿卜杜勒·阿齐兹国王的继承人（王储，Wali al-ahd）的决议，并确立了"穆斯林哈里发和国王们奉行的关于确立符合法律条件的认定王储的制度"①。同时阿卜杜勒·阿齐兹国王宣布，沙特王位继承只能由自己的儿子和直系子孙继承，并且规定了"兄终弟继"原则。但阿卜杜勒·阿齐兹国王指定沙特亲王为继承人遭到部分王室成员的抵制。根据迪肯（Dickon）提供的资料，"阿卜杜勒·阿齐兹的兄弟穆罕默德·伊本·阿卜杜勒·希德拒绝向沙特亲王宣誓效忠，部分沙特王室成员只是出于尊重阿卜杜勒·阿齐兹的威望，才承认沙特亲王为王储"②。因为部分沙特王室成员认为，沙特亲王缺乏担任国王所需要的能力，同时指定沙特亲王为王储不仅违背了国际政治潮流，而且与纳季德固有的继承传统并不一致。

尽管指定沙特亲王为继承人引起了部分沙特王室成员不满，但是在阿卜杜勒·阿齐兹去世后，沙特王室立即召开王室会议，宣布沙特亲王为新任沙特国王，并向沙特国王宣布效忠。阿卜杜勒·阿齐兹国王挑选沙特亲王为王储，成为一个宪法性质的先例，即现任国王在世时，而且

---

① ［叙利亚］莫尼尔·阿吉列尼：《费萨尔传》，何义译，北京：商务印书馆，1977年，第317页。

② H. R. P. Dickson, *The Arab of the Desert: A Glimpse into Badawin Life in Kuwait and Sa'udi Arabia*, London: George Allen & Unwin Ltd., 1949, p. 52, in Summer Scott Huyette, *Political Adaptation in Saudi Arabia: a Study of the Council of Ministers*, Boulder: Westview Press, 1985, p. 58.

在执政的初期，就必须挑选他的王储，这后来成为沙特王位继承制度的重要原则。①

（二）从沙特到费萨尔时期：沙特王位继承制度的初步形成

沙特国王的执政无能致使沙特遭遇多重危机。为了拯救沙特的财政危机，改善沙特受损的形象，妥善解决沙特国王与费萨尔亲王之间的矛盾冲突，12名王室成员，包括阿卜杜勒·阿齐兹的兄弟阿卜杜拉·本·阿卜杜·拉赫曼、穆罕默德·伊本·阿卜杜·阿齐兹、法赫德·伊本·阿卜杜·阿齐兹等，要求国王沙特将全部权力移交至费萨尔亲王。1958年3月23日，阿卜杜拉·本·阿卜杜·拉赫曼召集沙特王室众多亲王召开家族会议，最后此次家族会议形成公议：要求沙特国王将所有权力以委托形式移交给时任王储费萨尔亲王，并宣布任命费萨尔亲王为大臣会议主席。②此次会议标志着沙特王室内部的非正式的协商机构"王室长老会议"的诞生。③

1961至1964年，国王沙特与费萨尔亲王之间的矛盾再次激化，"王室长老会议"再次发挥了缓和王室内部矛盾、维护王室团结的作用。1963年年中，由沙特王室的高级亲王组成的"王室长老会议"和宗教领袖共同召开联席会议，并发布正式声明（"法特瓦"），授予费萨尔亲王所有的国王权力。1964年12月，"王室长老会议"再次召开会议，宣布正式废黜沙特国王。随后，乌勒玛再次发布"法特瓦"，支持"王室长老会议"的决定。至此，沙特国王与费萨尔亲王之间的王位继承斗

---

① 吴彦：《沙特阿拉伯政治现代化进程研究》，杭州：浙江大学出版社，2011年，第62页。

② Alexander Bligh, *From Prince to King: Royal Succession in the House of Saud in the Twentieth Century*, New York: New York University Press, 1984, p. 64.

③ 吴彦：《沙特阿拉伯政治现代化进程研究》，杭州：浙江大学出版社，2011年，第157页。

第二章　完善政治制度与沙特的政治稳定

争结束。这表明沙特君主政权内部存在比较有效的自我修补调整机制。①

在费萨尔统治时期，"苏德里集团"的势力日益强大。出于防范"苏德里集团"独霸政坛，维持王室内权力平衡的考虑，费萨尔国王主张构建一个王位继承的制度性机制。费萨尔国王明确赋予"王室长老会议"在他去世后监督王位继承的权力。此后，"王室长老会议"为维护王位继承制度，实现王位平稳过渡和顺利交接发挥了不可忽视的作用。1975年3月，在费萨尔遇刺身亡后，"王室长老会议"宣布哈立德亲王为新任国王，法赫德亲王为王储，阿卜杜拉亲王为副王储；1982年6月，在哈立德国王去世后，"王室长老会议"立即任命时任王储法赫德亲王为新任国王和大臣会议主席，阿卜杜拉亲王为王储和大臣会议副主席，苏尔坦亲王为副王储和大臣会议第二副主席。

在实践过程中，"王室长老会议"逐步完善和定型。具体而言，"王室长老会议"由阿卜杜勒·阿齐兹的儿子和在世的兄弟组成；"它采用协商的方式和公议的形式，对国王废立、王储遴选、王室主要矛盾调解以及其他关系到王室、国家命运的重大决策起着关键性作用"②。但是"王室长老会议"具体人员不定，既没有常设机构，也没有固定会期。

费萨尔国王在规范王位继承制度化方面的另一个贡献，是确定了由王储兼任大臣会议副主席，同时另设大臣会议第二副主席的职位。费萨尔国王的此种安排意味着，大臣会议第二副主席在王位继承序列中处于优先地位；王储兼任大臣会议副主席的职务，可以使其更多地参与王国重大内政外交政策的制定，并在政治上得到锻炼。因此，王储兼任副主席的政治实践也成为其继承王位的重要资本。此后，沙特国王继承权的

---

① 陈沫主编：《列国志：沙特阿拉伯》，北京：社会科学文献出版社，2011年，第74页。
② 吴彦：《沙特阿拉伯政治现代化进程研究》，杭州：浙江大学出版社，2011年，第161页。

获得不仅依据亲王的长幼，而且依据亲王的个人能力和在政府中的具体作为。①

（三）从哈立德到法赫德时期：沙特王位继承制度的正式成型

1992年3月1日，法赫德国王颁布了《政府基本法》，以国家法律的形式对继承制度做出了新的规定。《政府基本法》第五条规定："国家的统治者来自国家的缔造者阿卜杜勒·阿齐兹国王的儿子们及其子孙；他们中最正直的人将根据神圣的《古兰经》和使者的'逊奈'接受效忠；国王通过王室法令选择王储和解除其职务；国王去世以后，由王储接管国王的权力，直到效忠宣誓完成。"②

《政府基本法》明确了国王选择的范围：阿卜杜勒·阿齐兹的子孙们享有继承权。该法明确了国王继承人的条件和王储成为国王的程序：国王去世后，王储不能自动成为国王，必须获得王室成员效忠宣誓③。同时《政府基本法》强调王位继承实行任人唯贤的原则，即阿卜杜勒·阿齐兹国王的子孙中的优秀者出任国王，其目的在于解决阿卜杜勒·阿齐兹诸子普遍年老体衰、难以胜任领导工作的难题，缓解外界对老人政治的担忧和顾虑，为年轻的王室成员继承王位敞开大门。④

但是《政府基本法》为沙特继承制度危机埋下了隐患。首先，加剧了王室内部不同派系围绕王储选择的矛盾。《政府基本法》将王位继承

---

① Summer Scott Huyette, *Political Adaptation in Saudi Arabia: a Study of the Council of Ministers*, Boulder: Westview Press, 1985, p. 93.

② Joseph A. Kechichian, *Succession in Saudi Arabia*, New York: Palgrave, 2001, p. 210.

③ Joseph A. Kechichian, *Succession in Saudi Arabia*, New York: Palgrave, 2001, p. 210；陈沫主编：《列国志：沙特阿拉伯》，北京：社会科学文献出版社，2011年，第81页。

④ 陈沫主编：《列国志：沙特阿拉伯》，北京：社会科学文献出版社，2011年，第81页。

第二章　完善政治制度与沙特的政治稳定

人的范围从阿卜杜勒·阿齐兹的儿子们扩大到阿卜杜勒·阿齐兹的孙子们，意味着将约 200 名沙特王室第三代王子拥有继承王位的资格，由此可能造成的负面效应是，众多的第三代王子因夺取王位而彼此明争暗斗，从而加剧王室内部不同派系的矛盾。其次，扩大国王与王室其他支系围绕王储选择的分歧。《政府基本法》规定"国王通过王室法令选择王储和解除其职务"。此规定表明，尽管《政府基本法》限制了王位继承人的范围，但是王储的选择权在国王手上，其他王室派系在王储选择上的影响力遭到限制。这可能加剧国王与王室其他支系围绕王储选择的分歧，进而危及王室团结。最后，可能出现王储不能顺利继承王位的极端情况。《政府基本法》明确了"王储在国王去世后有权继承王位"，但是同时规定"王储不能自动成为国王，必须获得王室成员效忠宣誓"。此规定可能会导致国王继承过程出现极端情况，即沙特王储可能会因不能得到王室成员和精英集团的足够效忠而不能顺利成为国王。上述极端情况可能致使沙特面临新国王长期空缺的隐患。

尽管《政府基本法》朝着王位制度化继承走出了第一步[①]，但是沙特国王继承制度仍然存在有待改进的地方："最正直的人"的标准是抽象和模糊的，难以具体衡量；如何选择王储也没有具体的制度性安排。

（四）阿卜杜勒-萨勒曼时期：沙特王位继承制度的完善和新发展

为了应对沙特王室内部关于未来王位继承的争议和争论，增强沙特王室成员的凝聚力，沙特王室开始尝试"结构化的方法"。2000 年 6 月，沙特王室在原有"王室长老会议"的基础上，成立了"沙特王室家族委员会"（the Royal Court）。"沙特王室家族委员会"由 18 名成员组成，王储任主席，任期为 4 年。"沙特王室家族委员会"的职责是处理

[①] Stig Stenslie, *Regime Stability in Saudi Arabia: The Challenge of Succession*, London & New York: Routledge, 2012, p. 114.

一切与王室有关的问题。这标志着沙特开始以制度化方式解决沙特王室内部问题。

2006年10月20日,阿卜杜拉国王颁布了《效忠委员会法》(Allegiance Council Law)。《效忠委员会法》第1、12、13条明确了"效忠委员会"成员的组成和王储的选择范围。其中第1条明确了"效忠委员会"组成人员的范围:阿卜杜勒·阿齐兹的儿子、阿卜杜勒·阿齐兹的孙子(其父已经去世或失去行为能力)、国王钦定的自己的一个儿子和王储的一个儿子。第12、13条再次明确王储产生的范围依然为阿卜杜勒·阿齐兹的儿子及其后裔。

第7条规定了王储选择的程序。第7条规定国王在继位后30天内必须任命王储,具体程序如下:"一是国王在与'效忠委员会'成员协商以后,选择1名、2名或3名王储候选人,提交给'效忠委员会',由后者任命其中之一为王储。假如'效忠委员会'拒绝了国王提交的所有候选人,'效忠委员会'可任命1名自认为合适的人选为王储。二是国王在任何时候都可以请'效忠委员会'任命1名合适的王储,假如国王也拒绝'效忠委员会'的候选人,'效忠委员会'须在国王的候选人和'效忠委员会'的候选人之间进行投票选举,获得多数选票者将被任命为王储。"[①] 事实上,王储选择的程序修改了《政府基本法》中由国王选定王储的规定,确立了由国王和效忠委员会共同确定王储人选的制度。这限制了国王在王储选择上的专断权,要求国王与王室各个支系在王储选择上协商和合作,因而有助于维护王室团结。

此外《效忠委员会法》规定,若国王因病不能履行国王职责,"医师委员会"将向"效忠委员会"提交一个关于国王健康问题的正式报告。若国王被诊断为永无能力履行国王职责,王储将接替国王的职责。

---

① Joseph A. Kechichian, *Legal and Political Reforms in Saudi Arabia*, London & New York: Routledge, 2013, p. 232.

第二章　完善政治制度与沙特的政治稳定

若"效忠委员会"认为国王和王储因健康问题不能履行国王职责,"临时执政委员会"(Transitory Ruling Council)将临时管理国家事务,保护国民利益。"效忠委员会"将在一周内通过投票在阿卜杜勒·阿齐兹的儿子和孙子中选择合适的继承人。① 此项规定确认了"效忠委员会"在避免国王缺位的风险上的职责,进而在一定程度上维护了沙特国王继承的稳定性。

2007年12月,根据《效忠委员会法》,第一届"效忠委员会"(Allegiance Council)成立。第一届"效忠委员会"由35人构成,其中阿卜杜勒-阿齐兹的儿子16人,孙子19人。② 阿卜杜拉国王任命米沙勒(Mish'al)亲王为"效忠委员会"主席,任命其个人助理哈立德·图瓦吉利(Khalid al-Tuwaijiri)为"效忠委员会"秘书。

2013年2月1日,为了推举穆克林亲王为副王储,阿卜杜拉国王召开"效忠委员会"会议,最终穆克林亲王以75%的得票率当选副王储。2014年3月27日,阿卜杜拉国王为了保证穆克林能够顺利继承王位,宣布"选举结果任何人不得以任何方式或形式进行修改或者改变"。穆克林亲王当选副王储是沙特王位继承制度的标志性事件,因为这终结了"兄终弟及"的王位继承模式,标志着沙特王位开始由第二代亲王向第三代亲王转移。③

萨勒曼继任国王后,国王继承制度出现显著变化。阿卜杜拉国王去世后,萨勒曼国王旋即废除时任王储穆克林亲王,指定其侄子穆罕默德·本·纳伊夫亲王为新王储。2017年6月21日,沙特国王萨勒曼发

---

① Stig Stenslie, *Regime Stability in Saudi Arabia: The Challenge of Succession*, London & New York: Routledge, 2012, pp. 128-129.
② Joseph A. Kechichian, *Legal and Political Reforms in Saudi Arabia*, London & New York: Routledge, 2013, p. 139.
③ 唐志超:《沙特阿拉伯王位继承及前景》,载杨光主编:《中东发展报告(2014—2015):低油价及其对中东的影响》,北京:社会科学文献出版社,2015年,第173页。

布命令，解除穆罕默德·本·纳伊夫的所有职务，任命自己儿子、原副王储穆罕默德·本·萨勒曼（以下简称"小萨勒曼"）为新王储、第一副主席。小萨勒曼兼任国防大臣、皇家法院院长、经济与发展事务委员会主席，这使小萨勒曼执掌了沙特的权力中枢，为其顺利继承王位奠定了坚实的基础。同时，关于萨勒曼国王提前逊位于小萨勒曼的传闻不绝于耳。这反映了沙特国王继承制度的转变：一方面，沙特王位继承由王室二代向王室三代转变成为现实；另一方面，沙特王位继承加速了从"兄终弟及"向"父死子替"的转变。

尽管沙特王位继承制度出现显著变化，但是"效忠委员会"制度为王储顺利更替发挥了不可忽视的作用。2017年6月21日，沙特王室召开的"效忠委员会"会议以31票（共34票）赞成票的结果，决定废除时任王储穆罕默德·本·纳伊夫，另立小萨勒曼为王储。虽然小萨勒曼任王储违背了尊重资历（"兄终弟及"）和权力分享（国王和王储不能为同一支系）的政治原则，但是"效忠委员会"会议的投票结果赋予小萨勒曼以政治合法性，表明小萨勒曼出任王储获得了大多数王室成员的认可。因而王储变更没有在沙特国内引起剧烈的政治风波和舆论波澜。

《效忠委员会法》的颁布和"效忠委员会"的成立明确了王储选择机制和程序，同时意味着王储的选择不再由国王一人专断决定，而由王室成员集体决定。此举有益于实现王位继承的法制化和正规化，有助于王室内部的团结，是对沙特传统继承机制的一个重大改变和发展，对确保权力的平稳移交，尤其是对实现王位从第二代亲王向第三代亲王的代际更替具有重要作用。但是，不容忽视的是，国王继承决策在本质上仍然取决于沙特王室内部各派系的力量对比。

三、伊斯兰教管理的制度化和官僚化

18世纪中期，沙特家族以瓦哈比派宗教复兴运动为旗号，在阿拉

第二章　完善政治制度与沙特的政治稳定

伯半岛上建立了沙特第一王国，政教合一制度成为早期沙特阿拉伯的重要历史遗产。[①] 在现代沙特，阿卜杜勒·阿齐兹及其继承者延续了政教合一制度，但是沙特伊斯兰教（瓦哈比派）的管理也经历了制度化和官僚化过程。

在现代沙特建国过程中，阿卜杜勒·阿齐兹邀请瓦哈卜家族成员阿卜杜拉·本·穆罕默德·阿卜杜·拉提夫领导沙特的宗教活动，同时任命利雅得为乌勒玛参与国家的教育和司法活动。以大穆夫提为首的乌勒玛集团成为仅次于沙特国王的政治权力中心。但是沙特试图将乌勒玛集团的政治权力纳入国家政治制度，费萨尔国王及其继承者创建了许多政府部门和宗教机构，由此分散了以大穆夫提为首的乌勒玛集团的权力[②]。

1969年，沙特大穆夫提穆罕默德·伊本·易卜拉欣·伊本·阿卜杜·拉提夫（Muhammand Ibn Ibrahim Ibn Abd al-Latif）去世，费萨尔不再任命新的大穆夫提。次年，费萨尔国王组建司法部，宣布司法大臣取代大穆夫提，成为掌握沙特最高司法权力的长官。司法部的权限广泛，包括发布"法特瓦"，委任宗教教师、礼拜引领者以及清真寺乌勒玛。司法部的建立是沙特宗教权力国家化的开始。[③] 此后众多宗教权力被纳入国家控制范围之内，沙特伊斯兰教管理日益制度化和官僚化。

在司法领域，国家逐步掌控伊斯兰教司法体系。20世纪50年代，大穆夫提穆罕默德仿效希贾兹地区的法院机构和程序，建立了一套统一的司法体制。1962年，费萨尔国王颁布的"十点纲领"宣布筹建司法

[①] 吴彦：《沙特阿拉伯政治现代化进程研究》，杭州：浙江大学出版社，2011年，第325页。

[②] Mordechai Abir, *Saudi Arabia in the Oil Era：Regime and Elites, Conflicts and Collaboration*, London：Croom Helm Ltd, 1988, p. 20.

[③] 王倩茹：《沙特阿拉伯政治结构研究》，北京大学硕士学位论文，2012年，第37页。

部，将其作为大臣会议的组成部分。但是，由于当时费萨尔国王的权力尚未巩固，司法部未能建立。1970年，费萨尔国王组建了司法部，任命司法大臣取代乌勒玛派的最高领袖大穆夫提，成为掌握最高司法权力的长官。司法部向大臣会议负责，这意味着原本属于大穆夫提的教法解释权被转移出宗教体系，而实际上由大臣会议掌握。司法部的成立，标志着沙特家族的统治权力在瓦哈比派乌勒玛的传统领域得到了广泛的延伸。①

随后，费萨尔国王又宣布建立"最高司法委员会"（又称"高级卡迪委员会"，Supreme Judicial Council 或 Higher Council of the Judiciary）。"最高司法委员会"由11名沙特国内最具影响力的法官和法理学家组成，其主要职责有二：第一，阐述和解释与"沙里亚"有关的重大法学理论疑难问题；第二，就某些重大法律案件提供咨询或者指导性意见。虽然"最高司法委员会"具有最终的法律仲裁权，但是其颁布的"法特瓦"、对法学理论的注释和对法律事件的指导意见，均听命于国王和政府。

2007年10月，阿卜杜拉国王启动司法改革，试图建立新的司法体系。改革的标志性法律文件是《司法制度及执行办法》和《申诉制度及执行办法》，其主要内容包括：第一，由司法部授权设立的最高法庭接管"最高司法委员会"的所有职责；第二，建立由最高法院、上诉法院、普通法院等组成的三级法院体系，同时建立不受"沙里亚"约束的商业法庭和劳工法庭。这使沙特建立了体系化的司法体系，伊斯兰教司法体系进一步被纳入国家控制轨道。

在沙特最高宗教权威问题上，沙特国家逐步控制"法特瓦"的发布权限。1963年，沙特根据"十点纲领"，决定建立发布"法特瓦"的特

---

① 哈全安：《中东史：610—2000》，天津：天津人民出版社，2010年，第791页。

第二章　完善政治制度与沙特的政治稳定

别办事处,其基本职责是审查在建立沙特政府之前就出现的法律问题。① 但是沙特没有按计划实施。1971 年,费萨尔国王颁布国王敕令,宣布建立"乌勒玛长老委员会",由 17 名沙特最杰出的宗教学者和神学家组成,由谢赫·阿卜杜勒·阿齐兹·本·阿卜杜勒·阿拉·本·巴兹担任领导。同时,费萨尔国王又从"乌勒玛长老委员会"的成员中选择 4 名成员组成"宗教声明常务委员会",仍由谢赫·阿卜杜勒·阿齐兹·本·阿卜杜勒·阿拉·本·巴兹担任主席。"乌勒玛长老委员会"行使沙特最高宗教权力,是官方伊斯兰教的最高宗教机构,是沙特伊斯兰教法的最高权威。"乌勒玛长老委员会"的主要职责是研究"沙里亚"、批准王位的继承、制定国家宗教政策、发布宗教法令、决定国家具体宗教事务、监督沙特政府施政。② 这两个机构的建立将颁布"法特瓦"的权力制度化和机构化,促使传统上由大穆夫提相对独立掌握的"法特瓦"的颁布权力逐渐被纳入了沙特政府的控制之下,大穆夫提失去了曾经享有的独立自主地位和个人权威。

实际上,"乌勒玛长老委员会"成为沙特国王和政府的专职顾问,其主要职责是在国王需要宗教权威的授权和赞同时,就某些有争议的涉及伊斯兰教义的重大问题,为国王的政策颁布宗教政治裁断说明——"法特瓦",给予国王和沙特家族宗教政治合法性的支持,因此"乌勒玛长老委员会"是"第一个为国王将来需要的宗教认可和宗教支持服务的讨论会"。③

2010 年 8 月,阿卜杜拉国王下令,只有隶属于"乌勒玛长老委员

---

① Mordechai Abir, *Saudi Arabia: Government, Society, and the Gulf Crisis*, London & New York: Routledge, 1993, pp. 46 - 47.

② 吴彦:《沙特阿拉伯政治现代化进程研究》,杭州:浙江大学出版社,2011 年,第 172 页。

③ Peter W. Wilson & Douglas F. Graham, *Saudi Arabia: The Comming Storm*, New York: M. E. Sharpe Inc, 1994, p. 25.

会"的宗教学者在获得官方批准后才可以颁布"法特瓦",并要求大穆夫提确定资格人选。作为"乌勒玛长老委员会"的附属机构,"学术研究和法特瓦常务委员会"(the Standing Committee for Scholarly Research and Fatwa)这一新的"法特瓦委员会"由谢赫·萨勒赫·本·穆哈默德·卢海丹(Shaikh Saleh bin Mohammed al-Luhaydan)领导,旨在监督"法特瓦"的颁布,阻止没有得到官方授权的乌勒玛颁布"法特瓦"。[1] 这是国家试图进一步控制沙特宗教权威的重要步骤。

在宣教领域,沙特控制了国内的伊斯兰教宣教体系。1971年,沙特颁布第1/137号王室法令,决定成立"宗教研究、教法宣传和指导委员会"。该委员会的成员是15名由国王任命的高级乌勒玛,其职责主要是:第一,根据"沙里亚"颁布"法特瓦",对国王提出的问题和委托的事务表达观点,就国家的宗教政策提出建议;第二,颁布"法特瓦",强化穆斯林的宗教信仰,规范穆斯林的礼拜和交往行为;第三,发行各种宗教书籍和资料,负责规划设计有关伊斯兰教和瓦哈比教义的研究课题,组织和举办培训教职人员的研讨会和培训班;第四,向国外派遣乌勒玛,宣传瓦哈比教义。实际上,该委员会由国王直接领导,并直接对国王负责。

1994年10月,法赫德国王宣布建立"最高伊斯兰事务委员会"(Supreme Council of Islamic Affairs)。"最高伊斯兰事务委员会"的主要职责是向世界各地宣教,监督清真寺的道德和行为,向清真寺提供宣教材料,管理国内清真寺活动。[2] 作为"最高伊斯兰事务委员会"的下属机构,"伊斯兰传教和指导委员会"(Council for Islamic Mission and

---

[1] Christopher Boucek, Saudi Fatawa Resriction and the State-Clerical Relationship, *Carngie Endownment*, 23 October, 2010, http://carnegieendowment.org/sada/41824.

[2] Joseph A. Kechichian, *Succession in Saudi Arabia*, New York: Palgrave, 2001, p. 137; Stig Stenslie, *Regime Stability in Saudi Arabia: The Challenge of Succession*, London & New York: Routledge, 2012, p. 46.

第二章　完善政治制度与沙特的政治稳定

Guidance）由 14 名成员组成，职责是管理王国的星期五布道和审查礼拜的领导人。"伊斯兰传教和指导委员会"还具有检查教育项目以"保护年轻人不受激进思想侵害"的职权。"9·11"事件后，沙特改组了"最高伊斯兰事务委员会"和"伊斯兰传教和指导委员会"，以强化对清真寺和乌勒玛集团的管控。

同时，沙特掌控了清真寺日常活动事务和朝觐。1962 年，沙特建立朝觐事务和宗教基金部，负责管理朝觐事务和宗教财产。同年，"沙里亚"法庭管理规则第 109 条规定，朝觐事务和宗教基金部负责收缴、分配朝觐和宗教地产的收入。虽然朝觐事务和宗教基金部大臣仍由乌勒玛担任，但是作为大臣会议的下属单位，朝觐事务和宗教基金部由国王领导，并向国王负责，因而其最高权力由国王掌握。此种体制意味着沙特政府掌握了朝觐事务和宗教基金的最高控制权，在一定程度上削弱了乌勒玛对宗教基金的控制权。

1993 年，沙特成立伊斯兰事务、宗教基金、祈祷和指导部（MInistry of islamic Affairs Endowment Prayer and Guidance），主要负责修缮清真寺，收缴和分配清真寺的土地和财产，注册和登记各类宗教学者，发放清真寺职员的薪水，管理包括星期五布道在内的传教事务，监督伊斯兰大学。① 同时沙特成立朝觐部负责所有朝觐事务，其职责是起草朝觐的总体计划，制定满足朝觐需求的管理方案。

四、协商会议的重建与完善

协商会议制度是沙特独特的政治制度。协商会议制度包括两部分：国家层面的协商会议与地方层面的地方协商会议和市政委员会。协商会

---

① Joseph A. Kechichian, *Succession in Saudi Arabia*, New York: Palgrave, 2001, p. 137.

构建稳定——"石油王国"的改革、调整与稳定

议经历了曲折的重建和完善过程。

协商会议起源于希贾兹协商会议。协商会议经历了两个阶段:"旧协商会议"时期和协商会议重建时期。沙特协商会议的前身是1927年正式成立的协商会议,其标志是阿卜杜勒·阿齐兹颁布的《协商会议法》。但是当时协商会议其实是希贾兹地区的政府机构,与1992年成立的协商会议相比有显著区别。后来新成立的代表委员会和大臣会议取代了协商会议的地位和职能,最终协商会议虽然在形式上得以保留,但是处于边缘化地位。20世纪50年代,沙特为了缓解反对派的压力,扩大统治基础,将政治协商会议成员增加至25人。但是国内部分民主人士仍然觉得改革过于迟缓,提出在沙特设立西方式的议会,这引起了沙特王室的警惕和部分保守乌勒玛的强烈反对。沙特国王下令停止协商会议,由大臣会议兼任协商会议的各项职能,但是协商会议的组织形式仍然存在。

但是恢复协商会议的呼声和行动始终存在。1960年夏季,沙特国王为了拉拢"自由亲王",提出计划建立省级议会,其成员一半由国王任命,另一半由选举产生,省级议会代表将组成一个中央会议,其职责是向大臣会议提出建议和批准国家预算。① 1962年10月,时任王储的费萨尔亲王颁布"十点纲领",承诺筹建协商会议,创办省区协商会议。② 然而"十点纲领"只是时任王储费萨尔亲王与沙特国王争夺最高权力的工具。1964年10月,费萨尔继承王位后,政治协商会议被无限期搁置。

1979年麦加事件爆发后,建立协商会议再次被提上议事日程。1979年12月和1980年1月,时任王储法赫德亲王先后两次宣布将建

---

① David Holden & Richard Johns, *The House of Saud*, London: Macmillan, 1982, p. 212.

② Mordechai Abir, *Saudi Arabia in the Oil Era: Regime and Elites, Conflicts and Collaboration*, London: Croom Helm Ltd., 1988, p. 94.

立协商会议。① 1980 年 3 月 18 日，哈立德国王宣布成立由以内政大臣纳伊夫亲王为首的 8 名大臣会议大臣组成的专门委员会，负责起草国家协商会议的纲领。但是该提议因再次遭到部分人反对而暂停。1985 年 4 月，法赫德国王再次承诺成立协商会议。② 但是建立协商会议的工作没有取得实质性进展。

海湾战争结束后，沙特国内要求改革的声音再次高涨。为了缓和国内要求改革的压力，协商会议开始真正"破冰"。1991 年 3 月 17 日，法赫德国王宣布了一系列包括重建"协商会议"在内的改革措施。1992 年 3 月，法赫德国王正式颁布《协商会议法》。《协商会议法》规定：协商会议由包括协商会议主席在内的 60 人组成，成员由国王根据能力、经验和忠诚度等标准任命，任期 4 年；③ 国王有权解散协商会议，决定协商会议的运作程序。协商会议的具体职责是"对大臣会议主席提交协商会议讨论的国家大政方针发表咨询意见"。协商会议具有以下几项权力：（1）讨论经济、社会发展计划并提出意见；（2）研究法律、条例、国际条约、协定、特许权并提出意见；（3）讨论各部和政府提交的年度报告并提交意见。④ 大臣会议的运行程序是：协商会议通过的决议呈交国王供大臣会议研究，如大臣会议和协商会议意见一致，经国王批准后生效；如出现分歧，由国王最终裁决。根据《协商会议法》，协商会议是政府的咨询机构，就政府提交的问题发表意见，或对政府经济政策等提出建议、批评。协商会议有权对政府大臣提出正式质询，但没有立法

---

① Metin Heper & Raphael Israeli（eds.），*Islam and Politics in the Modern Middle East*，Hoboken：Taylor & Francis，2014，p. 44.

② Mordechai Abir，*Saudi Arabia in the Oil Era：Regime and Elites，Conflicts and Collaboration*，London：Croom Helm Ltd.，1988，p. 199.

③ Mordechai Abi，*Saudi Arabia：Government，Society and the Gulf Crisis*，New York：Routledge，1993，p. 201.

④ The Majlis al-Shura Law，Article 15，in Joseph A. Kechichian，*Succession in Saudi Arabia*，New York：Palgrave，2001，pp. 221 - 222.

权。《协商会议法》的颁布标志着新协商会议的诞生。

1993年8月21日,法赫德国王宣布了协商会议60名成员的名单,正式宣布成立协商会议。① 在开幕式上,法赫德国王发表重要讲话并强调,协商会议仅具有咨询功能,没有西方议会的立法功能;协商会议源自伊斯兰教的协商理念和传统,是沙特人政治参与的制度化表现;协商会议的作用主要是通过与有识之士和专家协商,为政治的各项公共政策提供合法依据。② 1993年12月,协商会议正式开始运转。这标志着沙特社会各界政治参与迈上了一个新的台阶。此后协商会议③的制度化取得显著进步。

协商会议的职权不断扩大。在协商会议成立初期,协商会议的内容和程序受到严格限制。1995年1月8日,协商会议召开第一次全体大会,法赫德国王首次向协商会议提交政府预算报告。在1995年至1996年期间,大会议题范围不断扩大,逐步涉及社会、政策等重要领域。2002年,协商会议已经确立了传唤和质询大臣会议成员的权力。2009年12月,协商会议要求相关大臣会议成员赴协商会议就政府部门救灾不力和基础设施工程腐败问题向协商会议解释。第三届协商会议进一步将其职权扩大至财政金融、五年规划、伊斯兰与社会事务、教育等领域。第四届协商会议进一步扩大协商会议的权力,正式获得了检查预算的权力。当前,国王经常召集大臣会议和协商会议组成联席会议,共同讨论国家重大问题,为国家事务出谋划策。随着协商会议职能的不断扩大,协商会议不仅担任咨询角色,而且逐渐具有了监督和制约政府的功

---

① 陈沫主编:《列国志:沙特阿拉伯》,北京:社会科学文献出版社,2011年,第72页。

② 陈沫主编:《列国志:沙特阿拉伯》,北京:社会科学文献出版社,2011年,第103页。

③ 目前协商会议共有五届协商会议:第一届协商会议(1993年至1997年)、第二届协商会议(1997年至2001年)、第三届协商会议(2001年至2005年)、第四届协商会议(2005年至2009年)、第五届协商会议(2009年至今)。

第二章 完善政治制度与沙特的政治稳定

能，以至于所有政府行为如果得不到协商会议同意，必须退回国王重新审议。①

协商会议机构日益完善。第一届政治协商会议仅下设8个专业委员会。第三届协商会议的专业委员会增加至12个，分别是：（1）伊斯兰、司法与人权事务委员会，（2）社会、家庭及青年事务委员会，（3）经济、能源事务委员会，（4）安全事务委员会，（5）行政、人力资源委员会，（6）教育、科研事务委员会，（7）文化、新闻事务委员会，（8）外交事务委员会，（9）水、设施及公共服务委员会，（10）卫生与环境事务委员会，（11）财政事务委员会，（12）交通运输与信息技术委员会。协商会议秘书处下设3个部门：专门委员会事务助理秘书处、例会事务助理秘书处、财务与管理事务助理秘书处。至此，协商会议形成了相对完善的组织结构。

协商会议成员不断增加、来源扩大。第一届协商会议委员只有60人，第二届协商会议委员增加至90人，第三届协商会议委员增加至120人，第四届协商会议委员进一步增加至150人。2006年6月，6名女性专家、学者作为非专职顾问开始参与协商会议事务，这在协商会议尚属首次。2011年9月25日，阿卜杜拉国王宣布，沙特妇女有权成为协商会议议员。2013年1月11日，阿卜杜拉国王任命30名女性协商会议议员，并修改协商会议法，规定女性比例不得低于20%。②

协商会议运行日益规范。最初，国王只决定协商会议的开、闭幕时间和议程。协商会议往往召开单周或者双周例会，会期有时持续数日。2004年11月，沙特大臣会议允许协商会议在制定议程时不必等待国王

---

① 陈沫主编：《列国志：沙特阿拉伯》，北京：社会科学文献出版社，2011年，第106页。
② 《沙特议会首现女性身影　30名女议员现身会议厅》，中国新闻网，2013年3月12日，http://www.chinanews.com/tp/hd2011/2013/03-12/183222.shtml。

的同意，这减少了协商会议对国王的依赖性，[1] 扩大了协商会议的独立性。目前沙特协商会议每两周举行一次会议，由主席决定会议时间。协商会议和专业委员会按照民主方式运作，实行一人一票制，实行多数投票通过原则。

在地区层面，沙特也成立了13个"地区协商会议"。每个地区协商会议成员数量为15人至20人。随后沙特各地建立类似于协商会议的机构——市政委员会。其职责、运行规则与协商会议基本一致。市政委员会主要负责制定本市预算和监督市政工程项目的执行。市政委员会成员一半由政府任命，另一半由选举产生，每四年选举一次。2003年，沙特宣布将进行该国有史以来第一次市政会议选举；2005年，市政委员会按期举行首次选举。2011年9月25日，阿卜杜拉国王宣布，沙特妇女有权参选市政委员会委员；2015年12月12日，沙特地方市政委员会举行第三次选举，女性首次获准参选和投票，并有权作为候选人参选。[2] 妇女参与选举是沙特在推动妇女享有平等权利上迈出的具有历史意义的一步。

协商会议的体制建设逐步完善，协商会议作为一个健全的现代机构正式参与沙特的政治发展进程，担负起了沙特统治者赋予的政治使命，成为沙特制度不可或缺的组成部门。

五、地方政府的建立

阿卜杜勒·阿齐兹国王在位期间，沙特没有明确进行地方行政区域

---

[1] Anthony H. Cordesman, *Saudi Arabia Enrers the Twenty-First*, London: the Center for Strategic and International Studies, Washington DC, 2003, pp. 148-150.

[2] 《沙特女性 投票权终于来了》，新华网，2015年11月30日，http://news.xinhuanet.com/world/2015-11/30/c_128484200.htm；《沙特女性首度参与选举 17名女性当选市议员》，环球网，2015年12月14日，http://world.huanqiu.com/exclusive/2015-12/8170858.html。

划分，只粗略分为希贾兹和纳季德及其属地两大行政区域，下辖若干埃米尔区。1963年，沙特颁布《省区条例》，正式实行省区制度，设立纳季德、希贾兹、哈萨、阿尔西和北方边境省；同时省下设州、州下设区。《省区条例》规定，各省总督由内政大臣提名，大臣会议主席推荐，王室任命，总督根据中央的政策进行管理。

20世纪70年代，沙特修改省区制度，设立18个省。省总督由内政部提名，大臣会议推荐，国王批准并任命。省区总督不再是过去充当国王个人代表的埃米尔，而是内政部管辖下的国家行政人员和沙特中央政府的代表。省区制度的建立，标志着沙特官僚机构的进一步完善和政府权力的广泛延伸。[1]

1992年3月，法赫德国王主持大臣会议，正式颁布《地方组织法》。《地方组织法》对行政区进行了重新划分，规定了地方政府的权责和结构。沙特被划分为13个省区；省区下设一级县和二级县，县下设一级乡和二级乡。省区长官被称作"埃米尔"，由内务部推荐，然后由国王任命，隶属于内务部；埃米尔掌管省区内部的行政、财政、司法权力，其职责是维护本地区的公共秩序和社会治安，执行司法条例，保障个人在"沙里亚"范围内的权利和自由，监督和检查各县和乡的官僚，发展医疗、教育等公共事业，促进社会经济的进步，发展水利、交通、工业、农业、商业等；省区设立地方协商会议和市政委员会，行使"资政"的权力，省区长官"埃米尔"兼任地方协商会议主席。[2] 至此沙特地方政府建立了稳定、完善的地方政府机构体系。

---

[1] 哈全安：《中东史：610—2000》，天津：天津人民出版社，2010年，第789页。
[2] Anders Jerichow, *The Saudi File: People, Power, Politics*, New York: St. Martin's Press, 1998, pp. 35-40; Joseph A. Kechichian, *Succession in Saudi Arabia*, New York: Palgrave, 2001, pp. 233-235.

构建稳定——"石油王国"的改革、调整与稳定

第三节　政治制度建设对沙特政治稳定的影响

一、实现了沙特权力的集中和统一

(一) 国家权力的集中和统一

国家最高权力统一是政治稳定的前提条件。但是，在沙特建国初期，希贾兹和纳季德存在两种政治体制，沙特部落集团、宗教集团和沙特王室围绕国家最高权力展开竞争。沙特政治制度化过程则是沙特国家权力集中与统一的过程。以大臣会议制度为核心的政治制度建设，使中央政府摆脱了对乌勒玛集团和部落集团的过度依赖，并凌驾于沙特其他政治集团之上[①]。

在建国初期，乌勒玛集团与沙特家族共享沙特最高权力，是仅次于沙特王室的第二大政治势力。随着伊斯兰教管理的制度化和官僚化，沙特建立起相对完整的官方宗教体系。沙特将伊斯兰教的司法权、宣教权等纳入国家控制范围之内，众多伊斯兰教机构成为国家政治机构的重要组成部分，多数乌勒玛成为国家的公职人员。伊斯兰教对国家的依附性日益加强，这使国家对伊斯兰教的控制空前加强。宗教失去了故有的自主权力，不再是一个自治的权力中心。

长期以来，部落是阿拉伯半岛最主要的政治势力，部落之间的冲突和战争使阿拉伯半岛长期处于分裂状态。随着地方政府体系不断完善，沙特对部落的控制力显著增加。各省区长官是中央政府的代表，而且绝

[①] Ronald Cohen & Elman Service (eds.), *Origins of the State: The Anthropology of Political Evolution*, Philadelphia: Institute for the Study of Human Issues, Inc., 1978, pp. 1–20.

第二章　完善政治制度与沙特的政治稳定

大多数是沙特王室成员。部落转变为国家地方基层机构，部落首领成为地方政府官员。国家机器的触角直接深入地方基层，国家不再通过部落及其首领管理地方，政府对地方的控制由间接控制变为直接控制。部落势力多数仅局限于地方基层，再无实力干预国家中央政治。

沙特政治制度化建设使沙特摆脱了希贾兹与纳季德两种政治制度并存的困境，控制了中央和地方的包括立法、行政、司法和军事等在内的各级各类国家权力。① "国王和大臣会议成为沙特最高决策机构，没有任何公共或者私人机构可以与之竞争。"② 与之对应的是，部落集团和宗教集团日益依附于国家，沙特形成了强国家、弱社会的格局。在理论上，强国家、弱社会的格局是相对稳定的政治状态。

（二）沙特家族掌控了沙特最高权力

沙特政治制度化建设使国王成为"国家权力的总揽者"。③ 沙特国王掌握着广泛的政治权力，集国家元首、武装部队总司令、政府首脑——大臣会议主席、最高宗教领袖"伊玛目"和所有部落的酋长领袖（"谢赫"）于一身，既行使最高行政权，又行使最高司法权，同时拥有"沙里亚"以外的立法权。国王担任大臣会议主席，各部大臣向国王负责，这实现了国王与大臣会议的一体化。同时国王将众多权力授予大臣会议，负责实施国家政策。④ 大臣会议通过的决议以国王的名义发布。正如易卜拉欣·阿拉维说："（沙特）所有权威——立法权和行政权来源

---

① 吴彦：《沙特阿拉伯政治现代化进程研究》，杭州：浙江大学出版社，2011年，第178页。

② S. Malki, International Inconsistency: A New Perspective on the Role of the State in Development: A Case of Study of Saudi Arabia, Ph. D. Dissertation, Washington University, 1991, pp. 23 - 24.

③ 陈建民编著：《当代中东》，北京：北京大学出版社，2002年，第29至30页。

④ Summer Scott Huyette, *Political Adaptation in Saudi Arabia: a Study of the Council of Ministers*, Boulder: Westview Press, 1985, p. 86.

于国王，并以国王的名义执行。"①

沙特政治制度化建设创造了规模庞大的政府机构。随之而来的是，众多沙特王室成员进入各级政府机构。在大臣会议中，大臣会议主席、副主席、国防大臣、外交大臣、内政大臣、国民卫队大臣等一些关键性岗位均由王室成员直接掌管。如1954年的大臣会议共有9名大臣，其中6名为沙特王室成员。② 尽管大臣会议吸纳了更多的非王室成员，但是大臣会议的关键部门仍由沙特王室成员控制，如内政大臣、国防大臣和国民卫队大臣仍由沙特王室高级亲王担任。在地方，地方总督均由沙特王室亲王担任，部分地方副总督和重要城市市长也由王室成员担任。

沙特家族垄断国家政治权力成为沙特政治的重要特征。通过政治制度建设，沙特家族掌握了国家最高权力和核心权力，因而掌握了沙特政治、经济和宗教的中枢神经。③ 沙特家族凭借国家机构可以调动尽可能多的政治资源维护沙特政治稳定。

二、增强了沙特的国家治理能力

沙特通过持续的政治制度改革，推动其政治制度建设，并取得了丰硕的政治成果。

首先，沙特形成了结构合理、功能齐全的现代政府。在20世纪30年代，沙特政府只有两个部：外交部和财政部。由于沙特政治制度极其不完善，政府机构缺失，沙特政府难以满足社会经济需求。自20世纪

---

① Ibrahim Al-Awaji, Bureaucracy and Society in Saudi Arabia, Ph. D. Dissertation, University of Virginia, 1971, p. 109.

② Summer Scott Huyette, *Political Adaptation in Saudi Arabia: a Study of the Council of Ministers*, Boulder: Westview Press, 1985, p. 67.

③ 郑达庸、李中：《中国驻中东大使话中东：沙特》，北京：世界知识出版社，2014年，第30至31页。

50年代起，沙特开始形成结构合理、功能齐全的政府机构。大臣会议下属的部级机构在1954年、1962年和1970年分别为9个、12个和20个。哈立德国王时期，大臣会议已经成为结构复杂但运转稳定的政治制度体系，能够处理沙特当时规模宏大且日益复杂的现代化事务。[①]

其次，沙特形成了科学、有效的政治决策体系。在阿卜杜勒·阿齐兹国王时期，沙特政治决策完全取决于阿卜杜勒·阿齐兹国王及其亲信。政治决策存在极大的随意性，缺乏科学性。随着大臣会议制度日益完善，大部分正式决策由正式的政府部门做出。[②] 专家局是专门为沙特大臣会议决策提供决策依据和建议的机构。在专家局成立后，沙特形成了较为稳定、科学的决策体系。在政治决策前，大臣会议就有关立法事务向专家局咨询意见。若大臣的意见与专家局的意见不一致，那么相关大臣与专家局会组成联席会议消除分歧。若联席会议仍然存在分歧，那么专家局会将双方的意见提交至大臣会议，由大臣会议裁决。于是，大臣会议的政治决策不再是个人专断，而是沙特政治高层成员集体智慧的结果，大臣会议决策的科学性显著提高。

沙特推进政治制度建设显著提高了沙特的国家治理能力。首先，沙特管理国家经济的能力显著提高。在沙特建国初期，沙特既无专门负责经济发展的机构，也无用于发展经济的资金。1965年1月，费萨尔国王将最高计划委员会改组为中央计划署，并在1975年进一步将中央计划署改组为计划部，专门负责国民经济的发展规划。1968年，中央计划署署长希沙姆·纳泽尔在联合国和斯坦福研究所的帮助下，向费萨尔国王提交了第一个五年经济发展计划，这是沙特的首个五年经济发展计

---

① 李绍先：《沙特阿拉伯王国政府——大臣会议》，《西亚非洲》，1992年第4期，第11页；Summer Scott Huyette, *Political Adaptation in Saudi Arabia: a Study of the Council of Ministers*, Boulder: Westview Press, 1985, p. 80.

② Stig Stenslie, *Regime Stability in Saudi Arabia: The Challenge of Succession*, London & New York: Routledge, 2012, p. 27.

划。此后中央计划署（计划部）连续制定了多个五年经济发展计划和众多经济发展规划。在多个经济发展计划的指导下，沙特所采取的经济措施有效地推动了沙特经济发展。20世纪70年代，沙特经济进入了第一次繁荣期。经济繁荣对政治稳定有重要积极作用，这点将在第五章详细论述。

其次，沙特社会服务能力明显增强。在阿卜杜勒·阿齐兹统治时期，沙特政府不能向沙特国民提供教育和医疗卫生服务，这些职能一直由沙特阿美石油公司承担。[1] 1962年，沙特成立劳工与社会事务部，负责制定劳工政策，提供免费教育和医疗服务，降低食品价格，建立社会保险制度等。同时劳工与社会事务部开始负责建设沙特社会福利体系，当前沙特形成了高水平的社会福利体系。高水平的社会福利体系对政治稳定有不可忽视的作用，这点将在第五章详细论述。

最后，沙特应对政治危机的能力明显增强。应对政治危机的能力是构建政治稳定的重要能力。沙特结构合理、功能齐全的现代政府结构和科学、有效的政治决策体系必然提高沙特应对政治危机的能力。沙特在多次政治危机中展示了其较强的处理政治危机的能力。沙特较为成功地处理1979年麦加大清真寺事件，反映了沙特处理政治危机的能力。1979年11月20日，约200名极端主义分子占领了麦加大清真寺，扣押了6000名当时正在朝圣的穆斯林为人质。次日，内政大臣纳伊夫亲王发布了关于"宗教异端分子"占领大清真寺事件的声明，明确谴责占领麦加大清真寺。24日，沙特32名高级乌勒玛颁布"法特瓦"，指责极端主义分子的行动违背了伊斯兰教义，并授权政府军队使用任何必要的力量来清除亵渎神圣的大清真寺的"宗教异端分子"。25日，沙特军队便控制了麦加大清真寺。随后，沙特一方面提高社会福利，安抚社会

---

[1] Stig Stenslie, *Regime Stability in Saudi Arabia: The Challenge of Succession*, London & New York: Routledge, 2012, p. 63.

第二章　完善政治制度与沙特的政治稳定

不满；另一方面采取加强对伊斯兰教控制的措施。沙特政府既采取暴力措施解决麦加大清真寺事件，同时用社会、意识形态等方面的措施消除极端主义思想，这反映了沙特具有较强的应对政治危机的能力。

小　结

政治制度是政治体系的骨架和"硬件"，政治制度不完善是威胁沙特政治稳定的重要因素。现代沙特政治发展经历了由传统酋长国向现代国家转型的过程，沙特旧有的政治制度面临多种不稳定因素。在建国初期，希贾兹和纳季德实行两种不同的政治体制，沙特被称为"胶囊式"国家；沙特政府机构体系发展滞后，不能适应现代社会发展需要。在王位继承方面，由于王位继承制度缺少明晰的选择范围、明确的选拔标准和详细的选择程序，王室成员为了争夺王位展开多次博弈，这致使沙特政权出现多次政治危机。沙特为了摆脱政治制度不完善的困境，主动从多个方面完善政治制度。

阿卜杜勒·阿齐兹国王不仅继承和整合了希贾兹和纳季德的政治体制，而且根据社会需要创建了财政部、国防部、外交部、航空部和交通部等现代政府部门。1953年10月9日，阿卜杜勒·阿齐兹国王颁布了成立大臣会议的敕令，明确规定大臣会议的人员组成、权力范围、运行程序和组织机构，该敕令迈出了创建沙特现代中央政府的第一步，大臣会议的序幕由此拉开。在沙特-费萨尔国王时期，费萨尔国王两次修订《大臣会议条例》，扩大大臣会议权限，充实大臣会议组成部门，规范大臣会议的运转流程，从而将大臣会议转变为领导沙特现代化的中枢机构。费萨尔国王之后的历任国王均延续了费萨尔时期的大臣会议制度，并且根据时代需要进一步完善大臣会议制度。1992年2月29日，《政府基本法》《大臣会议法》和《地方行政法》的颁布，标志着大臣会议

构建稳定——"石油王国"的改革、调整与稳定

制度在制度化道路上迈出了坚实一步。

王位继承制度经历了不断完善的过程。阿卜杜勒·阿齐兹国王规定了"兄终弟及"原则,草创了沙特王位继承制度。在沙特-费萨尔国王时期,沙特通过创建"王室长老会议"决定国王人选,任命王储兼任大臣会议的副主席,健全了王位继承制度。1992年3月1日,法赫德国王颁布的《政府基本法》以明文法形式规定了王位继承制度,这标志着沙特王位继承制度正式成型。阿卜杜拉国王通过颁布《效忠委员会法》,成立"效忠委员会",进一步完善了王位继承制度。

同时,沙特相继建立众多政府部门和宗教机构,将伊斯兰教的最高宗教权威、宣教权、司法权和财政权纳入政府控制范围内,实现了伊斯兰教的官方化。沙特建立协商会议和市政委员会,扩大了国民的参政议政权利。沙特建立各级地方政府体系,扩大了中央对地方的控制和管理。

沙特的政治制度建设为构建政治稳定提供了制度保障。以沙特王室为核心的中央政府掌握了国家最高权力,实现了国家最高权力的统一,因而沙特形成了强国家、弱社会的格局。沙特通过政治制度建设,形成了结构合理、功能齐全的现代政府,形成了科学、有效的政治决策体系,因此沙特政治制度的现代化提高了沙特调控国家经济发展、提供社会服务、应对政治危机的能力,最终增强了沙特的国家治理能力。总之,政治制度建设是构建政治稳定的关键。

第三章
强化政治吸纳与沙特的政治稳定

社会政治力量是推动政治体系演变的根本力量,是维持政治稳定趋势的决定性因素。国家有效吸纳各类政治势力,有助于实现政治制度的自我修复,提高政府的合法性,推动国家政策的顺利实施。[1] 随着沙特社会经济变迁与发展,沙特社会各阶层[2]不断分化和重组。与沙特普通民众相比,沙特精英对沙特政治稳定发挥着更为显著的作用,沙特家族对沙特政治精英集团的政治吸纳效果决定着沙特政治稳定的趋势和走向。本章主要分析沙特如何对各个政治精英集团展开政治吸纳,从而形成以沙特王室为核心的政治精英联盟,进而实现其政治稳定。

---

[1] See Andrew J. Nathan, Authoritarian Resilience, *Journal of Democracy*, Vol. 14, No. 1 (January 2003), pp. 6-17.

[2] 沙特主要社会阶层包括沙特王室成员、以谢赫家族为代表的宗教学者集团、以商人家族为代表的大资产阶级、中产阶级、工人和外来务工者。参见李国强:《宗教视野下的社会福利——沙特阿拉伯社会福利制度评析》,曲阜师范大学硕士学位论文,2014年,第9页。

构建稳定——"石油王国"的改革、调整与稳定

第一节 沙特政治精英的分化

纵观现代沙特政治发展过程,影响沙特政治稳定的政治精英集团主要包括沙特王室成员集团、宗教学者集团、部落领袖集团、商业家族集团和新兴社会阶层。沙特政治精英集团围绕官员招募(新社会精英如何进入政府部门)、互动(部分社会精英如何与其他社会精英和政权互动)、分化(社会精英如何拥有新的和更加专业的角色)、地位(社会精英的地位随着时间推移如何变化)和权力分配(伴随国家政治体系日益复杂化,社会精英如何参与政治决策)等议题不断分化和重组。[1]

一、沙特王室内部成员关系复杂

沙特王室是沙特的统治家族。沙特王室自身的团结稳定对维护和实现沙特政治稳定具有关键性作用。但是沙特王室成员因社会地位分化、利益分配失衡、权力斗争等问题,出现内部斗争。

沙特王室家族庞大,王室成员众多,是沙特王室内部成员关系复杂的重要原因。不同学者对家族成员数量有不同估计,较少的估计为数千人,较多的估计约2.5万人。根据沙特人口学家阿卜杜·拉赫曼·卢伟希德计算,沙特第一王国建立者穆罕默德·伊本·沙特的后裔超过4500人。[2]

沙特王室内部派系林立。沙特王室由数个族裔分支组成,其中最重

---

[1] Summer Scott Huyette, *Political Adaptation in Saudi Arabia: a Study of the Council of Ministers*, Boulder: Westview Press, 1985, p. 5.

[2] Abd a-Rahman S. al-Ruwaishid, *The Genealogiacal Charts of the Royal Saudi Family*, Riladh: al-Shibil Press, 2001, p. 19.

第三章　强化政治吸纳与沙特的政治稳定

要的分支是阿卜杜勒·阿齐兹分支——现代沙特阿拉伯王国建立者阿卜杜勒·阿齐兹的子孙。其他分支包括阿卜杜·拉赫曼分支、沙特·伊本·费萨尔分支、吉鲁维（Juluwi）分支、图尔基支系、苏奈因（Thunayyan）分支、米沙里（Mishari）分支、法赫兰分支。其中阿卜杜·拉赫曼分支是阿卜杜勒·阿齐兹兄弟阿卜杜·拉赫曼的子孙；图尔基支系是第二沙特王国埃米尔·图尔基的后裔；沙特·伊本·费萨尔分支是阿卜杜勒·阿齐兹的叔父和第二沙特王国统治者的后裔，包括卡比尔（al-Kabir）支系、穆罕默德支系、阿卜杜拉支系、费萨尔支系。阿卜杜勒·阿齐兹分支内部形成了数个派系。作为阿卜杜勒·阿齐兹分支的创立者，阿卜杜勒·阿齐兹国王先后娶妻38位，长大成人的王子有36人，而王子又各自"开枝散叶"，使整个阿卜杜勒·阿齐兹分支关系异常复杂。同时众多沙特王室成员在政府部门担任要职，尤其是高级亲王长期在政府内部某个部门担任要职，从而在沙特政府内部建立自己的"小王朝"和"世袭封地"。[①] 这致使阿卜杜勒·阿齐兹分支内部形成数个派系，其中最主要的派系是"苏德里集团"——"苏德里七兄弟"。"苏德里七兄弟"包括法赫德亲王（沙特第五任国王：1982年至2005年）、苏尔坦亲王、阿卜杜·拉赫曼亲王、纳伊夫亲王、图尔基亲王、萨勒曼亲王（现任国王：2015年至今）和艾哈迈德亲王。"苏德里七兄弟"长期控制着内政部、国防部。在内政部，纳伊夫自1975年至去世一直担任内政部大臣；艾哈迈德亲王自1978年以来长期担任内政部副大臣。在国防部，苏尔坦亲王自1962年开始长期担任国防大臣，阿卜杜·拉赫曼亲王则长期担任国防部副大臣。同时萨勒曼亲王在1963年至2011年长期担任利雅得省总督，并于2011年担任国防部大臣。其次是"阿卜杜拉集团"，其主要成员包括阿卜杜拉亲王和巴德尔亲王。在

[①] Stig Stenslie, *Regime Stability in Saudi Arabia: The Challenge of Succession*, London & New York: Routledge, 2012, pp. 30 - 31.

构建稳定——"石油王国"的改革、调整与稳定

国民卫队,阿卜杜拉亲王在1963年至2010年一直担任国民卫队司令;巴德尔亲王,作为阿卜杜拉亲王信任的同父异母兄弟,自1968年至2010年一直担任国民卫队副司令。再次是费萨尔集团。费萨尔国王的儿子沙特·本·费萨尔自1975年开始长期担任外交大臣,并在外交部具有重要影响力;费萨尔国王的儿子哈立德·伊本·费萨尔长期担任麦加省总督。沙特王室内部派系为了争夺势力范围长期明争暗斗,加剧了王室内部的分裂。

各个派系为了争夺最高领导权进行了激烈斗争。在20世纪50至20世纪60年代,沙特王室内部分裂为三个派别:第一派别是沙特及其儿子们;第二派别是费萨尔亲王与包括"苏德里七兄弟"在内的同父异母兄弟;第三派别是以塔拉勒亲王为首的"自由亲王"。沙特国王阵营与"自由亲王"结盟,与费萨尔亲王展开了激烈斗争。这使沙特王室内部空前分裂。自哈立德国王执政开始,"苏德里七兄弟"与"阿卜杜拉集团"之间的斗争持续至今。

此外沙特王室成员分化严重,部分亲王富可敌国。但是部分王室成员负债累累,甚至身陷囹圄。这些问题给沙特王室的稳定埋下了不定时炸弹。

二、宗教精英集团成员的分化

沙特宗教精英集团成员众多,成分复杂。官方宗教包括多个宗教阶层:法理学家(穆夫提)、宗教法官、教法学家、伊玛目(清真寺内做礼拜时领头的男人)、《古兰经》诵读者、宗教学校教师、宣礼员和清真寺管理员。20世纪80年代中期,沙特乌勒玛超过10000人。[1] 据保守

---

[1] Mordechai Abir, *Saudi Arabia in the Oil Era*: *Regime and Elites*; *Conflict and Collaboration*, London: Croom Helm, 1988, p. 19.

第三章　强化政治吸纳与沙特的政治稳定

估计，目前宗教精英集团人数估计在 7000 至 10000，其中约一半的乌勒玛聚居于利雅得。①

宗教精英集团，作为瓦哈比教义的解释者和执行者，是一个具有相对独立性，且社会政治影响力巨大的宗教群体。宗教精英的主要职责是塑造国家主流意识形态，巩固沙特王室权威。宗教精英控制宗教教育，向沙特年轻一代灌输主流行为规范，维护统一的、规范的宗教仪式。宗教精英通过扬善惩恶委员会直接参与宗教教育、伊斯兰教法实施和社会教化等。宗教精英能够直接参加国王主持的咨询会议，与国王和宗教领袖沟通意见和协调政策。② 总之，宗教精英在涉及伊斯兰教传统问题上展示了巨大影响力和权威。

虽然宗教集团成员没有等级制度，但是宗教集团成员既通过宗教机构和个人社会关系，如学习关系和慈善组织，又通过在沙特多个部门任职，如政府部门、教育部门和清真寺等，建立了纷繁复杂的关系网络。这使沙特宗教精英集团在沙特社会中发挥了重要影响力。

在沙特现代化进程中，沙特宗教集团成员因对沙特王室统治的态度不同而发生明显分化。部分宗教精英集团始终支持沙特王室，与沙特王室形成相互支持和相互依赖的共生关系。在组建"伊赫万"时，宗教学者号召贝都因人定居，参加"伊赫万运动"；当"伊赫万运动"不受阿卜杜勒·阿齐兹控制时，宗教学者发布"法特瓦"谴责"伊赫万"首领叛乱，积极联合忠于沙特家族的政治势力，坚定支持国王镇压"伊赫万"叛乱。在阿卜杜勒·阿齐兹统治时期，由于沙特政府体系没有建立起来，忠于阿卜杜勒·阿齐兹的宗教集团成员向国王提供政策建议，帮

---

① Stig Stenslie, *Regime Stability in Saudi Arabia: The Challenge of Succession*, London & New York: Routledge, 2012, p. 43.

② Tim Niblock, Social Structure and the Development of the Saudi Arabian Political System, in Tim Niblock (ed.), *State, Society and Economy in Saudi Arabia*, London: Routledge, 1982/2015, p. 92.

助国王管理国家行政事务。

部分宗教精英集团反对沙特王室的统治,甚至与沙特王室发生直接冲突。在20世纪30年代,阿卜杜勒·阿齐兹试图引进西方现代技术装备,如无线电报、电话和汽车等。但部分保守的乌勒玛认为西方现代技术装备与瓦哈比教义相抵触,坚决反对阿卜杜勒·阿齐兹引进西方现代技术装备的计划。1950年,阿卜杜勒·阿齐兹计划举行庆祝利雅得解放50周年纪念日,但是乌勒玛发布"法特瓦"反对此次纪念活动。在乌勒玛的压力下,此次纪念活动取消。20世纪70年代以来,伴随石油经济繁荣,沙特的生活方式、国家治理方式和社会习俗经历了急剧的变革。瓦哈比派的禁欲主义主张与统治集团上层的奢侈腐化生活、道德伦理沦丧形成鲜明对比;专家治国者和技术官僚逐渐取代甚至凌驾于宗教势力之上,宗教精英集团日益被边缘化,这使宗教精英集团深感危机,于是部分宗教精英集团成员开始批判沙特王室统治。

沙特民间伊斯兰主义和宗教反对派的兴起和壮大,也是沙特宗教精英集团分化的标志。沙特民间伊斯兰主义和宗教反对派兴起于20世纪50、60年代,发展壮大于20世纪80、90年代,并且不断衍化。在20世纪60年代,沙特开始出现民间宗教运动,如新"圣训派"运动,政治萨拉菲主义"伊斯兰复兴运动"等。[①] 1979年,朱海曼·本·穆罕默德·萨伊失·欧泰比(简称朱海曼·欧泰比)及其追随者占领麦加圣寺克尔白清真寺。乌塔比"斥责沙特政权是'异教徒的权力',指责沙特家族的腐败和同西方异教徒的亲密关系,抗议沙特社会宗教和道德的松弛,否定受沙特政权掌控的官方宗教,谴责官方乌勒玛屈从于沙特家

---

① 新"圣训派"运动、"伊斯兰复兴运动"、无为萨拉菲主义、行动萨拉菲主义和定判萨拉菲主义将在第四章详细论述,这里不做详细论述。

第三章　强化政治吸纳与沙特的政治稳定

族"①，提出"建立起一个伊斯兰政府"②。占领圣寺事件显示了宗教的"巨大的历史回弹力"③，掀开了沙特现代伊斯兰主义民众运动的序幕④。

20世纪80年代，民间伊斯兰主义运动和组织，如真主党、穆斯林兄弟会、新"伊赫万运动"、伊斯兰革命组织等，在沙特秘密活动。冷战结束后，沙特民间伊斯兰主义运动进一步发展，呈现出多元化趋势。⑤民间伊斯兰主义运动的支持力量扩展至中产阶级、知识分子、商人集团、部分官方乌勒玛。民间伊斯兰主义运动纷纷向政府提交请愿书，成立政治宣传组织，举行示威游行。1991年5月的《请愿书》和1992年9月的《建议备忘录》，作为伊斯兰自由主义运动的政治主张，表达了对沙特现存政治体制的不满，要求在伊斯兰框架下，推进政治改革，限制政府权力，推行民主化改革，保护公民合法权利。

随着民间伊斯兰主义运动不断壮大和激进化，沙特王室统治面临日益严重的政治危机和合法性危机。沙特王室为了巩固其与宗教精英集团的战略联盟关系，孤立和遏制民间伊斯兰主义运动和宗教政治反对派，必须尽可能吸纳宗教精英集团。

三、部落成员的分化

长期以来，阿拉伯半岛的社会基本单位是部落，沙特社会分裂为数

---

① Madawi Al-Rasheed, *A History of Saudi Arabia*, New York: Cambridge University Press, 2002, p. 144, 转引自吴彦：《沙特阿拉伯宗教政治初探》，《西亚非洲》，2008年第6期，第31页。

② Daryl Champlon, *The Paradoxical Kingdom: Saudi Arabia and the Momentum of Reform*, London: C. Hurst & Co. Ltd, 2003, p. 132.

③ 迈克尔·赫森德：《阿拉伯政治：对合法性的寻求》，耶鲁大学出版社，1979，第171页，转引自刘靖华：《伊斯兰教、君主专制与发展——沙特阿拉伯宗教与政治发展的相关分析》，《西亚非洲》，1990年第2期，第44页。

④ 哈全安：《中东史：610—2000》，天津：天津人民出版社，2010年，第795页。

⑤ 本节内容将在第四章内容详细论述，详见第四章第一节。

构建稳定——"石油王国"的改革、调整与稳定

量众多,规模和势力悬殊的部落。在沙特政治发展过程中,部落对建立现代沙特王国、维护沙特政治稳定具有不容忽视的作用。在建国过程中,部落为阿卜杜勒·阿齐兹提供了政治支持和军事武装力量。[1] 1915年,"伊赫万"定居社团达到200个,"伊赫万运动"成员达到6万人。[2] 在"伊赫万"力量支持下,阿卜杜勒·阿齐兹先后统一了纳季德、阿尔西、哈萨、希贾兹,最终统一了阿拉伯半岛大部分地区。在现代沙特阿拉伯王国建国初期,传统社会结构没有改变,部落仍然是沙特社会基本组织单位。因为中央政府机构不完善,国家力量难以触及基层,部落发挥了国家政权基层组织的作用,部落首领成为国家在基层的代表,拥有较为强大的社会号召力和影响力。

20世纪70年代,伴随石油经济繁荣,沙特社会经历了翻天覆地的变化。沙特部落组织趋于解体,部落民众日渐分化,部分部落成员晋升至商人集团或者新兴阶层,部分成员沦为社会最底层成员。随之而来的是,社会经济政治地位得到提升的部落成员成为沙特王室的支持者,社会处境恶化的部落成员成为威胁沙特政治稳定的潜在力量。

部落主义的复苏是沙特部落成员分化的表现。尽管沙特正在经历快速现代化,但是部落主义没有被彻底湮灭,反而在一定时期和范围内呈加强趋势。尤其是20世纪80年代至20世纪90年代,部分受过高等教育的部落成员遭遇失业和生活贫困等困难,深感自己被社会抛弃,于是开始寻求部落身份。部落再次成为发泄社会不满、反抗沙特王室的工具,部落主义复兴。旧有的贝都因人方言通过电影、电台和互联网平台

---

[1] Khalid Saud Alhumaidi, Regime Stability in Saudi Arabia: The Role of the Population Composition Represented by Tribes, Master Dissertation, University of South Dakota, 2016, p. 68.

[2] Khalid Saud Alhumaidi, Regime Stability in Saudi Arabia: The Role of the Population Composition Represented by Tribes, Master Dissertation, University of South Dakota, 2016, p. 74.

第三章　强化政治吸纳与沙特的政治稳定

得到飞速传播，赢得了部落成员出身的沙特民众的广泛关注和支持；电视节目重视贝都因人的历史和传统生活，但是扭曲了部分沙特部落关系。① 部分重要部落建立了自身的网站，宣传自己的悠久历史、显赫事迹和优秀文化。

部分部落成员参加反对沙特王室统治的伊斯兰复兴运动。20世纪70年代末，新一代部落成员接受了推翻沙特政权的极端主义思想，②因此投身伊斯兰复兴运动的沙特人大都来自游牧部落③。如"新伊赫万运动"④ 的主要支持者来自沙马尔、哈恰尔和阿太白部落。1979年，"伊赫万"成员朱海曼·欧泰比及其追随者占领麦加圣寺克尔白清真寺。这在一定程度上反映了沙特王室面临的部落挑战。部落成员积极参与民间宗教政治运动，部落主义与现代伊斯兰复兴主义合流，这不仅削弱了官方伊斯兰教的权威地位，而且威胁着沙特王室统治的社会基础。

四、商人集团成员对沙特王室态度的分化

伴随时代变迁，沙特商人集团的组成、特点和与王室的关系不断变化。但是沙特商人集团具有明显的家族式特点。沙特商人集团主要被分为四类。第一，产生于现代沙特建国前的商人集团，其中希贾兹商人是

---

① Laila Prager, Bedouinity on Stage: The Rise of the Bedouin Soap Opera in Television, *Nomadic People*, Vol. 18, No. 2 (2014), p. 53, in Khalid Saud Alhumaidi, Regime Stability in Saudi Arabia: The Role of the Population Composition Represented by Tribes, Master Dissertation, University of South Dakota, 2016, p. 79.

② Sebastian Maisel, The Resurgent Tribal Agenda in Saudi Arabia, *The Arab Gulf States Institute in Washington*, 2015, p. 8, http://www.agsiw.org/wp-content/uploads/2015/07/Maisel_Resurgent-Tribal-Agenda.pdf.

③ 王铁铮、林松业：《中东国家通史：沙特阿拉伯卷》，北京：商务印书馆，2004年，第275页。

④ 参见吴彦：《沙特阿拉伯政治现代化进程研究》，杭州：浙江大学出版社，2011年，第186至196页。

典型代表。在阿卜杜勒·阿齐兹统治时期，这些商人的财富可与沙特王室的财富相匹敌。第二，产生于20世纪40年代至20世纪50年代、与沙特王室关系密切的商人集团，其中典型代表是拉吉布家族。第三，哈萨地区因沙特石油经济发展而崛起的商人集团，奥拉扬家族是此类商人的典型。第四，沙特国王或者高级亲王的顾问崛起为沙特重要的商人集团，其中阿德南·哈肖吉家族最为著名。①

在沙特石油经济形成之前，沙特无力干预国家经济发展，沙特王室在政治上和经济上依赖商人精英集团，同时大多数商业家族凭借与沙特家族的特殊关系获取了丰厚的商业利润。因此沙特王室与商业精英集团形成联盟。自1973年开始，沙特王室成员纷纷涉足商业领域。众多二代和三代沙特王室成员既利用自身雄厚的资金先后从事商业活动，又凭借特殊的社会背景和人脉关系充当外国公司与政府的中间人，收取佣金或回扣。占据"人和"的沙特王室成员快速积累了巨额社会财富，建立了庞大的商业帝国，沙特王室成为沙特最重要的商人集团。这在一定程度上改变了沙特原有的商人集团格局，商人集团对沙特王室的重要性日益下降。在沙特王室成员的商业帝国崛起过程中，部分商人集团利益受损。因此商人私下抱怨说："亲王们的收入并不是来自勤勉，而是来自他们的名字和影响，这形成了一种不公平竞争。"②

此外，"沙特商人集团向资产阶级转变，阶级意识不断增强，开始试图在政治中发挥作用"③。1990年11月，部分商人集团成员联合沙特

---

① Tim Nilock & Monica Malik, *The Political Economy of Saudi Arabia*, London & New York: Routledge, 2007, pp. 49 - 50.

② 《沙特王室暴富生意经》，人民网，2015年2月9日，http://intl.ce.cn/sjjj/qy/201502/09/t20150209_4544683.shtml。

③ Giacomo Luciani, From Private Sector to National Bourgeoisie: Saudi Arabian Business, in Paul Aarts & Gerd Nonneman, *Saudi Arabia in the Balance: Political Economy, Society, Foreign Affairs*, New York: New York University Press, 2006, pp. 144 - 148.

新兴阶层上书法赫德国王，提出了十点改革建议①。这要求沙特王室加强对商人集团的政治吸纳，以满足商人参政议政的诉求。

五、新兴阶层的崛起

虽然沙特新兴阶层来源众多，成分多样，但是在政治影响力方面，来源于政府体系的技术官僚阶层无疑有重要的政治影响力。鉴于此，本书的沙特新兴阶层主要是指沙特知识分子阶层和技术官僚阶层。

沙特新兴阶层是沙特现代经济发展、社会进步、政治体系完善的产物。沙特新兴阶层萌芽于20世纪50年代。② 一方面，二战后，伴随沙特阿美石油公司的发展，诞生于阿美石油公司的经济管理、专业技术人才成为沙特首批新兴阶层。另一方面，由于沙特政治制度体系不断完善，沙特持续增加的政府部门急需大批拥有管理经验或者掌握专门技术的技术人才。同时，20世纪50年代，第一代有海外留学经历的沙特人回到国内，许多人在日渐扩张的行政和军事部门中获得职位。这些人成为沙特首批技术官僚阶层，但是第一批海外留学的沙特人数量并不多。

伴随石油经济繁荣，尤其是20世纪70年代的大规模经济建设，沙特由文化水平低、传统的社会转变为富裕、城市化和教育程度高的现代社会。随之而来的是，政府部门急剧增加，沙特新兴阶层正式诞生。③

---

① 十点改革建议：成立协商会议；重启市政会议；改革司法体系；赋予媒体更大的自由；在"沙里亚"框架内准予妇女更多地参与公共生活；"在宗教和行政裁决之间明确划线"，对宗教警察实行彻底改革等。Madawi Al-Rasheed, *A History of Saudi Arabia*, New York: Cambridge University Press, 2010, p. 163.

② Madawi Al-Rasheed, *A History of Saudi Arabia*, New York: Cambridge University Press, 2010, p. 110.

③ Summer Scott Huyette, *Political Adaptation in Saudi Arabia: a Study of the Council of Ministers*, Boulder: Westview Press, 1985, p. 32; Mordechai Abir, *Saudi Arabia: Government, Society and the Gulf Crisis*, London & New York: Routledge, 1993, p. 51.

构建稳定——"石油王国"的改革、调整与稳定

技术官僚集团主要由四部分组成：王室或高级亲王的顾问、大臣会议大臣、包括沙特阿美石油公司在内的其他重要政府部门的负责人、协商会议成员。1990年，沙特新兴阶层人数在80万至100万之间，是沙特最大的社会阶层。[1] 21世纪初期，在沙特政府高级职位任职的专家达到250人，高级公职人员达到700人。[2] 沙特技术官僚阶层在沙特政府体系和经济社会中，尤其是在沙特经济计划和管理部门中发挥着重要作用。

随着新兴阶层崛起，沙特新兴阶层反对传统政治秩序，要求政治改革，因而成为推动沙特政治变革的阶级基础。[3] 1990年11月，沙特新兴阶层上书法赫德国王，提出了十点改革建议[4]。新兴阶层的女性也开始呼吁女权。1990年12月，沙特女性举行示威游行，要求获得自由驾驶的权利。这些行动使沙特王室真正感受到来自日益壮大的新兴阶层的巨大威胁[5]，迫使沙特政府不得不进行改革，以吸纳新兴阶层。

---

[1] 钱伯海：《论社会劳动创造价值》，《数量经济技术经济研究》，1993年第12期，第15至25页。

[2] Anthony H. Cordesman, *Saudi Arabia Enters the Twenty-First Century: The Political, Foreign Policy, Economic, and Energy Dimensions*, London: Praeger, 2003, p. 144.

[3] Tim Niblock, *Saudi Arabia: Power, legitimacy and Survival*, London & New York: Routledge, 2006, p. 56.

[4] Madawi Al-Rasheed, *A History of Saudi Arabia*, New York: Cambridge University Press, 2010, p. 163.

[5] 马福德：《从沙特协商会议看王国的政治民主化变革》，《长安大学学报》，2005年第2期，第75页。

第二节　沙特政治体系对主要政治力量的政治吸纳

一、对王室成员的政治吸纳

第一，建立和维护"费萨尔秩序"。为了缓解沙特王室成员围绕沙特王位的竞争，沙特王室努力维护"费萨尔秩序"①。"费萨尔秩序"源于费萨尔国王，主要内容如下。首先，建立和完善沙特王位继承制度。沙特王室颁布《政府基本法》和《效忠委员会法》，建立"王室长老会议""沙特王室家族委员会"和"效忠委员会"，以使沙特王位继承制度化。其次，平衡"苏德里七兄弟"（法赫德、苏尔坦、纳伊夫、图尔基等）与其他兄弟（最重要的是哈立德和阿卜杜勒）间的关系。费萨尔继任国王后，"苏德里集团"诸兄弟相继担任大臣会议重要部门大臣。如"苏德里七兄弟"的长兄法赫德亲王在1962年至1975年担任内政大臣，并自1967年开始担任副王储和大臣会议第二副主席；苏尔坦亲王自1962年开始长期任国防大臣。为了平衡"苏德里集团"的势力，费萨尔国王于1965年宣布立哈立德为王储，并任命其为大臣会议副主席；自1964年，阿卜杜拉亲王开始担任沙特国民卫队司令。最后，缓和沙特王室内部各亲王之间的紧张关系。费萨尔国王对沙特的儿子和"自由亲王"同样采取宽容政策。一方面，前国王沙特的儿子穆罕默德·伊本·沙特在向费萨尔国王宣誓效忠后担任政府要职，并在1987年至2010年9月任巴哈省（Al-Bahah）总督。另一方面，费萨尔国王恢复

---

① Joseph Kostiner & Joshua Teitebaum, State-Formation and the Saudi Monarchy, in Joseph Kostiner (ed.), *The Middle East Monarchies: The Challenge of Modernity*, Boulder, CO. & London: Lynne Rienner Publishers, 2000, p. 136.

构建稳定——"石油王国"的改革、调整与稳定

塔拉勒亲王及其支持者的荣誉，推举"自由亲王"成员在政府机构担任要职。1965年，任命巴德尔亲王为国民卫队副司令，任命穆赫辛亲王（al-Muhsin）为麦地那省总督；1968年，任命纳瓦夫亲王（Nawwaf）为费萨尔国王的高级顾问；1971年，任命法瓦兹亲王（Fawwaz）为麦加总督。

费萨尔去世后，沙特王室尽力维持"费萨尔秩序"。1982年，哈立德国王去世，法赫德亲王继任国王，阿卜杜拉亲王被任命为王储和大臣会议第一副主席，苏尔坦亲王被任命为副王储和大臣会议第二副主席。在20世纪80年代至20世纪90年代，尽管"苏德里七兄弟"试图废除王储阿卜杜拉亲王，但是沙特王室挫败了"苏德里七兄弟"的图谋。2005年8月，阿卜杜拉亲王顺利继承王位，随后"苏德里七兄弟"中的苏尔坦、纳伊夫、萨勒曼先后继任王储。2005年8月，沙特王室推选苏尔坦亲王为王储。2009年3月27日，沙特王室推举纳伊夫亲王为副王储。2011年10月，王储苏尔坦去世，副王储纳伊夫担任王储。2012年6月，王储纳伊夫去世，萨勒曼亲王出任王储。为了抑制"苏德里集团"势力，穆克林亲王（Muqrin）被推选为副王储和大臣会议第二副主席，这使"费萨尔秩序"得以维持。

萨勒曼亲王继任国王后，"费萨尔秩序"才被打破。尽管萨勒曼国王于2015年1月23日指定副王储穆克林亲王为王储，但是萨勒曼国王于2015年4月29日废除穆克林亲王的王储以及副主席职务，指定穆罕默德·本·纳伊夫为王储，穆罕默德·本·萨勒曼为副王储。由此开始，开启了第三代继承人（伊本·沙特孙辈）执掌王位的时代。然而沙特王位继承问题进入了矛盾高发期：首先，沙特王室内部的权力平衡被打破；其次沙特王位继承正式进入了代际更替。因此沙特未来国王继承问题将考验沙特王室的平衡能力。

第二，成立"沙特王室家族委员会"，处理王室内部矛盾。2000年6月，沙特王室为了应对沙特王室内部关于未来王位继承的争议和争

第三章　强化政治吸纳与沙特的政治稳定

论,增强沙特王室成员的凝聚力,成立了"沙特王室家族委员会"。"沙特王室家族委员会"由 18 名成员组成,王储任主席,任期为 4 年。"沙特王室家族委员会"旨在解决沙特王室内部争端,避免王室内部冲突公开化,其职责是处理一切与王室有关的问题,如王室成员婚姻、福利津贴分配等。"沙特王室家族委员会"召开的王室家族会议为王室内部的非正式协商提供了一个正式平台,将沙特王室各个支系团结起来。[1] 沙特王室家族委员会代表和反映了王室成员的利益,巩固了沙特王室成员内部的团结。[2]

第三,众多沙特王室成员担任沙特政府要职。作为沙特的统治家族,沙特家族主宰沙特政治系统,众多沙特王室成员在地方和中央各级政府担任要职,其中约 200 名沙特王室成员包揽了大臣会议中"主权部门"大臣与全国 13 个省的总督和副总督。1953 年至 1975 年,费萨尔为了获得王室成员的支持,对高级亲王委以重任,支持他们参与国家大政方针的决策过程。费萨尔国王的后继者均延续了这一政策。例如,2005 年 10 月,阿卜杜拉发布王室命令宣布:哈立德·图瓦吉利(Khalid·al-Tuwaijiri)取代穆罕默德·本·阿卜杜拉(Muhammad bin abdullah al-Nuwaysir),担任"沙特王室家族委员会"主席;哈立德·本·阿卜杜·拉赫曼(Khalid bin Abd al-Rahman)为沙特王室家族委员会副主席。2005 年 10 月,阿卜杜拉任命穆克林为情报总局(General Intelligence Directorate)总监。在总督任命方面:2007 年 5 月 16 日,哈立德·本·费萨尔亲王(Khalid bin Faysal)担任麦加省总督;2005 年 10 月 22 日,阿卜杜·阿齐兹·沙特·马吉德(Abd al-Aziz al-Sa'ud bin Majid)担任麦地那省总督;2007 年 5 月 16 日,费萨

---

[1] Stig Stenslie, *Regime Stability in Saudi Arabia: The Challenge of Succession*, London & New York: Routledge, 2012, p. 37.

[2] Iris Glosemeyer, *Saudi Arabia: Dynamism Uncovered*, Boulder, CO: Lynne Rienner, 2004, pp. 151 - 152.

尔·本·哈立德（Faysal bin Khalid）担任阿西尔省（Asir）总督；2009年3月27日，米沙尔·本·阿卜杜拉（Mish'al bin Abdallah）担任奈季兰省（Najran）总督。2010年10月，阿卜杜拉任命自己的儿子米特阿卜·本·阿卜杜拉（Mit'ab bin abdullah）为国民卫队总司令。

伴随王位继承制度的日益完善，"亲王之间的斗争，从早期的王位之争转移到对政府部门关键职位的争夺上"。① 大臣会议、地方政府、军队部门等机构的重要职位为沙特王室成员分享国家权力提供了有效途径，从而有益于沙特王室的团结。

第四，给予沙特王室成员巨额津贴和补助。沙特王室财富总值可达1.4万亿美元（约合8.74万亿人民币）。沙特有一套专门供养王室的"福利体系"，每年王室成员的津贴支出就高达20亿美元。在20世纪90年代中期，沙特王室第二代成员的月俸禄是20万至27万美元，第三代的月俸禄是2.7万美元，第四代则每月领取1.3万美元。② 此外，沙特成员享有大量特权，尤其是经济特权。

二、对宗教集团的政治吸纳

沙特对以瓦哈卜家族为代表的宗教精英集团的政治吸纳，具有源远流长的历史。沙特家族以伊斯兰宗教复兴运动为旗号，在阿拉伯半岛上建立了强大的瓦哈比派国家，政教合一的国家制度成为早期沙特的重要历史遗产。③ 在重建沙特政权后，阿卜杜勒·阿齐兹及其继承者延续了

---

① Alexander Bligh, *From Prince to King*: *Royal Succession in the House of Saud in the Twentieth Century*, New York & London: New York University Press, 1984, p. 84.
② 《沙特王室宫斗：5000多继承者堪比九子夺嫡》，腾讯网，2015年10月13日，http://new.qq.com/cmsn/20151013/20151013047787。
③ 吴彦：《沙特阿拉伯政治现代化进程研究》，杭州：浙江大学出版社，2011年，第325页。

第三章　强化政治吸纳与沙特的政治稳定

政教合一的国家制度。沙特王室和政府根据形势变化，自上而下地建立了一个庞大而完整的宗教政治网络，并采取不同举措，吸纳沙特宗教集团成员。

第一，沙特王室与谢赫家族多次进行政治联姻，礼遇宗教集团成员。政治联姻是沙特王室巩固与以谢赫家族为代表的沙特宗教集团关系的重要方式。沙特家族与谢赫家族的政治联姻始于第一沙特王国的创立者伊本·沙特与瓦哈比派创始人瓦哈卜的女儿的政治联姻，其儿子阿卜杜勒·阿齐兹于1765年继任王位，并于1792年继承了瓦哈比派教长职位，从此沙特家族族长兼任瓦哈比派教长，推行瓦哈比教义。费萨尔亲王的母亲便来自谢赫家族。费萨尔亲王因兼有沙特家族与谢赫家族的血统，既获得了王室内部成员强有力的支持，也获得了乌勒玛集团的坚定支持。在1953年至1964年，费萨尔亲王联合王室内部其他亲王和以谢赫家族为首的宗教精英，向国王沙特"逼宫"，最终沙特国王被迫放弃王位，流亡海外，费萨尔亲王则自任摄政王，旋而即位。

沙特王室不仅与宗教集团家族进行政治联姻，而且礼遇宗教集团成员。沙特国王和高级亲王不论是召开重要会议，还是在沙特各地巡游和考察，均有乌勒玛参与或随行。国王和王室成员定期或者不定期地到高级乌勒玛家中拜访，以表示对乌勒玛的尊重。

第二，沙特王室通过正式或者非正式方式听取宗教精英的意见。由于沙特宗教精英在政治生活中发挥着不容忽视的作用，沙特王室在决策过程中从多个层面吸纳宗教精英。在进行政治决策之前，沙特国王和高级亲王均会听取乌勒玛的意见。尤其是当沙特面临争议性事务或者问题时，国王就有关争议问题向"高级宗教学者最高委员会"征求意见，随后"高级宗教学者最高委员会"发布"法特瓦"。在每周一和特别节日，国王和王室重要成员都需在王宫与乌勒玛会面，就各种问题进行讨论并达成一致意见。① 高级乌勒玛则通过他们能够借助的各种渠道建言献策，直接或间接地影响政府决策。

第三，沙特王室邀请和任命宗教精英在政府部门担任要职。在现代沙特建国过程中，阿卜杜勒·阿齐兹邀请谢赫家族后裔伊本·阿卜杜勒·拉蒂夫领导国家的宗教活动，这"巩固了沙特国家宗教界权威与沙特家族的联盟，确认了沙特乌勒玛与阿卜杜勒·阿齐兹对穆斯林共同体的领导地位，确立了沙特国家统治者兼任国家最高宗教领袖的政教合一政治制度"②。自现代沙特建国以来，沙特家族通常将与伊斯兰教有关的重要职务交由乌勒玛担任。如谢赫家族后裔伊本·阿卜杜勒·拉蒂夫终身担任大穆夫提职位，享有崇高的宗教权威。

自20世纪70年代开始，伴随沙特政治机构体系不断完善，部分乌勒玛进入政府机构，在沙特政治、经济、社会生活中发挥着顾问作用。③ 以谢赫家族成员为例，谢赫家族成员在政府部门担任各种职务，如法官、伊玛目、宣礼员、律师等。④ 随着大臣会议制度完善，宗教精英长期担任大臣会议部门大臣。例如教育部大臣长期由谢赫家族成员担任。1960年至1975年，教育部大臣先后由谢赫·阿卜杜·阿齐兹·伊本·阿卜杜拉·本·哈桑·谢赫和谢赫·哈桑·伊本·伊本·阿卜杜拉·本·哈桑·谢赫担任；自1999年起，萨利赫·伊本·阿卜杜·阿齐兹·谢赫长期担任伊斯兰事务、宗教基金、祈祷和指导部大臣，阿卜

---

① Alexander Bligh, The Saudi Religious Elite (Ulama) as Participant in the Political System of the Kingdom, *International Journal of Middle East Studies*, Vol. 17, No. 1 (1985), p. 42.

② 吴彦：《沙特阿拉伯宗教政治初探》，《西亚非洲》，2008年第6期，第29至30页。

③ Metin Heper & Raphael Israeli (eds.), *Islam and Politics in the Modern Middle East*, Hoboken: Taylor & Francis, 2014, pp. 31-32.

④ Nawaf Obaid, The Power of Saudi Arabia's Islamic Leaders, *The Middle East Quarterly*, Vol. 6, No. 3, Septemper 1999, pp. 51-58.

第三章　强化政治吸纳与沙特的政治稳定

杜拉·本·穆罕默德担任司法部大臣。在第一届协商会议，5 名高级乌勒玛成为协商会议委员。

部分宗教成员进入沙特官方宗教权威部门。1971 年成立的"乌勒玛长老委员会"由 19 名沙特最具名望的乌勒玛组成；最高司法委员会由 11 名高级法理学家组成；"宗教研究、教法宣传和指导委员会"由 15 名著名乌勒玛组成。

值得注意的是，尽管谢赫家族仍然在传统领域占据重要位置，但是高级宗教领袖的来源日益广泛，谢赫家族不再垄断所有乌勒玛的高级职位，选拔高级宗教领袖的主要依据是乌勒玛的才能和忠诚度，而不是家庭背景。1971 年，由 19 名沙特最具名望的乌勒玛集团组成的"乌勒玛长老委员会"，打破了谢赫家族对沙特最高宗教权威的垄断，"标志着沙特历史上瓦哈卜家族时代的结束"①。1994 年，沙特重新设立大穆夫提，由阿布杜·阿齐兹·本·阿卜杜拉·本·巴兹长老担任；1999 年 5 月 31 日，阿布杜·阿齐兹·本·阿卜杜拉·本·巴兹逝世，谢赫·阿卜杜勒·阿齐兹·本·阿卜杜拉继任沙特大穆夫提。这两位大穆夫提均不是谢赫家族成员，沙特扩大了对乌勒玛集团的吸纳范围。

第四，沙特建立庞大的宗教集团成员网络。 虽然沙特政府积极吸纳宗教精英集团，但是宗教精英集团只是少数，大部分宗教集团成员在清真寺、"扬善惩恶委员会"担任普通职务。然而沙特王室仍然重视中下层宗教集团成员——清真寺工作人员和宗教警察。在石油繁荣之前，地方清真寺神职人员往往是父子相继，或者由当地达官贵人选择；当地穆斯林向清真寺神职人员缴纳天课和捐助大量金钱。与之形成鲜明对比的是，目前各地清真寺均由国家修建和维修，清真寺神职人员是政府雇

---

① Daryl Champion, *The Paradoxical kingdom: Saudi Arabia and the Momentum of Reform*, London: Columbia University Press, 2005, p. 59.

员。① 小清真寺有两到四个宗教人员，大清真寺则有数十个宗教人员。因此沙特清真寺能够提供成千上万个工作岗位。截至目前，沙特有5万名传教士和布道者。②

"扬善惩恶委员会"是沙特重要的宗教组织，其成员被称为宗教警察或者穆陶威（又称穆塔维因，Mutawiyin）。2010年，据官方公布的数字，"扬善惩恶委员会"在全国有13个分支机构和66个中心；目前宗教警察约2万人③。这些中下层宗教成员的生活收入主要依赖政府的财政补助和津贴。对沙特政府的经济依赖性决定了中下层宗教集团对沙特家族政权的依附性，清真寺神职人员和宗教警察则依附于沙特宗教机构，听命于官方乌勒玛，忠实地履行引导和监督沙特国民的任务。

第五，沙特吸纳民间宗教运动中的温和派。自20世纪60年代开始，民间伊斯兰主义运动兴起，部分激进的民间宗教运动成为反对沙特家族统治的重要力量，威胁沙特政治稳定，于是沙特政府开始吸纳民间宗教运动。20世纪60年代，沙特支持新"圣训派"运动。在伊本·巴兹的支持下，新"圣训派"在麦加、利雅得和布赖代等地区的影响日益扩大，并建立"萨拉菲劝善惩恶委员会"。90年代，沙特积极吸纳无为萨拉菲主义者，不仅支持无为萨拉菲主义者控制部分宗教学校和宗教机构，而且支持无为萨拉菲主义向伊斯兰世界传播。1999年，沙特政府安排一些著名民间宗教学者在官方机构中担任正式职务，释放觉醒主义运动领袖谢赫萨法尔·哈瓦里和萨勒曼·阿乌达，觉醒主义运动由此获得了合法性地位。2005年2月，在第一次全国性的地方选举中，觉醒

---

① James Bill, Resurgent Islam in the Persian Gulf, *Foreign Affairs*, Vol. 63, No. 1, p. 116.

② Stig Stenslie, *Regime Stability in Saudi Arabia: The Challenge of Succession*, London & New York: Routledge, 2012, p. 46.

③ Baron Reinhold, Omnibalancing and the House of Saud, Master Dissertation, Naval Postgraduate School, 2001, p. 23.

第三章　强化政治吸纳与沙特的政治稳定

主义运动候选人在麦加、麦地那和吉达等城市获得了大多数的选票。在21世纪初期，沙特政府则拉拢伊斯兰复兴运动宗教学者谴责恐怖主义袭击活动，并利用他们的人脉来与恐怖主义者谈判，对其进行劝降。①

三、对部落集团的政治吸纳

第一，沙特王室与部落集团领袖政治联姻。一方面为了与各部落建立政治联盟，增强自身政治和军事实力，另一方面，为了塑造自己的高贵部落身份，② 沙特王室经常与沙特著名部落进行政治联姻。阿卜杜勒·阿齐兹利用了瓦哈比派规定"可同时与四个女性结婚的权利"，与不同部落的女子频繁地离婚、结婚，以达到政治联姻的目的。伊本·沙特累计曾娶过300余个王妃。③ 阿卜杜勒·阿齐兹通过政治联姻与众多部落建立了政治盟友关系。④ 其中典型代表是苏德里家族。阿卜杜勒·阿齐兹与达瓦西尔（Dawasir）部落苏德里家族3位女性结婚。其中阿卜杜勒·阿齐兹与哈莎·宾特·艾哈迈德·苏德里（简称哈莎·苏德里，Hissah Al Sudeiri）2次结婚，生育7位王子（"苏德里七兄弟"）。阿卜杜勒·阿齐兹的另外2位苏德里家族王妃也生育了6位王子。同时阿卜杜勒·阿齐兹还同哈立德家族、鲁洼拉（Ruwala）部落和沙马尔部落进行政治联姻。1920年，阿卜杜勒·阿齐兹与沙马尔家族的法赫达（Fahda bint al-Asi al-Shuraym）结婚，生育1位王子，即阿卜杜拉

---

① Madawi al-Rasheed, *Contesting the Saudi State: Islamic Voices from a New Generation*, New York: Cambridge University Press, 2007, p. 81.

② J. P. Piscatoti (ed.), *Islam in the Political Process*, Cambridge: Cambridge University Press, 1983, p. 16.

③ 钮松：《沙特王室：王位的恩恩怨怨》，《新民晚报》，2016年1月28日，第A28版。

④ ［以色列］约瑟夫·康斯蒂尔著，尹婧译：《双重转变：沙特部落与国家的形成》，《中东问题研究》，2016年第2期，第164页。

国王。当前，沙特王室为强化与部落的联系，仍然鼓励沙特王室成员和政府官员与沙特部落成员进行政治联姻。①

第二，沙特建立专门管理部落事务的部门，吸纳部落首领进入地方政府部门。在建国初期，沙特部落首领，尤其是纳季德的部落首领，定期参加沙特王室会议，经常参加国王和高级亲王召开的会议，参与王国的政治决策和政策制定。部落首领经常充当国王或者高级亲王的私人随从和顾问。沙特政治体系完善后，在中央，国王办公室设置了专门负责部落问题的办事机构；在地方，总督和市长办公室里均设有处理部落事务的办公室。这使沙特政府与部落首领建立了制度化的协商机制和沟通机制。部落首领可以直接赴部落事务办公室，向国王、总督和市长寻求帮助，要求国王、总督和市长调解争端；沙特王室成员和地方官员定期就与部落有关的问题咨询部落首领。部落首领成为沙特政府处理部落事务和地方事务的智囊，成为政府与部落民众联系的纽带。由于接近王室成员能够提高部落首领在部落民众中的地位和威望，部落首领不遗余力地与王室成员建立良好的关系。这有助于确保部落首领对沙特王室和政府的忠诚。

第三，部落转变为基层政府组织。沙特在地方建立了制度化的政治参与机制。在沙特市政委员会选举中，部落首领在市政委员会成员中的占比达到三分之一。② 在部落地区，沙特政府将部落会议转变为处理农村基层问题的机构。部落会议由政府代表、部落酋长和部落长老组成，回应部落民众生活诉求，解决部落日常问题。分配社会补助和津贴也是部落在社会基层的重要职责。在沙特石油繁荣后，沙特王室和政府不仅

---

① Daryl Champion, *The Paradoxical Kingdom*: *Saudi Arabia and the Momentum of Reform*, London: Hurst & Co., p. 68.

② Atif Abdullah Sukkar, Political Reform and Its Impact on Political Stability: A Case Study of the Kingdom of Saudi Arabia during the Period From 1990 to 2010, Ph. D. Dissertation, Victoria University, 2010, pp. 226 – 227.

向部落首领提供大量补贴，而且以部落为单位向全体部落成员发放生活补助。因此部落会议成为沙特政府延伸至沙特社会基层的组织，既吸纳了部落酋长，又能够控制部落民众。

第四，国民卫队吸纳部落成员。国民卫队源于"伊赫万运动"。在建立现代沙特阿拉伯王国过程中，阿卜杜勒·阿齐兹建立了具有军事性质的组织"伊赫万"。"伊赫万"以瓦哈比派教义为指导，以打破氏族壁垒，缓和各部落间的矛盾与冲突为目标，将各部落联结为一体，从而间接对国家予以支持。[1] 在打败"伊赫万"叛乱之后，沙特改变部落征兵方式，将"伊赫万"的余部整编为国家国内安全部队——国民卫队。国民卫队是捍卫主要城市安全和保卫王室安全的重要力量。"国民卫队的力量是足以与正规军力量相抗衡的军事力量，沙特政权可以依靠国民卫队打败正规军发动的任何政变。"[2] 因此以部落成员为主体的国民卫队成为沙特政权的坚定捍卫者。

1962年，阿卜杜拉亲王正式组建国民卫队，成员为5000人。[3] 1967年，国民卫队扩编至3.1万人；截至2015年，国民卫队现役总兵力为12.5万人，另有2.5万预备役部队，共15万人。[4] 国民卫队成员均是训练有素和忠于王室的部落成员。国民卫队将部落成员纳入43个团，其划分的依据便是部落。最初，国民卫队成员主要来自纳季德和哈萨地区支持沙特王室的部落。后来，国民卫队的成员来源范围不断扩

---

[1] ［以色列］约瑟夫·康斯蒂尔著，尹婧译：《双重转变：沙特部落与国家的形成》，《中东问题研究》，2016年第2期，第164页。

[2] Anthony H. Cordesman & Nawaf E. Obaid, *National Security in Saudi Arabia: Threats Responses and Challenge*, Westport: Greenwood Publishing Group, 2005, p. 215.

[3] Colonel B Wayne Quist & David F Drake, *Winning the War on Terror: A Triumph of American Values*, Bloomington, Indiana, U. S: iUniverse, 2005, p. 24.

[4] 《沙特国民卫队：王权支柱＋皇家心腹》，参考消息网，2016年4月8日，http://www.cankaoxiaoxi.com/photo/20160408/1121948_2.shtml。

大，甚至包括什叶派穆斯林。① 同时，沙特王室提拔重要部落的部落成员在国民卫队中担任重要职位，从而拉拢部落领袖。此外，国民卫队不仅待遇优渥，而且建立了相对独立的教育、医疗卫生等社会服务体系。一旦部落成员成为国民卫队成员，整个家庭将得到国民卫队服务体系的优待。这些措施将部落拉入了沙特王室的庇护网络中。通过国民卫队，沙特政权与部落保持着密切联系。

四、对商人集团的政治吸纳

沙特王室与商人的互动已经制度化，主要途径有工商业联合会、大臣会议和协商会议。以大臣会议为代表的政府体系是吸纳商人集团的载体。许多富商家族成员在大臣会议担任高级职位。以阿里瑞泽家族为例，阿里瑞泽家族成员在20世纪50年代就已经进入沙特大臣会议以及其他政府部门。穆罕默德·本·阿卜杜拉·宰伊纳尔·阿里瑞泽曾担任商业和工业部大臣，此后先后任沙特驻开罗和巴黎大使。穆罕默德的同胞兄弟阿里·本·阿卜杜拉·宰伊纳尔·阿里瑞泽在20世纪70年代担任沙特驻美国大使。穆罕默德的孙子同样在沙特政府担任要职。在2008年阿卜杜拉国王改组大臣会议时，阿卜杜拉·本·艾哈迈德·宰伊纳尔·阿里瑞泽担任商业和工业部大臣。

商人集团多在商业、工业、电力以及其他管理部门任职。② 如2004年3月，时任王储的阿卜杜拉亲王任命阿卜杜拉·达巴格为沙特阿拉伯投资总局主管，该职位级别为大臣会议大臣级别。同时，时任王储阿卜

---

① Nicholas S. Hopkins, Class and Sate in Rural Communities, in William I. Zartman (ed.), *Beyond Coerion: The Durability of the Arab State*, London: Croom Helm, 1988, p. 255.

② Michael Herb, *All in the Family: Absolutism, Revolution, and Democracy in the Middle Eastern Monarchies*, Albany: State University of New York Press, 1999, p. 58.

杜拉亲王任命库塞比（al-Qusaybi）家族的加齐·本·阿卜杜·拉赫曼·库塞比担任劳工部大臣，哈立德·本·穆罕默德·库塞比任国民经济和计划部大臣。1999年，王储阿卜杜拉成立最高经济委员会，其下设的咨询委员会成员包括16位商人集团代表。

沙特的咨询机构协商会议同样吸纳了部分商人精英。阿里瑞泽家族的穆罕默德·本·艾哈迈德·宰伊纳尔·阿里瑞泽曾被任命为协商会议成员。沙特著名富豪阿卜杜·拉赫曼·查米丽同样担任协商会议成员。在第二届协商会议（1997—2001年），著名商人成员为7人，占比为7.8%；具有商人背景的技术官僚阶层为7人。[1] 同时，沙特半官方的经济机构工商业联合会聚集了沙特各行各业商业领袖。

大部分商人集团满足于所获得的政治地位，因此，"沙特的精英打算在沙特社会的经济和技术方面实现现代化，却不愿意在政治和社会方面有相应的变化"[2]。

五、对新兴阶层的政治吸纳

第一，大臣会议作为沙特最高决策机构向新兴精英阶层开放。自费萨尔国王时期开始，大臣会议开始聘用新兴精英阶层成员。1971年，费萨尔国王改组大臣会议，任命4名非王室成员为大臣会议大臣，其中，3人具有西方教育背景，分别被任命为中央计划大臣、沙特货币局局长和财政大臣。[3] 在费萨尔时期，新兴社会阶层进入大臣会议的典型

---

[1] R. Hrair Dekmejian, *Saudi Arabia's Consultive Council*, Middle East Journal, Vol. 52, No. 2 (Spring 1998), p. 209.

[2] Frank Tachau, *Political Elites and Political Development in the Middle East*, Cambridge: Schenkman Pubulishing Company Inc., 1975, p. 192.

[3] Mordechai Abir, *Saudi Arabia in the Oil Era: Regime and Elites, Conflicts and Collaboration*, London: Croom Helm Ltd, 1988, p. 121.

构建稳定——"石油王国"的改革、调整与稳定

代表是阿卜杜拉·塔里基（Abdallah Tariki）和艾哈迈德·扎基·亚马尼（Ahmed Zaki Yamani）。作为典型的技术性官员，塔里基原本是纳季德小城兹尔福（Zilfi）的平民。塔里基先后在科威特完成小学，在埃及完成中学，在得克萨斯大学取得工程学士学位。塔里基于1948年回到沙特，是当时唯一接受过大学石油地质学和化学教育的沙特人，成为沙特历史上第一位本国籍石油专家。塔里基回国后直接成为财政部所属石油事务监管局（Oil Supervision Office）的石油工程师；1956年，晋升为沙特政府石油和矿业资源部门总管；1960年，正式成为沙特石油和矿产资源部首任大臣。[1] 另一名技术官员是亚马尼。亚马尼于1930年生于麦加，于1962年被费萨尔国王聘为顾问，并在1962年至1986年出任沙特石油和矿产资源大臣。亚马尼在收回阿美石油公司股权和发动1973年石油禁运中发挥了重要作用。

1975年10月13日，哈立德国王组建的大臣会议吸收了大量技术专家人员，这使技术专家执掌了沙特的卫生、农业、商业、新闻、工业和电力以及邮电部门大权。[2] 此届大臣会议只有8人没有接受过西方正规高等教育，其他所有大臣均具有西方教育背景，其中9名具有博士学位。如果说哈立德时期的大臣会议初步具备技术专家的特征[3]，那么法赫德时期的大臣会议已经成为典型的"技术官僚内阁"[4]。1995年9月2日，法赫德国王改组大臣会议，新任命的28名大臣中，大部分曾在西方学习、进修过，其中获得博士学位的达22人。在法赫德国王时期，

---

[1] Summer Scott Huyette, *Political Adaptation in Saudi Arabia: a Study of the Council of Ministers*, Boulder: Westview Press, 1985, p. 68.

[2] 陈沫主编：《列国志：沙特阿拉伯》，北京：社会科学文献出版社，2011年，第68页。

[3] 陈沫主编：《列国志：沙特阿拉伯》，北京：社会科学文献出版社，2011年，第90页。

[4] 陈沫主编：《列国志：沙特阿拉伯》，北京：社会科学文献出版社，2011年，第71至72页。

第三章　强化政治吸纳与沙特的政治稳定

著名的技术官僚包括石油和矿产资源大臣亚马尼、计划大臣乃孜尔、工业和电力大臣古赛比，被称为掌管经济的"三巨头"。

21世纪初期，在沙特政府高级职位任职的专家达到250人，高级公职人员达到700人。① 值得注意的是，沙特吸纳女性知识分子进入大臣会议。2009年2月，阿卜杜拉国王改组大臣会议，首次任命女性诺拉·阿卜杜拉·法耶兹（Nora bint Abdullah Al Fayez）为教育部副大臣，这是沙特历史上首次任命女性为部级副大臣。2018年2月28日，萨勒曼国王任命塔玛杜尔·尤赛夫·拉玛（Tamadur bint Youssef al-Ramah）为沙特劳动和社会发展部副大臣。这在一定程度上使新兴阶层分享了部分沙特最高权力，满足了新兴阶层的政治参与要求。

第二，庞大的政府机构吸纳大量的新兴阶层。 在20世纪40年代至20世纪50年代，几乎所有社会精英——受过初等教育的沙特国民，均在沙特政府部门任职。同时沙特面临严重的技术人才短缺问题，于是沙特政府建立专门的基金会，资助许多国民赴其他阿拉伯国家和西方国家学习。

在费萨尔执政时期，尤其是"一五计划"期间，沙特社会经济快速发展，沙特政府进行了大规模的改革和扩张，急需大批拥有专业知识和技术的人才。在1984年之前，沙特政府为了应对和解决人力资源不足的问题，以法令形式明文禁止各类院校的毕业生到任何私营企业求职，要求毕业生必须到政府部门或公营企业工作。② 所有受过教育和培训的公民均须为政府工作至少5年，否则即违法。在此背景下，沙特政府部门或公营企业成为聚集沙特社会精英人才的高地。

---

① Anthony H. Cordesman, *Saudi Arabia Enters the Twenty-First Century: The Political, Foreign Policy, Economic, and Energy Dimensions*, London: Praeger, 2003, p. 144.

② 韩晓婷：《沙特阿拉伯私营经济劳工"沙特化"政策探析》，《西亚非洲》，2013年第6期，第132页。

构建稳定——"石油王国"的改革、调整与稳定

20世纪60年代以后,日益膨胀的官僚机构吸纳了数以千计的知识分子和专业技术人员进入政府机构。据沙特统计部统计,政府雇员数量从1960年的4万增长到1970年的9.7万[①],到1980年进一步增长至30万[②],1998年激增至67万[③]。沙特劳工大臣哈克巴尼(Al-Haqbani)在2014年12月透露,在沙特籍就业人口中,340万人在政府部门和国营企业就业,占沙特就业人口的65%。[④]

随之而来的是,在政府部门和国营企业工作的沙特国民占比高。1979年,26%的沙特劳动力在政府部门工作,超过三分之一的沙特劳动力在政府部门、技术部门、医疗部门和商业部门工作。[⑤] 公职人员在沙特部分城市占比极高。以20世纪80年代中期的沙特首都利雅得为例,87%的利雅得公民在政府部门任职。[⑥] 据沙特中央银行2011年的数据,近9成的沙特籍就业人口在政府相关部门任职。[⑦] 于是一个庞大的官僚集团迅速形成,成为沙特社会的重要组成部分。从这个角度讲,沙特政府扩张推动了沙特官僚技术阶层的形成和壮大。

第三,建立协商会议积极吸纳新兴阶层。在第一届协商会议,30

[①] Steffen Hertog, *Prince, Brokers, and Bureaucrats: Oil and the State in Saudi Arabia*, New York: Cornell University Press, 2010, p. 64.

[②] Peter W. Wilson & Douglas F. Graham, *Saudi Arabia: The Coming Storm*, New York: M. E. Sharpe, 1994, p. 24.

[③] Stig Stenslie, *Regime Stability in Saudi Arabia: The Challenge of Succession*, London & New York: Routledge, 2012, p. 62.

[④] 沙特籍就业人口中有340万人在政府部门就业,170万人在私营部门就业,占沙特就业人口的65%和34.5%。参见《沙特公布就业市场最新统计数据》,商务部驻沙特阿拉伯使馆经商处,2015年12月21日,http://www.mofcom.gov.cn/article/i/jshz/rlzykf/201512/20151201215443.shtml。

[⑤] Tim Niblock, *Saudi Arabia: Power, legitimacy and Survival*, London & New York: Routledge, 2006, p. 56.

[⑥] 黄民兴:《当代中东产油国的社会变迁》,《阿拉伯世界研究》,2007年第7期,第14页。

[⑦] 《沙特阿拉伯:改革阵痛中的骆驼》,深圳市政府发展研究中心,2017年9月1日,http://www.sz.gov.cn/szsfzyjzx/ylyd/201709/t20170901_8357772.htm。

第三章　强化政治吸纳与沙特的政治稳定

名协商会议委员拥有博士学位。在第二届协商会议（1997—2001年），学者成员达到33人，占比为36.7%。[1] 在第三届协商会议（2001—2005年），协商会议成员主要是医生、律师、军人、金融专家、学者和科学家。大部分协商会议成员具有大学学位，超过60%的协商会议成员拥有博士学位。[2] 在第四届协商会议（2005—2009年），学者有105人，占比高达70%；出身于世俗官僚的协商会议成员达到37人，占比为24.7%。[3]

第三节　政治吸纳对沙特政治稳定的影响

一、推动了有序的政治参与

有序并且有效的政治参与能够维护政治稳定和促进社会和谐发展。亨廷顿认为，公民政治参与与政治制度化程度之间的平衡有利于政治稳定的实现。作为后发型国家，沙特国民政治参与制度发展滞后，难以满足大规模的政治参与；作为君主制国家，沙特不允许进行大规模的政治参与分享沙特王室权力。因此，在大规模政治参与难以实现的情况下，政治吸纳可以有效弥补政治参与制度发展滞后的不足，推动有序的政治参与。

---

[1] R. Hrair Dekmejian, Saudi Arabia's Consultive Council, *Middle East Journal*, Vol. 52, No. 2 (Spring 1998), p. 209.

[2] Anthony H. Cordesman, *Saudi Arabia Enters the Twenty-First Century: The Political, Foreign Policy, Economic, and Energy Dimensions*, London: Praeger, 2003, p. 150.

[3] Atif Abdullah Sukkar, Political Reform and Its Impact on Political Stability: A Case Study of the Kingdom of Saudi Arabia during the Period From 1990 to 2010, Ph. D. Dissertation, Victoria University, 2010, pp. 177-178.

构建稳定——"石油王国"的改革、调整与稳定

沙特先后在20世纪50年代建立大臣会议,在20世纪90年代建立协商会议,在21世纪初建立市政委员会和工商业联合会,从而建立了多样化的政治吸纳制度。沙特王室针对不同社会政治集团的特点,建立了多样的政治吸纳方式,初步满足了社会精英的政治参与诉求。

对沙特王室成员而言,由于沙特政治具有显著的家族政治特征,沙特王室成员成为政治吸纳的首选对象,获得了较为充分的政治参与权。众多沙特王室成员在中央到地方各级政府担任要职,其中约200名沙特王室成员包揽了大臣会议中的"主权部门"大臣与全国13个省的总督和副总督。因此沙特王室成员优先分享了国家最高权力和政治决策权,政治吸纳优先满足了沙特王室成员的政治参与愿望和诉求。

对沙特宗教集团而言,沙特既建立了包括"乌勒玛委员会",最高司法委员会,宗教研究、教法宣传和指导委员会在内的官方宗教机构,也建立了司法部,教育部,高等教育部,朝觐部,伊斯兰事务、宗教基金、祈祷和指导部等政府机构。这些机构吸纳了沙特最为著名的乌勒玛。值得注意的是,这些机构的建立打破了谢赫家族对宗教权威和宗教事务的垄断,满足了更多宗教集团成员的政治参与诉求。上述机构吸纳乌勒玛集团进入国家政府机构,使乌勒玛获得了参与国家政治决策的机会,尤其是与伊斯兰教有关的教法、司法、教育等领域。

针对部落集团,沙特通过建立专门管理部落事务的政府部门,建立了部落领袖参与国家政治事务、维护部落自身利益的渠道。这有助于部落领袖与沙特王室和政府实现良性的政治互动。商人集团和新兴阶层参加大臣会议、协商会议和工商业联合会等部门,利用自身的专业知识,在专门技术领域和经济管理领域发挥了其政治影响力,从而实现了部分的政治参与诉求。

总之,通过多样化的政治吸纳制度,不同政治集团在不同政治领域发挥了各自的政治影响力,不同程度上分享了国家权力,部分满足了各个政治集团政治参与的诉求。大部分社会成员尽管对政治生活和社会现

第三章　强化政治吸纳与沙特的政治稳定

实表示不满,但主要通过合法途径或者温和方式表达诉求,而不是采取非法途径或者暴力方式。

二、强化了政治调控能力

政治体系的运行不会自发实现政治平衡和政治稳定,政治调控是实现政治稳定的必要方式,其中政治控制是政治调控的重要方式。沙特王室通过政治吸纳将社会政治集团成员纳入沙特王室或者政府的控制网络,从而强化政治调控能力,最终实现政治稳定。

就沙特王室自身而言,众多沙特王室成员,尤其是高级亲王掌控沙特政府各级部门。沙特王室成员成为沙特的特权阶层或者特权阶层的受益者。实际上,除了少数有实力争夺王位的王子外,绝大多数王室成员只能利用沙特王室垄断沙特政权的机遇,获取巨额王室津贴和经济利益。因此,沙特王室成员认识到,沙特王室垄断沙特政权,实现沙特政权稳定,既是沙特众多王子的最大利益,也是维护沙特王室成员利益的前提;沙特王室成员必然竭力维护沙特政治稳定。即使沙特王室内部为了王位继承展开激烈斗争,但是沙特王室成员必须以沙特政治稳定为前提。这在一定程度上约束了沙特王室内部斗争的范围和烈度。沙特王室内部围绕王位继承权的斗争将是"斗而不破"的格局。

沙特吸纳乌勒玛有助于强化对乌勒玛和穆斯林的控制。沙特王室对被纳入官方宗教机构的乌勒玛严格控制,对不服从的乌勒玛采取严厉制裁措施。1992 年,法赫德国王解除高级乌勒玛委员的 7 名高级乌勒玛,因为他们拒绝在谴责沙特王室请愿书的"法特瓦"上签字。[1] 2009 年,阿卜杜拉国王解除了高级乌勒玛委员的另一名成员谢赫·萨阿德·本·

---

[1] Peter W. Wilson & Douglas F. Graham, *Saudi Arabia: The Coming Storm*, New York: M. E. Sharpe, 1994, pp. 26 - 27.

构建稳定——"石油王国"的改革、调整与稳定

纳赛尔·希斯里的职务，因为后者反对阿卜杜拉国王科技大学男女一起上课学习。①

伊斯兰教是沙特的官方宗教，沙特国民均是穆斯林，乌勒玛在穆斯林中具有强大的号召力和影响力。当乌勒玛成为国家雇员后，"瓦哈比主义者不再是伊斯兰复兴主义者，瓦哈比派成为为沙特王室辩护的宗教组织"②。乌勒玛发布维护沙特王室和政府的"法特瓦"。这些"法特瓦"在思想上引导穆斯林的认知，在行为上规范穆斯林的行为。同时宗教集团的下层神职人员进入"劝善惩恶委员会"，成为宗教警察。宗教警察日夜巡逻，发现有违教义的行为当即进行干预，严重犯法者当即逮捕，从而严格地监督和管控沙特国民。基于不同层次的宗教机构及其神职人员，沙特政府自上而下地建立了一个庞大而完整的宗教控制网络。③

沙特王室吸纳政治部落领袖有助于监督和控制部落成员行为。进入地方政府或者市政委员会的部落领袖可以凭借其在本地的影响力和号召力，规范和控制部落成员的行为，以遏制部落成员的反政府行为。沙特新兴阶层，尤其是技术官僚阶层天然与沙特政府有密切的联系。新兴阶层在政府部门或者国有企业工作，自然被纳入国家广泛的调控体系。如果国家公务员向政府提出社会政治需求，他们可能因被政府开除而失去工作。因此大批政府部门雇员自然成为沙特政府控制社会网络的组成部分。一旦出现政治危机，沙特政府能够对政府雇员的行为进行政治控制，从而保持政治体系的稳定。

---

① Saudi Cleric Sacked over Co-ed University Spat, *AL-Arabiya News*, 4 October, 2009, http://www.alarabiya.net/articles/2009/10/04/86923.html.

② Madawi al-Rasheed, *Contesting the Saudi State: Islamic Voices from a New Generation*, New York: Cambridge University Press, 2007, p. 32.

③ 吴彦：《沙特阿拉伯宗教政治初探》，《西亚非洲》，2008 年第 6 期，第 30 页。

第三章　强化政治吸纳与沙特的政治稳定

三、孤立和削弱了威胁政治稳定的潜在势力

亨廷顿指出:"在理论上每一个没有被妥当纳入政治体系中去的社会阶级都具有潜在的革命性。"① 因此政治吸纳可以将沙特大多数社会成员纳入政治体系中,从而清除潜在反对派生存和发展的土壤。对部落集团,沙特政治体系吸纳部落领袖成为地方官员和社会基层的管理者,进而使其成为沙特政治体系成员;国民卫队吸纳众多忠于沙特王室的部落成员,成为拱卫沙特政权的重要武装力量。以知识分子和技术官僚为主体的新兴阶层大多供职于国家部门,不仅能够发挥其技术专长,而且可以获得丰厚的物质回报。因此长期以来,日益壮大的新兴阶层一直支持沙特王室的统治。② 在社会政治力量总体稳定的情况下,政治吸纳扩大了支持和忠于沙特王室和政权的社会政治势力,就自然削弱了政治反对派发展壮大的社会政治势力。

此外,沙特吸纳支持力量,孤立和削弱反对力量。自20世纪60年代开始,随着沙特官方宗教机构的建立、官方宗教号召力的下降,民间宗教运动崛起,部分激进民间宗教运动成为反对沙特家族统治的重要力量,威胁沙特政治稳定。沙特政治吸纳不仅吸纳谢赫家族成员,而且将吸纳的范围扩展至所有乌勒玛。被吸纳的乌勒玛不仅为沙特王室和政府的政治合法性和政策辩护,而且批判旨在推翻沙特王室和政府的民间伊斯兰运动。同时,被政府吸纳的民间伊斯兰主义运动开始批判反政府的民间伊斯兰主义运动。例如,20世纪80年代,支持政府的无为萨拉菲主义者不仅批判伊斯兰复兴运动导致了党派主义,分裂了穆斯林社会

---

① [美]塞缪尔·P. 亨廷顿:《变化社会中的政治秩序》,王冠华等译,上海:上海人民出版社,2008年,第229页。

② Summer Scott Huyette, *Political Adaptation in Saudi Arabia: a Study of the Council of Ministers*, Boulder: Westview Press, 1985, p. 34

"乌勒玛",而且宣传忠于政府是穆斯林必须履行的义务;21世纪初期,觉醒主义运动不仅宣传"温和、节制"的宗教信仰,而且对国内极端派别的暴力活动持否定立场,明确支持政府打击恐怖活动的相关举措,[1]同时呼吁民间伊斯兰政治运动各派别与政府开展对话和协商[2]。这样的措施达到了吸纳宗教集团,孤立民间宗教运动,尤其是激进主义者的目的。

对在沙特国家部门任职的新兴阶层而言,一方面,政治忠诚是进入政府部门的必要条件;另一方面,新兴阶层在经济上高度依赖政府。这两点降低了新兴阶层的独立性,能够阻止新兴阶层参与反政府政治活动。因而政府部门雇佣新兴阶层成为阻止政治反对派的重要手段。

通过上述三个方面,沙特政治吸纳巩固了支持力量,扩大了中立力量,削弱了反对力量,从而改变了支持力量和反对力量间的力量结构关系,即支持沙特稳定的政治力量强于威胁沙特稳定的政治力量。当前,沙特形成了"以国王为统帅、庞大王室为基础、众多权贵和部落首领为依托而形成庞大利益集团分享权力的统治共同体"[3]。

小　结

社会政治力量是决定政治稳定趋势的决定性因素。随着沙特社会经济变迁与发展,包括沙特王室成员、宗教学者集团、部落集团、商人集

---

[1] Madawi Al-Rasheed, *Contesting the Saudi State : Islamic Voices from a New Generation*, Cambridge: Cambridge University Press, 2007, pp. 88 - 89.

[2] Richard Dekmejian, The Liberal Impulse in Saudi Arabia, *The Middle East Journal*, Summer 2003, p. 413.

[3] 马晓霖:《"萨勒曼新政"与沙特内政外交走向》,《西亚非洲》,2018年第2期,第3至5页。

第三章　强化政治吸纳与沙特的政治稳定

团和新兴阶层在内的沙特政治精英不断分化和重组。

为了实现政治稳定，沙特没有放任其政治精英集团的分化，而是根据不同政治集团的地位和特点，采取多样化的政治吸纳措施。吸纳王室成员的举措包括：建立和维护"费萨尔秩序"；成立"沙特王室家族委员会"处理王室内部矛盾；安排沙特王室成员在沙特政府部门担任要职。吸纳宗教集团的举措包括：与谢赫家族政治联姻，礼遇宗教集团成员；听取宗教精英的意见；任命宗教精英在政府部门担任要职；建立庞大的宗教集团成员网络；吸纳民间宗教运动中的温和派。吸纳部落集团的举措包括：与部落集团领袖政治联姻；建立专门管理部落事务的部门，吸纳部落首领进入地方政府部门；将部落转变为基层政府组织；建立国民卫队吸纳部落成员。沙特主要通过工商业联合会、大臣会议和协商会议吸纳商人集团参政议政。吸纳新兴阶层的举措包括：大臣会议向新兴精英阶层开放；庞大的政府机构吸纳大量的新兴阶层；建立协商会议积极吸纳新兴阶层。

总体而言，沙特政治体系对各个政治集团的吸纳，主要采取制度化和非制度化的措施。就两种吸纳方式而言，制度化吸纳方式日益占据主导性地位，但是非制度化政治吸纳是制度化政治吸纳的有益补充。

政治吸纳推动了沙特精英有序的政治参与，初步满足了国民政治参与诉求；强化了国家对国民，尤其是政治精英的调控能力；孤立和削弱了威胁政治稳定的潜在势力。目前，沙特政治体系通过政治吸纳，巩固了支持力量，扩大了中立力量，削弱了反对力量，从而改变了支持力量和反对力量间的力量结构关系，形成了以沙特王室为核心的政治联盟格局，进而为沙特政治稳定奠定了坚实的社会政治基础。

第四章

引领主流政治文化与沙特的政治稳定

政治文化作为政治体系的"软件",通过引导和形塑社会成员思想观念、引导社会成员行为、为政治上层建筑辩护和赋予合法性、实现社会成员的社会整合等途径,实现政治稳定。社会思潮和政治文化是一对相互影响的文化形态,社会思潮对政治文化具有建构功能和解构功能。鉴于此,在沙特政治实践中,引领主流政治文化实际上就是引领和控制社会主流思潮。

伴随沙特社会快速变迁,新兴阶层不断涌现,社会主流思潮日趋多元化,进而危及沙特政治稳定。鉴于此,努力塑造和引领主流政治文化,成为构建沙特政治稳定的必要手段。本章主要分析,在社会主流思潮日趋多元化的背景下,沙特如何塑造和引领社会主流思潮,以实现其政治稳定。

第一节 沙特社会主流思潮的多元化

在阿卜杜勒·阿齐兹去世之前,沙特社会主流思潮的多元化问题不突出,主要原因有三个:第一,沙特仍然是传统社会,传统因素没有改

第四章 引领主流政治文化与沙特的政治稳定

变;第二,外部因素对沙特的影响较弱;第三,阿卜杜勒·阿齐兹凭借自己的丰功伟绩,"垄断"着沙特的意识形态。

沙特社会主流思潮日益多元化的根源在于沙特的现代化进程。现代沙特王国建立后,沙特被卷入了世界现代化的历史洪流。一方面,作为现代化的后发型国家,沙特努力推动现代化建设,推动国民经济由传统的农牧经济向资本主义经济转型。伴随现代化而来的是,沙特社会成员利益多元化,新兴社会阶层不断涌现,新的利益集团相继形成。这种局面致使沙特社会意识形态多元化,各种社会思潮如雨后春笋般涌现出来。另一方面,沙特为了实现现代化,积极引进其他国家(尤其是西方国家)的现代化成果,因此沙特与西方和中东其他国家的交往日益增多,这打破了沙特落后闭塞的局面。与之相伴的是,沙特主流政治文化开始遭到新兴思潮的冲击。

沙特主流政治文化面临双重挑战,即外来社会思潮的冲击和固有的社会主流思潮时代适应性不足。在外来社会思潮的冲击方面,自二战以来,大批外来社会思潮通过各种方式和途径先后涌入沙特,[①] 这些社会思潮不仅包括纳赛尔主义、西方民主共和思想,而且包括霍梅尼主义、伊斯兰复兴主义、伊斯兰极端主义。众多外来思想对沙特主流政治文化造成了不容忽视的冲击。在固有的主流社会思潮时代适应性不足方面,随着国家经济利益多元化、传统政治力量分化、新兴政治力量崛起,与沙特主流政治文化相背离的社会思潮开始出现,其中重要的社会政治思潮包括君主立宪制思想、民主思想、恐怖主义思想等。尽管侵蚀和瓦解沙特主流政治文化的社会思潮众多,不同社会思潮在不同时期对沙特的政治影响各不相同,但是其共同结果是,沙特传统的主流政治文化遭到削弱,非主流社会思潮不断挑战主流社会思潮,二者是沙特主流社会思

[①] 王铁铮、林松业:《中东国家通史:沙特阿拉伯卷》,北京:商务印书馆,2004年,第208页。

构建稳定——"石油王国"的改革、调整与稳定

潮多元化过程中的两个方面。纵观沙特现代化进程，对沙特主流政治文化威胁最大的社会思潮是自由主义和伊斯兰主义①。

一、自由主义思潮的发展

（一）二战后初期的自由主义思潮

自由主义思潮是沙特现代化的产物，滥觞于20世纪50、60年代。自由主义思潮在社会下层传播的表现是沙特阿美石油公司的工人运动。1938年，沙特在达兰发现了第一个商业性油田——达曼油田，沙特石油工业开始崛起。与之相随的是，沙特第一批工人阶级诞生。到20世纪50年代，沙特工人阶级开始维护自己的合法权利，具体体现在1953年和1956年的两次石油大罢工。1953年6月，沙特阿美石油公司工人成立"工人委员会"，并向沙特阿美石油公司和沙特政府递交请愿书，要求增加石油工人的薪水，取消种族歧视，改善工人的劳动环境和生活环境，同时要求沙特政府批准工人有成立工会的权利。② 但是沙特阿美石油公司和沙特政府拒绝了工人阶级的诉求。1953年10月，时任王储沙特亲王在东方省考察时，约2万名石油工人罢工并举行示威游行，要求改善工作和生活条件，提高工资待遇。

如果说1953年石油工人大罢工的诉求主要是经济诉求，那么1956年石油工人大罢工则正式提出自由主义的政治主张。1956年7月，沙特工人阶级举行第二次罢工和示威游行，要求"制定宪法和实行宪政，允许政党和民众团体的合法存在和活动，承认工人成立工会的合法权

---

① ［美］詹姆斯·温布兰特：《沙特阿拉伯史》，韩志斌、王泽壮、尹斌译，上海：东方出版中心，2009年，第260页。

② Mordechai Abir, *Saudi Arabia: Government, Society, and the Gulf Crisis*, London & New York: Routledge, 1993, p. 33.

第四章　引领主流政治文化与沙特的政治稳定

利,取消禁止罢工和示威运动的王室法令,收回宰赫兰空军基地,制止阿美石油公司干预国家内政,以及释放被捕工人等"。① 但是沙特政府断然拒绝了沙特工人阶级的政治要求,并镇压了工人运动。1953年和1956年两次石油工人大罢工标志着自由主义思想与沙特社会下层民众相结合的开始。

尽管沙特石油工人罢工和示威游行以失败而告终,但是石油工人的自由主义主张在民间和国外继续传播。1957年,"民族解放阵线"成立,其前身是"民族改革阵线"。成立于1953年的"民族改革阵线"明确提出反对帝国主义、实现民族独立、保护主权完整的主张,要求实施立宪政治、政党政治、选举政治,主张保障公民合法权利,如言论自由、结社自由,②"民族解放阵线"明确反对帝国主义和犹太复国主义,主张废除与西方国家缔结的军事条约,关闭外国军事基地,实行民主政治,保障民众的基本权利,发展公有制经济,实现石油开采的国有化,扩大与苏联及其他社会主义国家的交往。③ 1958年,沙特工人领袖纳斯尔·赛义德流亡叙利亚,成立了"阿拉伯半岛之子联盟",并发表《致国王沙特的公开信》,要求进行宪政改革和建立由选举产生的议会,呼吁沙特政府承认民众结社和罢工的权利,保障民众的新闻自由和言论自由,释放政治犯,反对歧视什叶派穆斯林,要求废除奴隶制,以及关闭宰赫兰的美国军事基地。④ 但是由于沙特工人阶级力量弱小,且处于边缘化地位,以工人阶级为主要支持力量的自由主义思潮在沙特的影响

---

① 吴彦:《沙特阿拉伯的自由主义思潮与运动》,《外国问题研究》,2016年第3期,第20页。

② Alexei Vassiliev, *The History of Saudi Arabia*, New York: New York University Press, 2000, p. 339.

③ Ayman Al-yassini, *Religion and State in the Saudi Arabia*, Boulder: Westview Press, 1985, p. 182.

④ Manoun Fandy, *Saudi Arabia and the Politics Dissent*, London: Macmillan Press, 1999, p. 44.

力不大。

自由主义思潮在沙特社会上层的传播的表现是"自由亲王"运动①。"自由亲王"运动以塔拉勒亲王为首,还包括纳瓦夫亲王、巴德尔亲王、法瓦兹亲王、阿卜杜勒·穆赫辛亲王和马吉德亲王。"自由亲王"崇尚纳赛尔主义,主张在维护王权和伊斯兰国体制的前提下,召开由选举产生的国民会议并制定宪法,推动沙特逐步成为一个君主立宪制国家。② 1961年,"自由亲王"提出了自己的宪法草案,主要内容包括:沙特是大阿拉伯民族范围内的一个领土不可分割的伊斯兰教主权国家,伊斯兰教是沙特的国教,"沙里亚"是国家立法的根源;国家实行君主立宪制,限制国王的权力,扩大大臣会议的权限;沙特王位的继承人应从先王阿卜杜勒·阿齐兹的家族成员中遴选;国家保护私人财产所有权,实行社会平等,赋予民众言论自由和结社自由。同时成立国民议会也是宪法草案的重要内容:国民议会由120名成员组成,其中40名议员是亲王和大臣会议大臣,通过任命产生,另外80名议员由选举产生;国民议会拥有广泛的权力,负责制定法律和监督大臣会议;国王有权解散国民议会,但必须在三个月内选举新的议会。③

但是沙特国王和费萨尔亲王均拒绝"自由亲王"的自由主义主张。随后塔拉勒亲王流亡海外(叙利亚和埃及),继续宣传自由主义思想。此时"自由亲王"的主张深受纳赛尔主义影响。1962年夏季,塔拉勒亲王出版了一系列著作,论述其政治改革主张和路线图。塔拉勒亲王强调,沙特的历史传统是阿拉伯性质和伊斯兰性质的;国王是绝对统治者,

---

① 参见哈冠群、吴彦:《沙特阿拉伯宪政历程的源头——自由亲王运动》,《安徽史学》,2015年第5期,第136至141页。

② Alexei Vassiliev, *The History of Saudi Arabia*, New York: New York University Press, 2000, p. 357.

③ Peter W. Wilson & Douglas F. Graham, *Saudi Arabia: The Comming Storm*, New York: M. E. Sharpe Inc., 1994, pp. 50 - 51.

第四章　引领主流政治文化与沙特的政治稳定

是沙特政治体制的重要组成部分；沙特政治体制还包括大臣会议和国民议会。大臣会议和国民议会从属于国王，国王有权任命大臣会议大臣，并且有权任命国民议会三分之一的成员。国民议会其他的三分之二的成员由地区议会选举产生。塔拉勒亲王还高举"社会主义"旗帜，要求中央政府控制工业、矿产和油田，管理国家经济，逐步减少王族的年金。①

1962年10月23日，为宣传自由主义思想，塔拉勒亲王组建"阿拉伯解放阵线"②；1962年12月，"阿拉伯解放阵线"和"民族解放阵线"合并，成立"阿拉伯民族解放阵线"③。二者均要求在议会君主制框架下实施民主政治，推行社会改革，保护国民的合法政治权利。但是"自由亲王"所建立的政治组织影响力相对有限。

（二）冷战后的自由主义思潮

沙特现代化进程催生了中产阶级和知识分子阶层，推动了传统商人资产阶级化，这为自由主义思潮的传播奠定了广泛的阶级基础。在20世纪90年代，伴随沙特国内和国际动荡不安的局势，自由主义思潮再次兴起。与二战后的自由主义思潮相比，此次自由主义思潮具有两个显著特点：第一，自由主义思潮拥有相对广泛的阶级基础，成为沙特社会不容忽视的社会思潮；第二，自由主义思潮与伊斯兰教思想逐渐合流，形成了伊斯兰自由主义思潮。

冷战后，沙特自由主义思潮的支持者主要由中产阶级、资产阶级化

---

① 吴彦：《沙特阿拉伯政治现代化进程研究》，杭州：浙江大学出版社，2011年，第152至153页。

② 关于"阿拉伯解放阵线"详见吴彦：《沙特阿拉伯政治现代化进程研究》，杭州：浙江大学出版社，2011年，第153页。

③ 关于"阿拉伯民族解放阵线"详见 Alexei Vassiliev, *The History of Saudi Arabia*, New York: New York University Press, 2000, p. 369；吴彦：《沙特阿拉伯政治现代化进程研究》，杭州：浙江大学出版社，2011年，第153至154页。

的商人和西化的知识分子等构成。由于自由主义者与沙特政府有千丝万缕的关系，自由主义者主张在维持沙特政治稳定的前提下推行政治改革。1990年12月，43名自由主义人士向法赫德国王提交了《请愿书》，不仅批判沙特王室的腐败和任人唯亲，批评乌勒玛在宗教裁决进程中的权力垄断，而且提出10项改革要求："宗教决策的进程要更加公开，所有沙特人都有权在这个进程中与乌勒玛的宗教裁断进行辩论；制定政府基本法；建立协商会议；恢复地区议会的选举；促进司法体制的现代化；公民不论种族、部落、教派或者社会出身一律平等；建立一个自由的媒体；改革宗教警察系统；赋予女性在社会中更高的地位；进行教育方面的改革。"[1] 但是请愿活动遭到沙特政府和官方宗教的批评和攻击。[2]

在沙特特殊社会背景下，自由主义者或多或少仍受到伊斯兰主义思想影响，世俗的自由主义者难以获得坚定的支持者。[3] 在以维持沙特政治稳定为前提推行政治改革的共同目标下，世俗的自由主义者与民间伊斯兰主义者逐渐合流，形成了伊斯兰-自由主义运动，后者继续向沙特政府施加改革压力，追求渐进式的政治改革。

二、民间伊斯兰主义思潮的兴起

（一）冷战结束前的民间伊斯兰主义思潮

伴随乌勒玛集团与沙特王室之间的权力天平向沙特王室倾斜，乌勒

---

[1] Mordechai Abir, *Saudi Arabia: Government, Society, and the Gulf Crisis*, London & New York: Routledge, 1993, pp. 186-190; Anders Jerichow, *The Saudi File: People, Power and Politics*, New York: St. Martins Press, 1998, pp. 50-52.

[2] Mordechai Abir, *Saudi Arabia: Government, Society and the Gulf crisis*, New York: Routledge, 1993, pp. 186-188.

[3] Baron Reinhold, Omnibalancing and the House of Saud, Master Dissertation, Naval Postgraduate School, 2001, p. 74.

第四章　引领主流政治文化与沙特的政治稳定

玛集团日益依附于国家。随之而来的结果是，官方乌勒玛的宗教权威大打折扣，丧失固有的社会动员能力。这为非官方伊斯兰主义思想发展提供了空间，民间伊斯兰主义思潮成为脱离官方宗教控制的社会思潮。

1. 新"圣训派"

20世纪60年代，非官方的伊斯兰主义思潮开始兴起。沙特最早的非官方伊斯兰主义思潮是新"圣训派"，其代表人物是穆罕默德·纳赛尔丁·阿尔巴尼，被称为瓦哈比主义的"修正者"①。在理解《古兰经》和"逊奈"方面，阿尔巴尼认为，首先，对圣训的理解不能建立在推理上，而应该建立在文本上；其次，拒绝效仿，提倡独立创制，但是不接受理性和独立判断在伊斯兰教法体系中的作用。② 在政治上，新"圣训派"继承了瓦哈比主义者的政治立场，阿尔巴尼认为，政治是伊斯兰的一部分，宣教活动的目的在于将社会伊斯兰化，然后伊斯兰国家就必然会建立，而不是本末颠倒，先以革命或其他方式建立一个伊斯兰政权，然后强制实施社会的伊斯兰化。他提出了"最好的政策是远离政治"的口号，认为信仰是超越政治的，个人的信仰超过国家的建立。在功修方式上，新"圣训派"与官方瓦哈比主义者存在差别。例如，穆斯林在进入清真寺礼拜时可以穿鞋。

20世纪60年代中期，新"圣训派"的影响力逐渐扩大至麦加、利雅得和布赖代等地区。部分新"圣训派"成员为了巩固影响力和提高运动效果，决定建立一个正式组织。在伊本·巴兹的协助下，他们建立了"萨拉菲劝善惩恶组织"，该组织在20世纪70年代得到迅速的发展。但是朱海曼·欧泰比作为"萨拉菲劝善惩恶组织"的创始人之一，领导了

---

① 孙晓霞：《沙特现代萨拉菲主义运动的演变》，载林丰民主编：《北大中东研究》，2015年第1期，北京：社会科学文献出版社，2015年，第176页。
② Stephane lacroix, *Awakening Islam: The Politics of Religious Dissent in Contemporary Saudi Arabia*, trans. by George Holoch, London: Harvard University Press, 2011, p. 82.

1979年麦加大清真寺劫持人质事件。因此沙特政府取缔了"萨拉菲劝善惩恶组织",新"圣训派"出现分化:一派为"激进派",其思想和行动向极端化发展;而大部分作为另一派则走上了效忠沙特王室的道路。

2."伊斯兰复兴运动"

"伊斯兰复兴运动"兴起于20世纪60年代,其意识形态是穆斯林兄弟会与瓦哈比传统相结合的产物。[①] 20世纪60年代,受到政府镇压的中东各国穆斯林兄弟会成员纷纷流亡至沙特避难,同时费萨尔国王希望利用穆斯林兄弟会成员与纳赛尔主义展开舆论宣传竞赛,大批穆斯林兄弟会成员进入沙特的宗教学校和媒体机构,[②] 于是穆斯林兄弟会与瓦哈比传统开始融合,"伊斯兰复兴运动"开始形成。

"伊斯兰复兴运动"继承了哈桑·班纳反对西方帝国主义和赛义德·库特卜反对"卡菲尔"政府的思想,同时又结合了沙特的瓦哈比教义,即认主独一,反对"标新立异",反对什叶派和苏菲派,追求回归伊斯兰"纯洁的先辈"的时期。"伊斯兰复兴运动"追求唤起人们对政治事务和国家公共事务的关心,强调真主主权,要求全面实施伊斯兰教法,并要求政府扩大乌勒玛的权力。这使"伊斯兰复兴运动"与官方瓦哈比主义间的潜在矛盾越来越激烈。

(二) 冷战结束后的民间伊斯兰主义思潮

冷战后,非官方伊斯兰主义思潮进一步发展。首先,非官方伊斯兰主义思潮的阶级基础进一步壮大。20世纪60、70年代,非官方伊斯兰主义思潮的主要支持者仅限于沙特穆斯林边缘群体和少数知识分子;自

[①] 孙晓霞:《沙特现代萨拉菲主义运动的演变》,载林丰民主编:《北大中东研究》,2015年第1期,北京:社会科学文献出版社,2015年,第178页。

[②] Stephane lacroix, *Awakening Islam：The Politics of Religious Dissent in Contemporary Saudi Arabia*, trans. by George Holoch, London：Harvard University Press, 2011, p. 41.

20世纪80、90年代开始，非官方伊斯兰主义思潮的主要支持者扩大至中产阶级、知识分子、商人集团、部分官方乌勒玛，其中中产阶级和知识分子成为中坚力量。① 其次，在沙特政治生活中，非官方伊斯兰主义思潮由边缘走向中心。20世纪60、70年代，非官方伊斯兰主义思潮多是秘密传播，不与政府公开对抗；冷战结束后，非官方伊斯兰主义思潮公开向政府提交请愿书，成立政治宣传组织，举行示威游行。激进行动和暴力活动明显增加。但是沙特非官方伊斯兰主义思潮的支持者身份复杂，缺少权威领导者，这致使非官方伊斯兰主义思潮内部形成多元化的格局。

1. 觉醒主义运动

在冷战结束后的非官方伊斯兰主义思潮中，觉醒主义运动最先开始行动。在思想内容上，觉醒主义运动直接继承了"伊斯兰复兴运动"，兼具传统瓦哈比派思想和穆斯林兄弟会思想。觉醒主义运动主张建立以乌勒玛和国家之间的公平合作为基础的真正的伊斯兰政府，要求执行仅来源于《古兰经》和"圣训"的伊斯兰教法。在政治实践方面，觉醒主义特别强调个人具有按照《古兰经》的命令扬善惩恶的义务，这种义务不能因为国家机构和官方乌勒玛的利益而被忽略。②

20世纪90年代初，觉醒派运动持反对美国和批评沙特政府的立场，质疑沙特王室统治权力的合法地位。觉醒派运动发起的政治请愿运动，旨在建立完全独立的具有决定国内外政策实权的协商会议，实现立法和司法的完全独立，充分保障公民权利。③ 在美国在沙特驻军的背景下，觉醒主义运动中反对美国的观点激发了沙特穆斯林的仇美情绪；觉

---

① Joseph Kostiner, State, Islam and Opposition in Saudi Arabia: The Post Desert-Storm Phase, *Terrorism and Political Violence*, Vol. 8, No. 2, pp. 75 - 89.

② 吴彦：《世纪之交沙特阿拉伯的民间宗教政治运动》，《国际论坛》，2011年第2期，第71页。

③ Joseph A. Kechichian, *Succession in Saudi Arabia*, New York: Palgrave, 2001, pp. 199 - 201.

醒主义运动的政治改革主张引发了沙特国民要求改革的诉求,进而形成迫使沙特王室和政府进行政治改革的舆论压力。

2. 伊斯兰自由主义运动

伊斯兰自由主义运动兴起于20世纪90年代。伊斯兰自由主义运动"兼有宗教与世俗的双重色彩,主张通过温和的方式推进伊斯兰框架下的民主化进程,强调政治改革与宗教改革的同步进行,呼吁共同维护国家的统一和社会的稳定"[①]。

1991年5月,以萨法尔·哈瓦里、萨勒曼·奥德、阿卜杜·阿齐兹·卡西姆为代表的伊斯兰自由主义者向国王联名请愿,提交《请愿书》。在《请愿书》中,伊斯兰自由主义者要求政府在伊斯兰框架下实施政治改革,并扩大乌勒玛的权力。1992年,伊斯兰自由主义者再次起草了一份《劝诫备忘录》,表达了对沙特现存政治体制的不满,"乌勒玛很少能参与到国家政治外交的重要决策之中,而这些重要决策是需要通过伊斯兰教法和具体伊斯兰原则的判决才能确定是正确和合法的。如果乌勒玛的教令背叛了某些部门、机构的既定政策,这些教令就不会被接受也不会被允许发布。这些都导致了将宗教与人们的现实生活分离,使宗教无法影响人们的生活,严重地损害了国家赖以生存的根基,即伊斯兰信仰和实施伊斯兰的判决"。因此伊斯兰自由主义者要求重新确立伊斯兰教的绝对地位,用伊斯兰教法全面支配沙特社会和政治生活,并由伊斯兰主义者接管国家最高权力。[②]《劝诫备忘录》的宗旨是建立完全独立的具有决定沙特王国内外政策实权的协商会议,实现立法和司法的完全独立,保证社会所有成员一律平等,捍卫媒体播报真实事件和建

[①] 吴彦:《世纪之交沙特阿拉伯的民间宗教政治运动》,《国际论坛》,2011年第2期,第72页;吴彦:《宗教政治运动多元化与伊斯兰社会的政治现代化——以沙特阿拉伯为个案》,《浙江学刊》,2012年第2期,第127页。

[②] 王铁铮、林松业:《中东国家通史:沙特阿拉伯卷》,北京:商务印书馆,2004年期间,第275页。

设性批判观点的自由。①

请愿活动对沙特国内现状的指责令沙特王室不满，招致了沙特王室的镇压。1992年至1994年，大批支持伊斯兰自由主义运动的乌勒玛被逮捕。伊斯兰自由主义运动力量遭到削弱，并开始分裂。穆罕默德·麦斯阿里、萨阿德·法基赫在被关押六个月以后流亡伦敦，选择继续以政治手段来反抗沙特政府。② 一些成员在被关押后，选择持激进和暴力的立场，成为行动萨拉菲主义或者定判萨拉菲主义。另一部分成员转向伊斯兰自由派，号召实施伊斯兰民主化改革，建立君主立宪制。

进入21世纪以来，伊斯兰自由主义运动继续发展，不断发表要求政治改革的政治宣言和请愿书。2002年4月，伊斯兰自由主义者发表政治宣言"我们怎样才能共存"③；2003年1月和12月，伊斯兰自由主义者先后两次向沙特王储阿卜杜拉递交请愿书"国家现状与未来前景"④和"对政府和人民发出一次全国性的号召；首先进行宪政改革"⑤。这些政治宣言和请愿书继承和发展了20世纪90年代的政治要求，因而对沙特政府施加了一定的改革压力，沙特政府不得不采取既镇压又拉拢、安抚的政策。

3. 圣战主义运动

圣战主义运动是民间伊斯兰主义思潮中的激进派，强调恪守伊斯兰原旨教义和早期瓦哈比派宗教理念，否认沙特家族统治权力的合法性，

---

① Joseph A. Kechichian, *Succession in Saudi Arabia*, New York: Palgrave, 2001, pp. 199 - 201.
② Madawi Al-Rasheed, *Contesting the Saudi State: Islamic Voices from a New Generation*, New York: Cambridge University Press, 2007, p. 245.
③ 吴彦:《宗教政治运动多元化与伊斯兰社会的政治现代化——以沙特阿拉伯为个案》,《浙江学刊》, 2012年第2期, 第127页。
④ Stéphane Lacroix, Between Islamists and Liberals: Saudi Arabia's New "Islamo-Liberal" Reformists, *Middle East Journal*, Vol. 58, Summer, 2004, p. 363.
⑤ Paul Aarts, *Saudi Arabia in the Balance*, London: C. Hurst & Co. Ltd, 2005, pp. 52 - 53.

抨击沙特家族实行独裁专制和背离伊斯兰教的信仰,呼吁将所有异教徒逐出阿拉伯半岛和发动对沙特家族及西方世界的全面圣战。[1] 圣战主义运动倡导用暴力反对所有与其观点不一致的人和组织。其中欧萨玛·本·拉登是圣战主义运动的典型代表。欧萨玛·本·拉登参与的"建议和改革委员会"在20世纪90年代开始公开活动,多次发布否认沙特政府合法性、号召推翻沙特王室的言论和资料,严重削弱了沙特王室统治的合法性。

圣战主义运动发动多起暴力事件和恐怖主义袭击。1995年和1996年,圣战主义者在利雅得和胡拜尔发动炸弹袭击事件。2002年至2003年,本·拉登的追随者尤福苏·欧里耶在沙特建立了阿拉伯半岛"基地"组织。2000年至2005年,阿拉伯半岛"基地"组织在沙特发动了众多针对政府和外国人士的暴力活动。此后,阿拉伯半岛"基地"组织虽然受到重创,但是仍不时向沙特发动攻击。这些暴力袭击和恐怖主义活动严重威胁了沙特的政治稳定。

总之,各种思潮和流派之间的争论致使主流政治文化的权威性下降,感召力不足,主导性地位面临威胁,进而威胁沙特政治稳定的思想基础。各种社会政治思潮竞相发展,给沙特普通民众对沙特政府和社会转型的认知、政治发展方向的选择带来了极大的困惑,为各种敌对势力动员普通民众反对沙特王室统治奠定了思想基础。

第二节 沙特对主流社会思潮的塑造

沙特不仅是伊斯兰教的发源地,而且是伊斯兰教两大圣地的所在

---

[1] Daryl Champion, *The Paradoxical Kingdom: Saudi Arabia and the Momentum of Reform*, London: Hurst & Co., 2003, p. 229.

第四章　引领主流政治文化与沙特的政治稳定

地。沙特国民绝大多数是穆斯林，伊斯兰教信仰主导着沙特国民的世界观，伊斯兰教教义自然成为沙特政治文化中的主导性思想，成为沙特国民基本的政治共识。鉴于此，沙特积极塑造以伊斯兰教为核心的社会思潮。

一、塑造沙特家族的宗教性

自建国开始，沙特国王着重塑造自身的宗教属性——"真主的仆人"。1926年，阿卜杜勒·阿齐兹在麦加召开"全世界穆斯林代表大会"，来自印度、埃及、苏丹、巴勒斯坦、叙利亚、也门、土耳其、阿富汗等国家和地区的穆斯林代表出席了大会，这次会议宣布阿卜杜勒·阿齐兹为圣地的保护者，即"圣地护主"。这使他与其他穆斯林部落首领的斗争更具合法性。1927年初，阿卜杜拉·阿齐兹在利雅得召开由"伊赫万"成员、利雅得重要人士和乌勒玛参加的会议，宣布自己是"沙里亚"的忠实仆人。[①] 费萨尔国王同阿卜杜勒·阿齐兹一样，公开要求取消违反瓦哈比教义的"陛下"称号，他在1964年的一次发言中说："我恳求你们——兄弟们，请视我为你们的兄弟和仆人。只有真主才称得上'陛下'，王位是真主的王位……我只是个凡人，每一个坐在王位上的人都是真主的仆人，你们赋予了我责任，我祈求真主指给我正确的道路，并允许我为你们服务到死。如果我做得正确，那是真主的仁慈，如果我做得不对，那是我个人的行为。"[②] 1986年，法赫德国王正

[①] 吴彦：《沙特阿拉伯政治现代化进程研究》，杭州：浙江大学出版社，2011年，第48页。

[②] Willard A. Beling, *King Faisal and the Modernisation of Saudi Arabia*, London: Croom Helm, 1980, p. 32.

式放弃国王和陛下的称呼，改称"两圣地的仆人"。①

同时沙特官方宗教积极赋予沙特政治"君权神授"的色彩。沙特官方宗教权威大力宣传沙特家族的宗教性，宣称沙特家族是伊斯兰教的捍卫者、"沙里亚"的执行者、圣城的监护者和国家财富的管理者。② 大臣会议所有成员必须以安拉的名义宣誓效忠伊斯兰信仰，宣誓效忠沙特国王和国家。在新任国王继任时，民众必须以安拉的名义宣誓效忠国王，获得效忠即意味着成为国王。

在沙特，民众将国王称为"真主的仆人""两圣寺忠仆"，其内涵在于国王是效力于独一真主的仆人，领导国家走向复兴与繁荣，同时捍卫正统伊斯兰教的权威。国王是沙特民众效仿的楷模，民众应时刻谨记保持自身信仰的纯洁以及对国王的忠诚，通过自身的善行来完成功修，发扬伊斯兰教的光荣传统。③

沙特国王始终十分注重维护自身的伊斯兰形象和特征，对于任何一项改革或者新事物的采纳，沙特国王都会事先从伊斯兰教义中寻找依据，或者从宗教学者那里获得支持，使其符合伊斯兰教义的基本精神，或者至少在理论上冠以伊斯兰的名义，以避免在广大穆斯林中产生脱离伊斯兰轨道的疑虑和抵触。沙特家族坚持以教治国，以《古兰经》为法，实施伊斯兰教法，称"国王根据伊斯兰教法执行总政策，以伊斯兰精神解决基本问题"④。沙特重要法律和政府文件则以安拉的名义实施，以伊玛目的名义发布。沙特《政府基本法》便以下文开篇："以安拉之

---

① Mordechai Abir, *Saudi Arabia in the Oil Era: Regime and Elites, Conflicts and Collaboration*, London: Croom Helm Ltd, 1988, p. 193.

② 吴彦：《沙特阿拉伯政治现代化进程研究》，杭州：浙江大学出版社，2011年，第327页。

③ 雷志义、史正涛：《走向沙特阿拉伯》，北京：世界知识出版社，2010年，第165页。

④ 吴云贵：《伊斯兰教对当代伊斯兰国家外交政策的影响》，《世界宗教文化》，2010年第3期，第37页。

第四章　引领主流政治文化与沙特的政治稳定

名，以最悲悯和仁慈之心诏书……为维护公共利益，促进国家全面发展，实现治国目标，在安拉的帮助下，国王法赫德·本·阿卜杜勒·阿齐兹·阿勒沙特发布以下诏令。"这使沙特穆斯林自然将安拉、伊玛目、沙特国王和法律视为一体，因而较少怀疑国王和法律的合理性，间接承认了沙特国王和政府是安拉和伊玛目的代表和化身。

沙特国王通过将自身塑造为"真主的仆人"，实现了沙特国王与伊斯兰宗教领袖的身份一体化。沙特国王成为其国民宗教认同和国家认同的纽带，忠君爱国既是沙特实现政治稳定的政治要求，也是信仰伊斯兰教的宗教要求。反对沙特国王和王室就等同于背离伊斯兰教，这在虔诚的沙特穆斯林中成为不容置疑的政治信条。

二、转变瓦哈比主义的使命

阿卜杜勒·阿齐兹国王是现代沙特的缔造者，其面临的首要任务是征服与统一，保持伊斯兰教的正统性，使国家步入正轨。瓦哈比主义的使命和任务是建立沙特家族统治，实现沙特统一。

在恢复沙特家族政权后，部落问题和游牧贝都因人成为沙特统一阿拉伯半岛最主要的障碍。阿卜杜勒·阿齐兹认识到，征服部落"单凭武力不行，必须从思想观念和生活方式上对游牧社会加以改造"[1]，"只有通过信奉伊斯兰教和崇拜真主安拉的唯一途径才能达到民族融合的目的"[2]。于是阿卜杜勒·阿齐兹选择了瓦哈比教义作为精神武器。根据瓦哈比主义的一神论标准，半岛上的阿拉伯部落大多数都在搞多神崇

---

[1] 王铁铮：《现代沙特阿拉伯的奠基者：伊本·沙特政治活动探讨》，《西亚非洲》，1989年第3期，第56页。
[2] 萨拉赫丁·穆赫塔尔：《沙特阿拉伯王国史》，第2卷，贝鲁特，1960年，第146页，转引自王铁铮：《现代沙特阿拉伯的奠基者：伊本·沙特政治活动探讨》，《西亚非洲》，1989年第3期，第56页。

拜,已完全脱离正统的伊斯兰教,换言之,"其他部落的伊斯兰教实际都是多神主义的再现,他们不是瓦哈比主义者的兄弟而是敌人"①,因而对他们进行圣战是必要的,是为了重建一个真正的伊斯兰国家。根据瓦哈比教义组织的"伊赫万运动"为现代沙特的建立发挥了不容忽视的作用。

在完成沙特统一大业后,阿卜杜勒·阿齐兹将瓦哈比教义融入政治统治之中,强调放弃部族主义和宗派主义,在伊斯兰教的统一和领导之下,忠于国家的统治者,将曾经部族的一致性转化成国家社会的一致性,以保卫部族的精神来捍卫自己的国家主权以及君主的至高统治。②

阿卜杜勒·阿齐兹的后继领导人面临的主要任务是,在建设、推进国家现代化的同时,有效保持政教合一的伊斯兰君主制统治。与之相随的是,瓦哈比主义的使命和任务出现根本性转变,从征服与统一转化为保持沙特政教合一的伊斯兰君主制,维护沙特王室的政治地位。因此官方乌勒玛话语的内涵从号召宗教复兴转变为为政治权威辩护。③ 其中伊本·巴兹的观点是官方宗教的典型代表。

伊本·巴兹强调服从统治者的重要性,他引用《古兰经》来证明这一观点:"信道的人们啊!你们应当服从真主,应当服从使者和你们中的主事人。"(4:59)他认为,服从主事人就是服从真主和服从使者的体现,主事人的概念包括统治者和有知识者,对主事人的服从与服从真主和使者是同等重要的。这种观点继承了传统逊尼派的立场,即只要统治者是穆斯林,不违背"沙里亚",不论他有多么专横暴虐,穆斯林都

---

① 马小红:《沙特王族君主制的伊斯兰性:沙特阿拉伯君主制的伊斯兰性刍论之一》,《阿拉伯世界》,1998年第4期,第29页。

② [美]詹姆斯·温布兰特:《沙特阿拉伯史》,韩志斌、王泽壮、尹斌译,上海:东方出版中心,2009年,第151页。

③ Madawi Al-Rasheed, *Contesting the Saudi State: Islamic Voices from a New Generation*, New York: Cambridge University Press, 2007, p. 32.

不能背叛他。

　　此外，瓦哈比派宗教权威既强调伊斯兰教的温和性，又宣传反叛政府的非法性，同时猛烈抨击民间宗教是伊斯兰极端主义。① 在中东变局爆发初期，沙特局部地区出现了示威游行活动，致使沙特出现政治不稳的迹象。于是沙特大穆夫提谢赫·阿卜杜勒·阿齐兹·本·阿人杜拉连续颁布多个"法特瓦"，明确反对举行反政府的街头抗议和示威活动，谴责街头抗议活动是"非伊斯兰行为"，要求民众"站在国家领导人和宗教学者一边"。此外，谢赫·阿卜杜勒·阿齐兹·本·阿人杜拉声称："一切听从领导人指挥、反对骚乱和离经叛道的行为是伊斯兰信仰的重要原则。"②

　　瓦哈比主义根据时代变化转变使命：由革命向保守转换，由征服扩张向维护沙特家族统治转变。因此瓦哈比主义在一定程度上适应了时代变迁要求，这体现了瓦哈比主义的时代性。

三、奉行"开明的瓦哈比理论"

　　随着现代化进程持续推进，伊斯兰教与现代化间的张力加剧，调和二者间的矛盾需要调节伊斯兰教自身内容。学者普遍认为，沙特王室的保守源于瓦哈比派的保守性。实际上，作为沙特官方宗教，起源于罕百里学派的瓦哈比主义与其他教法学派相比，具有更多的现实性和灵活性。③

　　建国前后，阿卜杜勒·阿齐兹使用武力镇压了"伊赫万"叛乱，剪

---

① 吴彦：《沙特阿拉伯政治现代化进程研究》，杭州：浙江大学出版社，2011年，第327页。
② 倪真：《瓦哈比主义与沙特王权》，《国际研究参考》，2017年第1期，第17页。
③ 马小红：《乌里玛与保持君主制的伊斯兰性：沙特阿拉伯君主制的伊斯兰性刍论之二》，《阿拉伯世界》，1999年第1期，第34页。

除了瓦哈比内部的保守激进势力，推行一套比较温和的宗教政策。[①] 这标志着瓦哈比内部的保守激进势力被边缘化，温和派和务实派成为主流派别。[②] 阿卜杜勒·阿齐兹为了接纳新事物，对瓦哈比派教义进行调整，提出"开明的瓦哈比理论"，即对任何新生事物，只要和伊斯兰精神不相抵触，即使《古兰经》没有明文规定，也可以接受。换言之，阿卜杜勒·阿齐兹既想利用西方的技术经验，又想保护纯粹的伊斯兰原则，以创造一种既不同于西方又不同于东方，可与伊斯兰"黄金时代"文化相媲美的新文明。这是阿卜杜勒·阿齐兹为使伊斯兰社会文化同现代社会文化相互融合而提出的一种调和理论，其目的在于为他实施各种新政策治理国家、达到"民族融合"与巩固中央集权制国家提供理论依据。"开明的瓦哈比理论"的提出，给瓦哈比派注入了活力，为接纳新事物和丰富理论奠定了基础。

在此基础上，此后的沙特政权一直奉行"开明的瓦哈比理论"。"开明的瓦哈比理论"学者认为，尽管安拉规定了社会交往的具体原则，但是安拉也为社会活动留下了巨大的活动空间，穆斯林可以根据时代需要管理社会活动。尽管"开明的瓦哈比理论"学者坚持，伊斯兰教法是法律的依据，《古兰经》和"逊奈"是穆斯林交往的首要原则，但是"开明的瓦哈比理论"学者鼓励使用"伊智提哈德"解释《古兰经》，鼓励将"伊智提哈德"应用到现实生活，支持任何有益于社会公益的发展。

"开明的瓦哈比理论"的工具是"伊智提哈德"（Ijtihad，意为"创制"，即诉诸理智进行解释）。源于罕百里学派的瓦哈比派自然继承了罕百里学派的诸多主张，"伊智提哈德"是罕百里学派适应现代世界的最

[①] 陈沫主编：《列国志：沙特阿拉伯》，北京：社会科学文献出版社，2011年，第73页。

[②] Stéphane Lacroix, *Awakening Islam: The Politics of Religious Dissent in Contemporary Saudi Arabia*, trans. by George Holoch, Cambridge, MA: Harvard University Press, 2011, p. 13.

第四章　引领主流政治文化与沙特的政治稳定

有效工具。① 与"伊智提哈德"对立的是"塔格利德"（Taqlid），塔格利德的意思是"不需要查询依据，无保留地接受一个法律学派"。② 然而，塔格利德并没有被所有的伊斯兰教法学家接受，改革者屡次要求恢复伊智提哈德。沙特乌勒玛也不例外。

根据"开明的瓦哈比理论"学者的观点，在现代化社会背景下，"伊智提哈德"始终没有关闭，"伊智提哈德"可以用于解释《古兰经》。应用《古兰经》的真实精神和含义是为了更好地为社会公益服务。当今沙特著名的伊斯兰教领袖姆尼菲（Al-Munifi）作为"开明的瓦哈比理论"的倡导者，认为伊本·泰米叶（Ibn Taymiyyah）主张将《古兰经》和"逊奈"作为合法统治的主要依据，然而伊本·泰米叶不仅提倡恢复"伊智提哈德"，而且主张废除数百年来根据"塔格利德"制定的信条。"'伊智提哈德'既是每个穆斯林的宗教责任，同时也是整个社会的集体义务。"③ 重新打开"伊智提哈德"之门扩大了伊斯兰教的经典——《古兰经》的适用范围，使伊斯兰教在更为广阔的范围内适应社会。

开明的费萨尔国王始终奉行"开明的瓦哈比理论"和"伊智提哈德"。在1962年施政纲领中，费萨尔强调，"我们的伊斯兰是灵活的、不断发展的，它能适应一切情况。根据时间、地点需要，在任何地点，任何时候都可以实施，从而有助于达到崇高的目标"。"由于《古兰经》和圣训的内容是有限的，而时光的流逝即人们在世俗事务中所面临的问题是不断发展的、无限的"，因此，费萨尔国王要求宗教法学家和伊斯

---

① Summer Scott Huyette, *Political Adaptation in Saudi Arabia: a Study of the Council of Ministers*, Boulder: Westview Press, 1985, p. 38；马小红：《乌里玛与保持君主制的伊斯兰性：沙特阿拉伯君主制的伊斯兰性刍论之二》，《阿拉伯世界》，1999年第1期，第34页。

② Summer Scott Huyette, *Political Adaptation in Saudi Arabia: a Study of the Council of Ministers*, Boulder: Westview Press, 1985, p. 39。

③ 马小红：《乌里玛与保持君主制的伊斯兰性：沙特阿拉伯君主制的伊斯兰性刍论之二》，《阿拉伯世界》，1999年第1期，第34页。

构建稳定——"石油王国"的改革、调整与稳定

兰学者"在研究民族所面临的各种问题上发挥有效的积极作用","克服横在正确前进道路上的各种障碍"。① 此种思想为沙特未来妥善处理教俗关系奠定了基础。

沙特奉行"开明的瓦哈比理论"和"伊智提哈德"处理沙特宗教与世俗事务。尽管沙特乌勒玛在宗教问题上是极其保守的,但是乌勒玛对世俗问题,如工业发展等比其追随者更加具有灵活性。② 根据沙特大臣会议专家委员会主席马特勒布·纳费桑(Motleb Nafissh)的观点,罕百里学派只在宗教问题上极其严格,在其他问题上是非常灵活的和具有延展空间的;罕百里学派的出发点是,除非《古兰经》和"逊奈"明确拒绝的,任何事情都是许可的。③ "开明的瓦哈比理论"学者认为,国家可以自由地在《古兰经》和"逊奈"没有涉及的领域进行立法。④ 因此沙特可以自由地在任何领域进行立法,费萨尔国王执政后提出:"沙特虽然有伊斯兰法,但也不意味着沙特社会不需要新的法规。"⑤ 法赫德国王则认为沙特应有一部《基本法》,但并非用它取代《古兰经》而成为宪法,而是用以补充《古兰经》。⑥ 于是,沙特政权在实践中,在《古兰经》允许的范围内颁布了大量的法律,如《文官委员会章程》《大臣会议条例》等来补充《古兰经》,从而使瓦哈比派在实践中更具有可

---

① 郑达庸、李中:《中国驻中东大使话中东:沙特》,北京:世界知识出版社,2014年,第32至33页。

② Summer Scott Huyette, *Political Adaptation in Saudi Arabia: a Study of the Council of Ministers*, Boulder: Westview Press, 1985, p. 38.

③ Summer Scott Huyette, *Political Adaptation in Saudi Arabia: a Study of the Council of Ministers*, Boulder: Westview Press, 1985, p. 38.

④ Summer Scott Huyette, *Political Adaptation in Saudi Arabia: a Study of the Council of Ministers*, Boulder: Westview Press, 1985, p. 86.

⑤ 刘竞、安维华主编:《现代海湾国家政治体制研究》,北京:中国社会科学出版社,1994年,第125页。

⑥ 季莎莎:《瓦哈比派与现代沙特国家的发展》,西北师范大学硕士学位论文,2008年,第61页。

第四章　引领主流政治文化与沙特的政治稳定

行性，更易被人们理解、接受和运用。

在"开明的瓦哈比理论"指导下，沙特在坚持伊斯兰教的前提下，积极推动伊斯兰教与现代社会的调适。阿卜杜勒·阿齐兹国王时期，沙特引进了汽车、电话和电报系统；费萨尔国王时期，沙特创办了现代教育体系，尤其是女子教育体系。

近年来，沙特瓦哈比派与现代社会的协调呈加速趋势。在沙特政府官员的言论方面，2017年10月24日，沙特王储小萨勒曼在未来投资倡议大会上明确表示，要使沙特回归"温和的伊斯兰"，摧毁极端主义意识形态。[1] 在具体举措方面，沙特主动解除伊斯兰传统禁忌，推动一系列社会政治改革，以改变瓦哈比派的保守性。2013年，沙特女性首次进入沙特协商会议。2015年，沙特女性首次获得与男子同等的选举权和被选举权。2017年7月，沙特教育部首次允许公立学校女生开展体育活动；2017年9月，沙特颁布皇室法令宣布，从2018年6月起，沙特女性首次获得了驾车权。2017年10月，沙特体育总局同意从2018年起允许女性进入该国三座体育场观看比赛。2017年12月，沙特宣布取消对影院实行的长达三十多年的禁令，预计到2030年将有300家影院开放。2018年3月20日，沙特王储小萨勒曼表示，计划不再强制沙特女性穿着传统的黑色全身罩袍阿巴亚（Abaya）。

这些举措有助于推动伊斯兰教意识形态创新，从而增强伊斯兰教瓦哈比派的包容性和适应性，获得沙特开明人士，尤其是年轻人的欢迎和支持。

---

[1] Eliott C. McLaughlin, Saudi crown prince promises a more moderate Islam, CNN, October 25, 2017, https：//www. baidu. com/link? url=zairu8pAaatTWXPUsx qimNOVG_P3o0lf7YbdjR8v_sIoguMB2_wLbEronfyqKO2KgIoMVm96ON_m8o1oAYb olsCiBTQvlFH2mjtHs3eEBGYCF9uRAWIA1ma6hBRU9wiToBysz2Ltegno0nRqEwa6Rq& wd=&eqid=a07ac07100012c07000000055ab4c136.

构建稳定——"石油王国"的改革、调整与稳定

四、建立官方宗教机构

建立官方宗教机构是沙特塑造社会主流思潮的重要举措。在宗教权威领域，沙特建立官方宗教机构始于费萨尔国王时代。1962年，"十点计划"提出，要建立一个由22名乌勒玛和法理学家组成的委员会，其职责是对时事性问题发表宗教-法律意见。1971年，费萨尔国王颁布国王敕令，宣布建立"乌勒玛长老委员会"，由19名沙特最杰出的宗教学者组成，由谢赫·阿布杜勒·阿齐兹·本·阿布杜勒·阿拉·本·巴兹担任领导；同时，费萨尔国王又从"乌勒玛长老委员会"的成员中选择了4名成员组成"宗教声明常务委员会"，具体负责颁布包括"法特瓦"在内的沙特伊斯兰事务教令。"乌勒玛长老委员会"行使国家最高宗教权力，是瓦哈比派的最高宗教机构，是沙特伊斯兰教法的最高权威。"乌勒玛长老委员会"的主要职责包括研究"沙里亚"，制定国家宗教政策，发布宗教法令，决定国家具体宗教事务。[①] 这两个机构的建立将颁布"法特瓦"的权力制度化和机构化，促使传统上由大穆夫提相对独立掌握的"法特瓦"颁布权力逐渐被纳入沙特政府的控制之下，大穆夫提失去了曾经享有的独立的、自主的地位和个人权威。

2010年8月，阿卜杜拉国王下令，只有隶属于"乌勒玛长老委员会"的宗教学者在获得官方批准后才可以颁布教令"法特瓦"，并要求大穆夫提确定资格人选，这是国家试图控制官方宗教组织的重要步骤。作为"乌勒玛长老委员会"的附属机构，"学术研究和法特瓦常务委员会"成立新的"法特瓦委员会"旨在监督"法特瓦"的颁布，阻止没有得到官方授权的乌勒玛颁布"法特瓦"，谢赫·萨勒赫·本·穆罕默

[①] 吴彦：《沙特阿拉伯政治现代化进程研究》，杭州：浙江大学出版社，2011年，第172页。

第四章　引领主流政治文化与沙特的政治稳定

德·卢海丹领导该机构。①

在宣教领域,沙特政府成立了专门负责指导宣教的官方宗教机构。1971年,沙特颁布第1/137号王室法令,决定成立"宗教研究、教法宣传和指导委员会"。该委员会的成员是15名由国王任命的高级乌勒玛,其职责主要是:第一,根据"沙里亚"颁布"法特瓦",对国王提出的问题和委托的事务表达观点,就国家的宗教政策提出建议;第二,颁布"法特瓦",强化穆斯林的宗教信仰,规范穆斯林的礼拜和交往行为;第三,发行各种宗教书籍和资料,负责规划设计有关伊斯兰教和瓦哈比教义的研究课题,组织和举办培训教职人员的研讨会和培训班;第四,向国外派遣乌勒玛,宣传瓦哈比教义。

1993年,沙特成立伊斯兰事务、宗教基金、祈祷和指导部,主要负责修缮清真寺,收缴和分配清真寺的土地和财产,注册和登记各类宗教学者,发放清真寺职员的薪水,管理包括星期五布道在内的传教事务,监督伊斯兰大学。②

1994年10月,法赫德国王宣布建立"最高伊斯兰事务委员会"。"最高伊斯兰事务委员会"成员包括国防部大臣、内政部大臣、高等教育部大臣、财政部大臣、司法部大臣、外交部大臣和伊斯兰世界联盟秘书长,其中由国防大臣苏尔坦亲王担任主席。沙特家族由此控制了沙特的最高宗教政治权力,削弱了官方乌勒玛的权力和地位。③"最高伊斯兰事务委员会"主要职责是向世界各地宣教,监督清真寺的道德和行

---

① Christopher Boucek, Saudi Fatawa Resriction and the State-Clerical Relationship, *Carngie Endownment*, 23 October, 2010, http://carnegieendowment.org/sada/41824.

② Joseph A. Kechichian, *Succession in Saudi Arabia*, New York: Palgrave, 2001, p.137.

③ 吴彦:《沙特阿拉伯政治现代化进程研究》,杭州:浙江大学出版社,2011年,第268页。

为，向清真寺提供宣教材料，管理国内清真寺活动。①

作为"最高伊斯兰事务委员会"的附属机构，"伊斯兰传教和指导委员会"由14名成员组成，具体负责管理王国的星期五布道和审查礼拜的领导人。"伊斯兰传教和指导委员会"每周向王国各地传真星期五布道的模型，实质上是通过这种手段来限定王国各地清真寺布道的主要内容，控制和统一民众的宗教政治思想。"9·11"事件后，沙特改组了"最高伊斯兰事务委员会"和"伊斯兰传教和指导委员会"，旨在强化对清真寺和乌勒玛集团的管控。

沙特通过建立官方宗教，掌握了主流意识形态的话语权，维护了主流意识形态的地位，有益于主流意识形态深入穆斯林内心。

五、整合非官方伊斯兰主义思潮

由于沙特非官方伊斯兰主义思潮与瓦哈比主义同属于伊斯兰教，在教义方面具有诸多相似性，这为非官方伊斯兰主义与瓦哈比主义的互动提供了空间和可能性。沙特在不威胁瓦哈比主义的前提下，努力整合非官方伊斯兰主义思潮。

20世纪60年代至20世纪70年代，伴随新"圣训派"运动的崛起，沙特政府开始拉拢新"圣训派"运动中的温和派成员。沙特政府默许新"圣训派"运动在麦地那伊斯兰大学活动，允许新"圣训派"运动向麦加、利雅得和布赖代等地区传播。沙特政府还支持新"圣训派"运动领袖穆罕默德·纳赛尔丁·阿尔巴尼对穆斯林兄弟会的谴责，因为阿

---

① Joseph A. Kechichian, *Succession in Saudi Arabia*, New York: Palgrave, 2001, p. 137; Stig Stenslie, *Regime Stability in Saudi Arabia: The Challenge of Succession*, London & New York: Routledge, 2012, p. 46.

第四章　引领主流政治文化与沙特的政治稳定

尔巴尼及其追随者谴责穆斯林兄弟会"喜欢权力多于'逊奈'"[1]。同时，沙特著名宗教领袖伊本·巴兹协助新"圣训派"成立了"萨拉菲劝善惩恶委员会"，随后该组织在沙特国内积极活动。新"圣训派"运动在1979年麦加大清真寺劫持人质事件后遭到沙特政府镇压，大部分新"圣训派"运动成员多数转向支持沙特政府和官方宗教。

"伊斯兰复兴运动"源于20世纪60年代的穆斯林兄弟会思想与沙特伊斯兰教瓦哈比派传统的结合。不久之后沙特"伊斯兰复兴运动"出现分裂，其中部分成员演变为觉醒主义运动和伊斯兰自由主义者。其中沙特政府对觉醒主义运动的整合获得较大成功。到20世纪末，觉醒主义运动成员多数放弃原有的反政府立场和观点，开始宣扬"温和、节制"的信仰理念，并且选择与沙特政府合作，保持良好的互动关系。1999年，沙特政府不仅释放觉醒主义运动领袖谢赫萨法尔·哈瓦里和萨勒曼·阿乌达，而且安排部分觉醒主义运动成员在官方机构中担任正式职务。沙特政府与觉醒主义运动的合作十分类似于沙特政府与官方乌勒玛的合作。由此觉醒主义运动获得了合法地位。觉醒主义运动领袖多次发布维护沙特王室和政府，谴责沙特圣战派运动的宣言。如觉醒主义运动明确反对萨阿德·阿尔·法奎赫（Saad al-Faqih）领导的"阿拉伯半岛伊斯兰改革运动"在沙特的活动。[2] 2003年5月，觉醒主义运动领袖不仅谴责利雅得爆炸事件，否认自身与该恐怖主义袭击事件有任何关联，而且宣布支持政府的反恐政策，呼吁伊斯兰主义反对派与政府合作。[3] 同时觉醒主义运动通过报纸、电视、互联网等渠道宣传支持沙特王室、政府

---

[1] Stéphane Lacroix, Between Revolution and Apoliticism, in Reol Meijer (ed.), Global Salafism, London: Hurst & Company, 2009, p. 71.

[2] Madawi Al-Rasheed, Contesting the Saudi State: Islamic Voices from a New Generation, New York: Cambridge University Press, 2007, pp. 86 – 87.

[3] Richard Dekmejian, The Liberal Impulse in Saudi Arabia, The Middle East Journal, Vol. 53, No. 3, p. 413.

和官方宗教的政治观点和舆论。2007 年,萨勒曼·阿乌达成为沙特最具影响力的宗教学者之一,这打破了官方乌勒玛的宗教解释垄断权。

2003 年 6 月 4 日,时任王储阿卜杜拉亲王成立了阿卜杜勒·阿齐兹国王国家对话中心,召开由沙特穆斯林参加的"国民对话会议"。参加"国民对话会议"的代表包括瓦哈比派代表、什叶派代表、苏菲派代表、伊斯玛仪派代表、马利克派代表等等,其中觉醒主义运动成员占代表总数的三分之一。截至目前,沙特已经召开了 10 次"国民对话会议"。在"国民对话会议"的推动下,沙特伊斯兰自由主义者虽然仍然坚持原有的政治主张,但是明确反对各种极端主义和暴力活动,并多次表达了对沙特政权的忠诚。尤其是在 2003 年至 2005 年发生一系列恐怖袭击事件后,沙特温和的民间伊斯兰主义者纷纷发表反对极端主义、支持王室政权合法地位的言论。①

2010 年 2 月,阿卜杜拉国王改组"乌勒玛长老委员会",将"乌勒玛长老委员会"成员增加至 21 名,首次将逊尼派四大教法学派的代表纳入"乌勒玛长老委员会",打破了罕百里学派的垄断地位。② 这将更多的非官方伊斯兰学派纳入了官方宗教的控制范围内。

沙特政府整合非官方伊斯兰主义思潮,不仅丰富了伊斯兰教瓦哈比派的内容,扩大了伊斯兰教瓦哈比派的影响力,巩固了沙特官方意识形态的主导地位,而且有助于遏制非官方伊斯兰主义的发展,抑制伊斯兰极端主义泛滥。最终,沙特政府能够集中力量对付圣战主义运动。

---

① 韩小婷:《沙特王国社会转型中的精英集团研究》,西北大学博士学位论文,第 91 页。

② Christopher Boucek, Saudi Fatawa Resriction and the State-Clerical Relationship, *Carngie Endownment*, 23 October, 2010, http://carnegieendowment.org/sada/41824.

第四章　引领主流政治文化与沙特的政治稳定

第三节　沙特对社会主流思潮的强化

沙特引领主流政治文化不仅重视对社会主流思潮的塑造，而且重视对社会主流思潮的推广和强化。自第二个五年计划（1976—1979年）开始，沙特将维持伊斯兰教的宗教信仰和道德观念作为重要目标①。沙特利用教育系统、社会媒体和宗教机构推广社会主流思潮，将国家倡导的伊斯兰价值观灌输给沙特国民。

一、严格控制宣教活动

沙特国民几乎全是穆斯林，清真寺是穆斯林学习伊斯兰教教义最重要的场所。清真寺作为宣教场所，不仅能够系统传授伊斯兰教教义，而且能针对社会现实问题作出解答。同时，沙特禁止成立包括政党在内的各种政治组织，议会政治和政党政治更是无从谈起，民间政治运动大多以宗教运动的形式出现，清真寺是沙特民众发泄对现实生活不满和表达个人思想观点的主要场所。控制清真寺的宣教活动有助于遏制民间非法思潮传播。于是，沙特采取多种措施控制清真寺的宣教活动，以达到引领主流政治文化的目的。

"伊斯兰传教和指导委员会"负责选拔清真寺布道人员。"伊斯兰传教和指导委员会"根据清真寺教职人员的个人品质、掌握瓦哈比教义的水平、在穆斯林中的影响力、对沙特家族的忠诚程度，选择清真寺布道

---

①　伍庆玲：《现代沙特社会经济结构的演变》，《西亚非洲》，1995年第3期，第53页；Tim Niblock, *Saudi Arabia: Power, legitimacy and Survival*, London & New York: Routledge, 2006, p. 50.

人员。不满足"伊斯兰传教和指导委员会"遴选条件的清真寺布道人员不能进行宣教布道，否则将面临逮捕和监禁。同时，伊斯兰事务、宗教基金、祈祷和指导部向清真寺教职人员支付薪水，清真寺的教职人员成为国家的公务员。清真寺教职人员对沙特政府的经济依赖性，决定了中下层宗教集团不得不依附于沙特政权，受命于官方乌勒玛，忠实地执行沙特官方宗教的教义和"法特瓦"。沙特通过这些措施较为严格地控制了清真寺布道的人员和内容。

清真寺的宣教活动主要通过主麻日的宣教活动展开。伊斯兰教规定，每个星期五晌礼时间，凡成年、健康的男性穆斯林均须在当地较大的清真寺举行集体礼拜。"伊斯兰传教和指导委员会"具体负责管理王国的星期五布道内容。"伊斯兰传教和指导委员会"每周向王国各清真寺传真一个星期五布道的模型，规定布道主要内容。星期五布道的模型内容庞杂，主要涉及宣传伊斯兰教义、指导功修的仪式、宣传政府的政策、就社会现实问题答疑解惑。这实质上控制了王国各地清真寺布道的主要内容，有助于统一穆斯林的宗教政治思想。同时宗教机构和内政部的相关机构密切监督主麻日演讲和宗教学者的活动。[1]

在布道过程中，布道内容主要包括两部分：首先，颂主赞圣，宣讲伊斯兰教义，告诫穆斯林忠职守法，履行善事；其次，针对社会上的某些实际问题发表演说，为穆斯林答疑解惑。除此之外，沙特政府授权清真寺布道人员，不仅反复宣传伊斯兰教的温和性、沙特家族的宗教性和反叛政府的非法性，宣称沙特家族是伊斯兰教的捍卫者、"沙里亚"的执行者、圣城的监护者，而且向民众灌输"（真正的穆斯林）应当通过劳作而享受舒适的生活，应当娶妻生子，努力工作，去国外旅行。应当

---

[1] F. Gregory Gause Ⅲ, *Oil Monarchies*, New York: Council on Foreign Relations Press, 1994, p. 15.

第四章　引领主流政治文化与沙特的政治稳定

履行拜公和斋公，诵读《古兰经》，遵循教法的规定"①。

当沙特大穆夫提或者"乌勒玛长老委员会"颁布"法特瓦"时，沙特清真寺教职人员有义务向当地穆斯林宣传和解释"法特瓦"内容。2011年，"乌勒玛长老委员会"颁布"法特瓦"，谴责民众抗议和示威游行，将示威者称为"离经叛道的知识分子和结党行为"。② 随后，沙特各地清真寺教职人员在周五聚礼中反复向民众传达大穆夫提所颁布的"法特瓦"的精神。

"宗教研究、教法宣传和指导委员会"成立后出版了许多罕百里学派著名教法学家和瓦哈比派创立者谢赫穆罕默德·本·阿卜杜勒·瓦哈卜的著作，以及与伊斯兰教和瓦哈比教义相关的出版物。沙特政府将这些宗教书籍和该委员会的相关宗教研究成果出版发行并分发到各地。"伊斯兰传教和指导委员会"还具有检查教育项目以"保护年轻人不受激进思想侵害"的职权。此外，政府极力遏制清真寺的煽动性布道，解雇在课堂散布极端主义的教师，招募宗教领袖帮助抗衡网上的好战言论。这也是沙特进行宣教的有益补充。

二、全面加强宗教教育

伊斯兰教在国民价值观的塑造方面发挥着广泛的影响，其中宗教教育是突出代表。沙特的教育理念强调传统宗教性和现代世俗性并重，培养兼具伊斯兰信仰和科学知识的专业人才，因此宗教教育在国民教育中

---

① Ayman Al-yassini, *Religion and State in the Saudi Arabia*, Boulder: Weatview Press, 1985, p. 128.
② Issam Saliba, Saudi Arabia: The Regime Invokes Sharia Law to Prevent Public Protest, *The Library of Congress*, 11 March, 2011, http://www.loc.gov/law/foreign-news/article/saudi-arabia-the-regime-invokes-sharia-law-to-prevent-public-protest/.

占据主导性地位,教育从未与该国的伊斯兰教根基分离。①

宗教教育在国民教育中具有不容忽视的地位。自1953年成立教育部以后,尽管法赫德亲王领导的世俗教育在王国内蓬勃兴起,但是瓦哈比派乌勒玛努力加强对王国宗教院校和研究机构的控制,强化对世俗学校宗教课程的指导与监督。1979年底的麦加事件和哈萨骚乱爆发后,为了巩固沙特家族统治的合法性基础,沙特政府从各个方面加强了伊斯兰教在社会生活中的影响。② 1982年法赫德国王继位后,法赫德国王强化各级教育的伊斯兰色彩,以遏制西方文化和意识形态对沙特的渗入,从而达到增加王国伊斯兰教色彩、限制民间伊斯兰思潮传播的目的。

沙特宗教教育最突出的特点是,宗教高等教育在沙特具有不可忽视的地位。1961年,沙特创建了麦地那伊斯兰大学。③ 此后,沙特宗教高等教育的办学规模快速扩大。20世纪90年代初,沙特宗教高等教育学生人数约占沙特高等教育总人数的四分之一。④ 宗教教育毕业生高达数千人,其中大部分毕业生从事宣传瓦哈比教义的职业。

目前,沙特建立了完整的宗教教育体系,其可以分为两部分。一部分是沙特建立的专门宗教学校。初级和中级宗教学校的课程包括阿拉伯语语言文学、英语、文化、地理、历史和宗教研究。在高等教育阶段,全国设有麦地那伊斯兰大学、麦加伊斯兰经学院和利雅得伊斯兰法学院等5所宗教大学,主要课程包括伊斯兰法律、古兰经研究、阿拉伯语和社会科学,专门培养伊斯兰学者、教职人员和各类法官。

---

① 徐以骅:《宗教与当代国际关系》,上海:上海人民出版社,2012年,第2页。

② 陈沫主编:《列国志:沙特阿拉伯》,北京:社会科学文献出版社,2011年,第69页。

③ Mordechai Abir, *Saudi Arabia in the Oil Era: Regime and Elites, Conflicts and Collaboration*, London: Croom Helm Ltd, 1988, p. 88.

④ Paul Aarts & Gerd Nonneman, *Saudi Arabia in the Balance: Political Economy, Society, Foreign Affairs*, London: Hurst & Company, 2005, p. 29.

第四章　引领主流政治文化与沙特的政治稳定

　　另一部分是宗教教育贯穿世俗学校教育的各个阶段。尽管多数学生在世俗学校学习和完成学业，但是也必须学习宗教课程，如诵经学、法理学、教义学和伊斯兰文化。在入学前，大多数儿童在清真寺附设的学校接受传统宗教文化教育。在初级和中级教育阶段，全国中小学均开设有宗教课。20世纪50年代，在初级学校，学校每周授课28节，其中宗教课程就占22节，宗教课程的课时占了约80%。① 在20世纪80年代，30%至40%的课程仍然是宗教课程。② 在高等教育阶段，宗教课程仍然是沙特教育的重要内容。以沙特国王大学为例，学校规定，伊斯兰教教法以及《古兰经》等宗教经典是所有文理专业大学生入学后必修的课程。③

　　沙特在教育领域全面推行宗教教育，已经将瓦哈比教派宗教思想教育融入国民教育的各个阶段，将瓦哈比主义的宗教信仰、政治原则，尤其是服从意识、忠君爱国思想灌输到沙特青少年的头脑中，从而构建了共同价值体系。④ 因此"对独一的真主的虔信以及对国家和君主的忠诚"⑤ 已然成为多数沙特民众最基本的价值观。

---

　　① Mordechai Abir, Modern Education and the Evolution of Saudi Arabia, in Edward Ingram (ed.), *National and International Politics in the Middle East: Essays in Honour of Elie Kedourie*, London: Frank Cass, 1986, p. 231; Alexei Vassiliev, *The History of Saudi Arabia*, New York: New York University Press, 2000, p. 310.

　　② Stig Stenslie, *Regime Stability in Saudi Arabia: The Challenge of Succession*, London & New York: Routledge, 2012, p. 49.

　　③ 黄民兴：《高等教育在沙特阿拉伯社会经济发展中的作用》，《西亚非洲》1992年第4期，第48页。

　　④ Tim Niblock, *Saudi Arabia: Power, legitimacy and Survival*, London & New York: Routledge, 2006, p. 33.

　　⑤ 刘辰、刘欣路：《瓦哈比主义对沙特阿拉伯国民价值观的影响》，《通化师范学院学报》，2012年第11期，第56页。

三、利用宗教警察整肃社会风尚

瓦哈比派主张整肃社会风尚，净化人们的心灵。乌勒玛集团的诉求是严格遵守瓦哈比教义和"保护沙特的生活方式"。[1] 沙特宗教警察则是瓦哈比派整肃社会风尚的重要工具。

1926年夏，阿卜杜勒·阿齐兹在麦加和麦地那的非正式机构"市场家督处"的基础上，在希贾兹建立了"扬善惩恶委员会"。1929年夏，阿卜杜勒·阿齐兹在利雅得建立了"扬善惩恶委员会"理事会。阿卜杜勒·阿齐兹将"扬善惩恶委员会"作为一种监督和控制沙特社会的机构，但是许多"扬善惩恶委员会"成员将自己视为瓦哈比教义的监护人，而无视于国王对该组织的控制权力，时而反对国王的政策。1930年，阿卜杜勒·阿齐兹颁布王室法令，将"扬善惩恶委员会"并入警察机关的总理事会，并且解除了"扬善惩恶委员会"理事会的逮捕权，规定国王是"扬善惩恶委员会"和警察机关的仲裁人。1962年，时任费萨尔亲王对"扬善惩恶委员会"进行改革，禁止宗教警察独立行使拘捕和惩罚违规者的职权，要求他们的处罚措施必须与国内警察合作执行。[2] 1976年，"扬善惩恶委员会"的总管谢赫阿卜杜勒·阿齐兹·伊本·阿卜杜勒·阿拉·伊本·哈桑·谢赫担任大臣会议的大臣。"扬善惩恶委员会"由此成为国家政府的组成部门，丧失了以前相对独立的地位。"扬善惩恶委员会"逐步发展成为一个管理制度比较健全的半司法宗教组织，属于国家行政机构的范畴。

"扬善惩恶委员会"在沙特建立了地方分会、省级委员会、大穆夫

---

① Mordechai Abir, *Saudi Arabia in the Oil Era: Regime and Elites, Conflicts and Collaboration*, London: Routledge, 1988, p. 213.

② Metin Heper & Raphael Israeli (eds.), *Islam and Politics in the Modern Middle East*, Hoboken: Taylor & Francis, 2014, p. 36.

第四章　引领主流政治文化与沙特的政治稳定

提和首席卡迪（卡迪意为教法执行官）、国王层层从属的管理制度①，凡是委员会的重大问题，都必须得到国王的指示。"扬善惩恶委员会"在沙特全国各地共有分会2000多个，每个分会的成员少则几人，多则几十人，其成员主要是公共雇员和志愿者。20世纪80年代，扬善惩恶委员会拥有警察2万余人，成为瓦哈比派乌勒玛控制社会的重要工具。此外还有数量众多的兼职宗教警察。

1930年王室法令规定了"扬善惩恶委员会"在沙特行政管理机构中的地位及其职能的性质。②"扬善惩恶委员会"最初建立的目的是强制执行瓦哈比教义和宗教戒律，控制沙特民众的社会行为，其主要职责是制定社会道德、日常生活和行为的标准，负责监督宗教法律的实施，强制穆斯林遵守伊斯兰教的各项要求并服从瓦哈比的训诫，管理道德事务，监督穆斯林宗教义务，稽查违反"沙里亚"的行为。③在日常生活中，宗教警察每天在繁华的街头以及商店、餐馆、清真寺等公共场所巡逻，一旦发现有违背教义教规的行为，当即干预，严重犯法者当即逮捕。据扬善惩恶委员会的报告，宗教警察部队在2007年"采取了816万项旨在服务社会、保护知识、思想和道德安全的行动"④。

"扬善惩恶委员会"作为沙特官方宗教的重要机构，通过强制国民恪守伊斯兰教义和瓦哈比派戒规来控制国民的行为，遏制外来文化和思想意识在王国的传播。⑤

---

①　王铁铮、林松业：《中东国家通史：沙特阿拉伯卷》，北京：商务印书馆，2004年，第118至199页。

②　Ayman Al-yassini, *Religion and State in the Saudi Arabia*, Boulder: Weatview Press, 1985, pp. 69-70.

③　Joseph Kostiner, *The Making of Saudi Arabia* (1916—1936): *From Chieftaincy to Monarchical State*, New York: Oxford University Press, 1993, p. 110.

④　高秋福：《争议中的沙特宗教警察》，网易新闻网，2010年10月9日，http://news.163.com/10/1009/09/6IHSPF2400014JB5.html。

⑤　吴彦：《沙特阿拉伯政治现代化进程研究》，杭州：浙江大学出版社，2011年，第90页。

构建稳定——"石油王国"的改革、调整与稳定

四、严格管控社会媒体

媒体是传播各种意识形态的重要媒介。伴随互联网和传播媒介的更新换代，大众媒体作为控制意识形态的重要途径，在国家生活中的作用日益凸显，因而被称为"第四种权力"。鉴于沙特媒体的重要性，沙特政府通过控制传播媒体，推广主流意识形态。

沙特国王于1954年成立"广播、新闻和出版最高委员会"，加强对媒体的控制。[①] 1961年3月，沙特国王颁布了《国家安全法》禁止传播非伊斯兰教的意识形态和散布不满言论，禁止信仰伊斯兰教以外的其他任何宗教。[②] 1962年，沙特政府设立了信息部。1964年，信息部出台了一套规范新闻界的章程，章程规定了新闻界必须遵守的基本准则，其中禁止传播诋毁伊斯兰教和沙特王室是新闻界必须遵守的规则。随着沙特政府对所有电视新闻和信息的控制，费萨尔国王使电视新闻成为政府的宣传工具。[③]

第四节 引领主流政治文化对沙特政治稳定的影响

沙特引领主流政治文化和社会主流思潮的举措对其政治稳定产生了积极影响。**首先，沙特引领社会主流思潮增强了国民的伊斯兰观念，使**

[①] Mordechai Abir, *Saudi Arabia: Government, Society and the Gulf Crisis*, New York: Routledge, 1993, p. 36.

[②] Mordechai Abir, *Saudi Arabia in the Oil Era: Regime and Elites, Conflicts and Collaboration*, London: Croom Helm Ltd, 1988, p. 86.

[③] William A. Rugh, Saudi Mass Media and Society in the Faisal Era, in Willard A. Beling (ed.), *King Faisal and the Modernisation of Saudi Arabia*, London: Croom Helm, 1980, pp. 132-133.

第四章　引领主流政治文化与沙特的政治稳定

国民自觉遵循伊斯兰行为准则，从而控制了国民的思想观念和行为方式，有助于沙特政治稳定。

沙特国王将自己塑造为"真主的仆人"，实现了沙特家族统治与伊斯兰统治的同构。沙特通过推行宗教教育和清真寺布道，向沙特穆斯林宣传瓦哈比教义，灌输忠君爱国思想，要求穆斯林遵守伊斯兰教法。同时，沙特宗教警察时刻监视沙特穆斯林违反伊斯兰教义的行为，强制沙特穆斯林严格遵守伊斯兰原则。这有助于伊斯兰教义和忠君爱国思想深入沙特穆斯林内心。

沙特主动调整瓦哈比主义的属性：由革命向保守转变，由主张征服扩张向服从统治者转变。这使瓦哈比主义转变为一种强调服从的宗教信仰和政治观念。同时，沙特宗教权威从宗教角度强调反叛政府的非法性，强调伊斯兰教的温和性，这有助于沙特国民形成服从沙特王室统治、排斥反政府的政治认识。在此种观念的指导下，沙特国民的政治行动往往采取温和的行为方式。在20世纪70年代至20世纪80年代，受过西方教育的沙特国民总体呈现温和的观点和行为方式。受过西方教育的沙特国民不愿意动摇传统的、强大的、固有的体制和规则；受过西方教育的沙特国民只希望去国外享受西方舒适的生活，但是在国内维护道德社会的安全和稳定。① 在20世纪90年代，多数沙特国民通过采取温和的政治行动方式，如发表演说、撰写政治评论、创办网络论坛、递交请愿书、示威游行等，向国家提出改革诉求。

中东变局爆发后，时任沙特最高宗教权威、大穆夫提阿卜杜勒·阿齐兹多次发布"法特瓦"，反对中东变局中反政府的街头示威，谴责街头示威是"非伊斯兰行为"，号召民众"站在国家领导人和宗教学者一边"。此后，虽然部分反政府人士在社交网站发表反政府的倡议，但是

---

① Shirley Kay, Social Change in Modern *Saudi Arabia*, in Tim Niblock (ed.), *State, Society and Economy in Saudi Arabia*, London: Routledge, 1982/2015, p. 181.

支持反政府活动的人数不足万人，绝大多数的沙特公民拒绝参与到任何反对君主和政府的政治活动之中。这也从侧面反映出，虽然沙特被称作非民主的国家，但是忠君爱国高于一切的思想、服从统治者的意识和温和的行动方式，根植在沙特民众心中，这使得沙特政府并未在阿拉伯世界的大动荡中遭遇真正的挑战。

其次，沙特引领社会主流思潮为沙特家族的统治和沙特政权的运行提供坚实的合法性基础，为沙特的政治制度和政策提供有力的辩护，有助于沙特政治稳定。

乌勒玛为沙特国王继承提供合法性。沙特国王和王储的继任均需要沙特乌勒玛颁布"法特瓦"予以认可，同时沙特乌勒玛需要向新任国王宣誓效忠。在沙特国王与时任王储费萨尔亲王的权力斗争中，沙特乌勒玛的支持是时任王储费萨尔亲王取得胜利的重要原因；在二者权力博弈的最后阶段，乌勒玛集团颁布"法特瓦"宣布废除沙特国王，拥立费萨尔亲王为国王。在赋予沙特家族统治宗教属性后，沙特建立官方宗教机构，尤其是"乌勒玛长老委员会"和大穆夫提，为沙特家族统治和沙特政权提供合法性基础。沙特的重要法律和政府文件以安拉的名义实施，以伊玛目的名义发布。这使沙特穆斯林自然将安拉、伊玛目、沙特国王和法律视为一体，间接承认了沙特国王和政府是安拉和伊玛目的代表和化身，因而较少怀疑国王和法律的合法性问题。

乌勒玛为沙特政府的政策和行动提供合法性。一方面，乌勒玛为沙特政府的政策和行动提供合法性。例如，2017年11月4日，王储小萨勒曼领导的沙特"最高反腐委员会"发起了旋风式的反腐运动，"乌勒玛长老委员会"发表声明，对萨勒曼国王的反腐行动表示支持，称这将有利于国家和民族的利益。另一方面，每当沙特面临政治合法性危机，以大穆夫提为首的"乌勒玛长老委员会"就会通过颁布"法特瓦"为沙特家族和政权辩护。例如，面对"自由亲王"立宪改革要求，官方宗教权威发布"法特瓦"，宣布"自由亲王"立宪改革草案要求与伊斯兰教

第四章　引领主流政治文化与沙特的政治稳定

法不相符，否认了"自由亲王"宪法草案的政治合法性。[①] 1979 年底的麦加事件爆发后，沙特官方乌勒玛发布"法特瓦"，谴责占领麦加大清真寺的武装分子，授权沙特政府以武力方式解决。20 世纪 90 年代初，海湾战争爆发后，沙特允许美军在沙特建立军事基地，这是外国军队首次在沙特驻军，从而引发了空前的政治危机和激烈讨论。持不同意见的年轻宗教学者指责用"异教徒"来保护伊斯兰家园是极其荒谬的事情。[②] "乌勒玛长老委员会"则再次发布"法特瓦"，声明美军在沙特驻军是合法的，是为了更好地保护伊斯兰教圣地和沙特。这使沙特平稳渡过政治危机。

最后，沙特在坚持瓦哈比主义的基础上进行社会主流思潮创新，增强社会主流思潮的时代性、包容性、灵活性和适应性，从而强化了沙特社会主流思潮对沙特国民的凝聚和整合功能，有助于沙特政治稳定。源于 18 世纪的瓦哈比主义是沙特的立国基础，"瓦哈比主义意识形态深入人心，为现代沙特王权的巩固夯实了群众基础和社会基础"[③]。但是，伴随时代进步和发展，瓦哈比主义的部分教义难以适应现代化进程需要，这致使瓦哈比主义的影响力和号召力下降，非官方伊斯兰主义和自由主义思潮不断涌现。沙特通过增强瓦哈比主义的时代性、包容性、灵活性和适应性，维持了瓦哈比主义的凝聚和整合功能。

一方面，沙特奉行"开明的瓦哈比理论"，提倡"伊智提哈德"，增强了瓦哈比主义的适应性。20 世纪 30 年代，瓦哈比主义成为沙特引进西方先进技术的障碍。沙特开明乌勒玛在阿卜杜勒·阿齐兹国王的要求下允许引进西方的汽车、电话和电报系统。这为沙特利用西方现代技术

[①] 吴彦：《沙特阿拉伯政治现代化进程研究》，杭州：浙江大学出版社，2011 年，第 162 页。

[②] ［美］詹姆斯·温布兰特：《沙特阿拉伯史》，韩志斌、王泽壮、尹斌译，上海：东方出版中心，2009 年版，第 284 页。

[③] 倪真：《瓦哈比主义与沙特王权》，《国际研究参考》，2017 年第 1 期，第 14 页。

构建稳定——"石油王国"的改革、调整与稳定

开展现代化建设开辟了先河，从而开创了坚持伊斯兰与现代化平衡的中东现代化模式，即"沙特在精神生活方面恪守教规和祖训，对任何外来思想和价值观筑起高高的防护堤，而在经济建设和物质方面则紧跟世界潮流，使两者并行不悖"①。伴随现代化建设取得辉煌成就，沙特国民对国家发展有较高的满意度，并将国家获得的成绩归功于国王的英明统治和安拉的保护，这有助于提高瓦哈比主义的影响力和号召力，巩固"忠君爱国"在国民中的地位。

在沙特，女性权利，如受教育权、政治参与权、工作权、开车的权利、体育权利等，受到瓦哈比派教义的制约。但是沙特顺应国民诉求，突破瓦哈比教义限制，赋予妇女众多权利。20世纪50年代，沙特女性开始获得受教育权；近年来，沙特女性获得了更多的权利，如参与地方市政委员会的选举权和被选举权，独立驾车的权利等。获得解放的沙特女性感激沙特政府的开明政策，降低了自由女性对保守瓦哈比主义的反感程度。

另一方面，沙特努力协调非官方伊斯兰主义与瓦哈比主义的互动，增强沙特社会主流思潮的包容性。20世纪60年代至20世纪70年代，沙特扶持新"圣训派"运动，默许埃及穆斯林兄弟会在沙特活动，这增加了伊斯兰主义对自由主义的相对优势，巩固了瓦哈比主义的主导性地位。进入21世纪以来，一方面，沙特承认觉醒主义运动的合法性地位，允许觉醒主义运动领袖进入官方宗教机构；另一方面，沙特召开"国民对话会议"，邀请伊斯兰教各派别参加公开的讨论，拉拢伊斯兰自由主义者。这些措施将部分民间伊斯兰主义纳入官方宗教中，缓和了沙特官方宗教与民间伊斯兰主义的紧张关系。由于沙特非官方伊斯兰主义与瓦哈比主义在教义方面具有诸多相似性，沙特协调非官方伊斯兰主义与瓦

---

① 吴思科：《序：严守传统和开放发展神奇结合的王国》，载钱学文：《当代沙特阿拉伯国王社会与文化》，上海：上海外语教育出版社，2003年，序。

第四章　引领主流政治文化与沙特的政治稳定

哈比主义的关系，有助于将追随非官方伊斯兰主义的社会成员引导向对瓦哈比主义的支持。这有助于沙特利用温和伊斯兰主义运动遏制激进伊斯兰主义运动，进而使旨在推翻沙特家族统治的政治反对势力缺乏政治动员的工具和话语权。

沙特穆斯林严格信奉伊斯兰教义，遵守伊斯兰行为准则，使自由主义在沙特难以获得较大发展。20世纪50年代至20世纪60年代，自由主义思潮一度威胁沙特政治稳定，但是，在沙特特殊的社会背景下，自由主义者或多或少仍受到伊斯兰主义思想影响，世俗的自由主义难以获得坚定的支持者①，最终"偃旗息鼓"。进入90年代，虽然自由主义思潮得到进一步传播，但是自由主义思潮并没有成为一种独立的社会思潮。在伊斯兰传统深厚的沙特，自由主义思潮与伊斯兰主义思潮合流，形成伊斯兰自由主义思潮。主流的伊斯兰自由主义者虽然要求沙特进行政治改革，但是"主张通过温和的方式推进伊斯兰框架下的民主化进程，呼吁共同维护国家的统一和社会的稳定"②。因此，在沙特特殊的社会背景下，自由主义思潮难以成为真正威胁沙特政治稳定的思潮，伊斯兰自由主义思潮因其主张的温和性而难以明确提出推翻沙特王室的政治主张，成为推动沙特进行政治改革的思潮。

总之，沙特引领主流社会思潮的举措，巩固了沙特主流社会思潮的主导性地位，增强了沙特王室统治地位的合法性，强化了沙特国民对国家的政治认同，从而为沙特实现政治稳定奠定了思想基础。

---

① Baron Reinhold, Omnibalancing and the House of Saud, Master Dissertation, Naval Postgraduate School, 2001, p. 74.
② 吴彦：《世纪之交沙特阿拉伯的民间宗教政治运动》，《国际论坛》，2011年第2期，第72页；吴彦：《宗教政治运动多元化与伊斯兰社会的政治现代化——以沙特阿拉伯为个案》，《浙江学刊》，2012年第2期，第127页。

构建稳定——"石油王国"的改革、调整与稳定

小　结

　　政治文化是政治稳定的思想和价值基础。随着沙特现代化进程持续推进，沙特社会主流思潮日益多元化，与沙特社会主流思潮相背离的思想开始出现，其中自由主义思潮和伊斯兰主义思潮的影响力尤为巨大。各种思潮和流派之间的争论致使沙特主流政治文化和的权威性下降，感召力不足，主导性地位面临威胁，进而危及沙特政治稳定的思想基础。

　　沙特面对社会思潮日益多元化的困境，积极构建有助于政治稳定的社会主流思潮。一方面，沙特主动塑造社会主流思潮，具体举措包括：塑造沙特家族的宗教性；根据时代需要转变瓦哈比主义的使命；奉行"开明的瓦哈比理论"；建立官方宗教机构；整合非官方伊斯兰主义。另一方面，沙特积极推广社会主流思潮，具体措施包括：严格控制宣教活动；全面加强宗教教育；利用宗教警察整肃社会风尚；严格管控社会媒体。

　　沙特引领主流政治文化和社会主流思潮的举措对政治稳定的影响主要体现在：社会主流思潮增强了国民的伊斯兰观念，引导国民自觉遵循伊斯兰行为准则，从而控制了国民的思想观念和行为方式。沙特引领社会主流思潮为沙特家族的统治和沙特政权的运行提供了坚实的合法性基础，为沙特的政治制度和政策提供了有力的辩护。沙特在坚持瓦哈比主义的基础上进行社会主流思潮创新，增强了社会主流思潮的时代性、包容性、灵活性和适应性，从而强化了沙特社会主流思潮对沙特国民的凝聚和整合功能。

第五章

提升社会经济绩效与沙特的政治稳定

提升社会经济绩效对构建政治稳定具有基础性作用。经济发展对政治稳定具有双向效应：经济发展既可能成为政治稳定的"馅饼"，也可能成为政治稳定的"陷阱"。[1] 鉴于此，构建政治稳定的根本路径是发展经济，并在此基础上妥善解决经济发展带来的社会问题。本章主要分析，面对众多经济社会问题的沙特如何持续推动经济发展，如何解决经济发展带来的社会问题，进而实现其政治稳定。

第一节 沙特经济社会问题日益凸显

一、沙特面临的经济发展问题

(一) 20 世纪 70 年代以前，沙特无力干预国家经济建设

从历史上看，沙特（希贾兹地区除外）长期生产力发展水平低下，经济极其落后。在沙特发现石油之前，沙特经济以农牧经济为主，朝觐

---

[1] 黄毅峰：《经济增长之于政治稳定的双向效应："馅饼"与"陷阱"》，《郑州大学学报》（哲学社会科学版），2011 年第 1 期，第 31 至 38 页。

构建稳定——"石油王国"的改革、调整与稳定

经济次之，兼具零星的小手工业和服务业。同时沙特经济长期停滞。20世纪20年代末的世界经济"大萧条"和第二次世界大战，重创了沙特经济，沙特面临严重的经济困难和财政危机。当时沙特有限的财政收入不是用于发展农业、工业和基础设施等项目，而是用于维护国家安全、向贝都因人提供补助和维持沙特王室会议运转。①

二战结束后，虽然沙特工业开始较快发展，沙特石油收入持续增加，国王和政府掌握的资源大幅增加，②但是石油工业发展没有推动沙特经济发展，相反沙特经济发展陷入危机。

首先，石油工业致使沙特传统产业衰落。沙特石油经济发展尽管带动了部分经济部门发展，但是致使众多传统产业衰落。在20世纪50年代至20世纪60年代，沙特农业持续衰落，传统手工业长期萎靡不振。耕地和牧场纷纷被废弃，粮食和畜牧产品不能自给，需要大量进口。农业生产总值在国民经济中的比重逐年下降，由1966年的13.9%降低至1974年的8.7%。③

其次，石油工业致使沙特政府面临严重财政危机。尽管沙特石油收入快速增加，但是王室成员肆意挥霍日益增加的国家财政收入，其中沙特国王的挥霍是沙特王室成员腐化的典型代表。1953年继承王位的沙特国王不仅缺乏治国理政的能力，而且挪用巨额财政收入用于个人享受。沙特国王在利雅得和吉达的宫殿就价值5000万美元。④沙特王室

---

① Tim Niblock (ed.), *State, Society and Economy in Saudi Arabia*, London: Routledge, 1982/2015, pp. 94-95.

② Tim Niblock, Social Structure and the Development of the Saudi Arabian Political System, in Tim Niblock (ed.), *State, Society and Economy in Saudi Arabia*, London: Routledge, 1982/2015, p. 95.

③ 伍庆玲：《现代沙特社会经济结构的演变》，《西亚非洲》，1995年第3期，第53至54页。

④ Tim Niblock, Social Structure and the Development of the Saudi Arabian Political System, in Tim Niblock (ed.), *State, Society and Economy in Saudi Arabia*, London: Routledge, 1982/2015, p. 96.

成员的挥霍导致了沙特王室和政府浪费严重。1958年，深陷财政危机的沙特不得不向国际货币基金组织贷款，以缓解财政危机。

进入20世纪70年代之前，沙特现代工业除了石油生产外，几乎一无所有。赴麦加朝觐不仅是沙特政府重要的收入来源，而且是沙特国民重要的就业领域。① 除了极少数城市经济取得较大进步外，绝大部分地区仍然保持着传统的生活方式，贝都因人和定居者过着贫穷落后的生活。

（二）20世纪70年代以后，沙特石油经济过度发展的负效应日益凸显

自20世纪70年代开始，沙特经济发生了巨大的变化和改善，沙特形成了政府主导型的经济发展模式。但是，自20世纪80年代开始，沙特石油经济过度发展的负效应日益凸显，并主要表现在以下三个方面。

第一，沙特经济发展结构性危机日益突出。石油工业是沙特经济发展和经济安全的基石，但是石油工业"一枝独大"凸显了沙特经济结构的不合理性。一方面，尽管沙特努力推行经济多元化战略，非石油工业取得了显著发展，但是，从总体上来看，石油工业既是沙特国民经济的支柱，又是沙特最主要的出口来源，同时是政府收入的主要来源。自沙特发现石油以来，石油经济在沙特国民经济中的地位逐步提高，其产值占国内生产总值的比重呈不断上升态势，从20世纪80年代的36.8%上升至2014年的46.7%，同期石油收入占财政收入的比重也由70.8%上升至90.3%。② 另一方面，沙特实施经济多元化战略的基础仍然是石油工业，因为在沙特政府主导经济发展的背景下，政府的财政收入主要

---

① S. H. Hitti & G. T. Abed, The Economy and Finances of Saudi Arabia, *IMF Staff Papers*, Washington, Vol. 21, 1973, p. 282.

② Kamiar Mohaddes & Mehdi Raissi, The U. S. Oil Supply Revolution and the Global Economy, *IMF Working Paper*, December 2015, p. 6.

来源于石油收入。在此背景下,沙特石油工业对沙特经济发展具有"牵一发而动全身"的影响。

第二,沙特经济发展深受世界石油市场和世界经济发展的影响。石油经济的"一枝独大"格局致使沙特经济发展与世界石油格局和世界经济环境关系密切。20世纪70年代,世界石油价格暴涨,沙特经济高速发展,并取得辉煌成就。20世纪70年代至20世纪80年代,世界石油价格暴跌,且长期处于低位状态,沙特经济则长期萎靡不振。进入21世纪后,尤其是自2003年开始(除了2009年),世界石油价格再次一路高歌,沙特经济进入第二次经济繁荣期。进入21世纪第二个十年,随着新能源技术与"页岩气革命"的兴起,化石燃料的替代能源快速发展,世界能源需求向清洁能源转型,后石油时代加速到来。若世界进入后石油时代,那么沙特经济发展的基石将不复存在。因此,沙特经济发展在未来将面临空前威胁。

第三,沙特高福利的发展模式可持续性面临考验。沙特大规模社会服务项目建设和高水平的福利体系,给沙特带来了无限风光,但也使沙特背上了沉重的财政包袱。作为一个严重依赖石油收入的国家,沙特的"有钱"建立在高油价的基础之上。油价下跌使得沙特的财政收入大为减少,高投入、高福利、高补贴的经济政策已经难以为继。在1997年亚洲金融危机爆发时,国际油价一度跌破每桶10美元,沙特政府被迫削减用于社会福利的各项开支,造成国内人心惶惶、民怨四起。近年来,沙特政府试图发放福利红包,平息国民不满,以维护政治稳定,然而,世界石油价格持续低迷致使沙特面临空前的财政危机。沙特公布的2015年财政预算赤字高达1340亿里亚尔,为沙特史上最高赤字。[①]

---

① 陶凤:《沙特重组内阁穷人社会福利将增加》,北京商报网,2015年4月14日,http://www.bbtnews.com.cn/2015/0414/55222.shtml。

第五章　提升社会经济绩效与沙特的政治稳定

二、沙特面临的社会问题

（一）贫富分化问题加剧

贫富分化与经济发展如影随形。沙特凭借丰富的石油资源成为世界上高收入国家，是公认的"土豪国家"，但是沙特的贫富分化问题不仅长期存在，而且呈加剧趋势。

在建国初期，沙特王室、部落首领和商人拥有和支配巨额财富。1952至1953财年，沙特国家财政的四分之一用于"利雅得事务"（Riyadh Affairs），[1] 即用于修建王宫，向王室成员、部落首领和乌勒玛分配生活津贴。与之形成鲜明对比的是，绝大部分沙特平民过着极端贫苦的生活，不能解决自身的温饱。

随着20世纪70年代沙特石油经济繁荣，社会经济获得显著发展，沙特王室成员、商人集团和其他与王室有密切关系的沙特人获得了绝大多数财富，而普通国民则较少分享国家经济发展的成果。仅用于沙特家族开支的年度财政预算达到3亿美元。沙特王室成员都可以不劳而获地获取一笔数额可观的补助金，一个中等地位的亲王每月至少可以获得4万至20万里亚尔的生活津贴，而且随着年龄的增长和家庭负担的增加，其补助金会不断增加。每年用于补贴17000名王室成员的财政预算高达数十亿美元。[2] 然而部分沙特国民生活依然贫困。政府的官方数据显示，有近四分之一的沙特国民月收入不足530美元，低于沙特的贫困线。[3]

---

[1] David Holden & Richard John, *The House of Saud*, London: Sidgwick & Jackson Ltd., 1981, p. 163.

[2] 马秀卿主编：《石油·发展·挑战——走向二十一世纪的中东经济》，北京：石油工业出版，1995年，第166页。

[3] 陶凤：《沙特重组内阁穷人社会福利将增加》，北京商报网，2015年4月14日，http://www.bbtnews.com.cn/2015/0414/55222.shtml。

这使沙特堪称世界上贫富差距最大的国家。

沙特国民通过世俗的和宗教的途径表达对贫富分化的不满。2003年，递交至阿卜杜拉国王的国家改革请愿书①就涉及贫富分化问题，要求政府在实施经济发展计划和福利分配时重视平等问题。部分对贫富差距不满的沙特国民，致力于推翻沙特家族统治，制造多起恐怖主义袭击，这成为威胁沙特政治稳定的重要因素。

（二）失业问题日益突出

20世纪80年代以前，沙特不存在失业问题。在20世纪70年代至20世纪80年代初期，沙特经济高速增长，政府体系持续扩张，沙特就业人数快速增加。例如在"二五计划"期间，沙特就业人数由1980年的220万增加至1985年的270万，平均每年增加5万个就业岗位；沙特就业岗位平均每年增加4.8%。② 然而沙特国内劳动力供应不足。沙特本国劳动力数量在1975年仅为100万，在1985年增加至140万，年均增长率为3%。③ 因此沙特本国劳动力难以满足国内用工需求，沙特不得不引进大批外籍劳工，以弥补劳动力不足问题。1975年至1980年，赴沙特就业的外籍劳工人数平均每年达到30万，年均增长率达到7%。④

---

① Arab Gateway, National Reform Document, 2004, October 2004, www. al-bab. com. arab/docs/saudi/reform2003. htm.

② J. S. Briks & C. A. Sincair, The Domestic Political Economy of Development in Saudi Arabia, in Tim Niblock (ed.), *State, Society and Economy in Saudi Arabia*, London: Routledge, 1982/2015, p. 209.

③ J. S. Briks & C. A. Sincair, The Domestic Political Economy of Development in Saudi Arabia, in Tim Niblock (ed.), *State, Society and Economy in Saudi Arabia*, London: Routledge, 1982/2015, p. 209.

④ J. S. Briks & C. A. Sincair, The Domestic Political Economy of Development in Saudi Arabia, in Tim Niblock (ed.), *State, Society and Economy in Saudi Arabia*, London: Routledge, 1982/2015, p. 210.

第五章　提升社会经济绩效与沙特的政治稳定

沙特失业问题萌芽于20世纪80年代。20世纪80年代中期，由于世界石油价格急剧下跌，沙特政府石油收入锐减，沙特政府部门和社会事业发展进入"低速发展期"，沙特政府需要的公务员数量趋于稳定，沙特政府日益重视公务员的素质，而不是公务员的数量。随之而来的是，沙特国民失业问题开始出现。尽管如此，直到20世纪90年代初期，沙特政府仍然努力为国民提供数量众多的政府工作职位，而且这些工作多数是清闲工作。这在一定程度上掩盖了沙特长期存在的失业问题。

进入21世纪，沙特失业问题日益突出。2002年，沙特政府首次公布国家就业和失业数据。数据显示，沙特失业率为8.1%，其中男性失业率为6.85%，女性失业率为15.8%；2004年，沙特政府再次公布就业和失业数据，沙特失业人数达到30万，失业率为9.6%，男性失业率为7.6%，女性失业率为21.7%。[1] 2013年，国际货币基金组织报告指出，沙特国民整体失业率为12%，而35岁以下年轻人口和女性的失业率分别高达30%和35%。[2] 自20世纪90年代中期以来，沙特各院校毕业生和适龄劳动力的失业率一直维持在20%至30%。[3]

实际上，沙特政府公布的就业和失业数据并不准确，沙特真实失业率应高于沙特政府公布的数据，因为沙特可用劳动人数（Available Labour Force）被低估。沙特是中东地区劳动力工作率（Labour Force Participation rate）最低的国家之一。根据沙特统计局数据，沙特实际工作人口只占沙特总人数的19%，占沙特劳动适龄人口（Working Age

---

[1] Tim Niblock, *Saudi Arabia: Power, legitimacy and Survival*, London & New York: Routledge, 2006, p. 115.
[2] 《IMF警示沙特高失业率问题》，中国新闻网，2013年8月8日，http://finance.chinanews.com/cj/2013/08-08/5138379.shtml。
[3] 韩晓婷：《沙特阿拉伯私营经济劳工"沙特化"政策探析》，《西亚非洲》，2013年第6期，第133页。

构建稳定——"石油王国"的改革、调整与稳定

Population)的35.3%;与之形成鲜明对比的是,欧洲实际工作人口占劳动适龄人口的比例高达45%。[1]

未来沙特失业问题将更加严重。首先,沙特人口持续增加。据美国人口统计局预测,2003年至2050年沙特人口将增加一倍,由2003年的2400万增加至2050年的5000万。但是沙特人口增长的主要原因是年轻人占比的增加。在未来10年,将有至少500万沙特人加入该国的劳动力大军。在未来,年龄低于30岁的沙特国民占沙特总人数的70%,失业率将升至28%。[2] 其次,女性的工作需求将增加。当前,沙特15岁以上女性参加工作的比例仅为6.6%。[3] 随着沙特女性文化水平提高,女性解放运动发展,大批女性劳动力势必将涌入劳动力市场。

高失业率既是一个经济社会问题,又是一个政治问题。在经济层面,高失业率将阻止个人消费,限制国民经济增长。在政治层面,高失业率将引起社会动荡不安。青年人是一国中最不稳定的人群,沙特政府如果无法提供充足的岗位安置国内的年轻人,那么将在未来面临严峻的社会政治风险。

第二节 沙特发展社会经济的政策

国家在经济发展中起着关键性作用,这已经成为学者的共识。在道格拉斯·诺斯看来,"国家的存在是经济增长的关键,然而国家又是人

---

[1] Tim Niblock, *Saudi Arabia: Power, legitimacy and Survival*, London & New York: Routledge, 2006, p. 116.

[2] Saudi Arabia to Limit Work Permits to Help Locals, *Arabainbusiness. com*, 30 May, 2011, http://www. arabianbusiness. com/saudi-arabia-limit-work-permits-help-locals-402736. html.

[3] Tim Niblock, *Saudi Arabia: Power, legitimacy and Survival*, London & New York: Routledge, 2006, p. 116.

第五章　提升社会经济绩效与沙特的政治稳定

为经济衰退的根源"①。杨光斌认为,国家是经济增长与国家兴衰的关键性环境。②沙特政府在经济发展过程中同样发挥了不可替代的作用。

一、20世纪70年代以前,沙特无力干预国家经济建设

沙特政府积极干预经济的探索始于二战后。1947年,沙特政府第一次制订了一个耗资2.7亿美元的四年发展计划,③该计划笼统地列出了包括修建铁路、公路、港口、机场、发电厂、灌溉系统,以及城市供水设施等一揽子建设项目。此后修建了达曼—利雅得铁路、利雅得—麦地那—吉达铁路和连接沙特主要城市的主干公路。

1954年,沙特政府制定了第一个财政预算,向基础设施尤其是公路领域投入了部分资金;1956年至1957年,沙特曾试图制订经济计划,但是1956年苏伊士运河危机导致的沙特石油出口停滞和沙特国王的无度挥霍,致使沙特在1956年至1957年发生严重经济危机,此计划不了了之。④沙特在此期间的经济成果是,位于利雅得南部的哈尔杰农业示范区⑤取得重大进展。

1958年,沙特国王采纳安瓦尔·阿里的建议,成立了财政经济咨询委员会;1961年1月,沙特成立最高计划委员会(Supreme Planning Board)。1962年10月,费萨尔亲王公布"十点计划",宣布将关注国家社会事务,努力开发国家资源,发展国民经济,尤其是道路、水资

---

① 杨光斌:《政治变迁中的国家与制度》,北京:中央编译出版社,2011年,第6页。
② 杨光斌:《政治变迁中的国家与制度》,北京:中央编译出版社,2011年,第20页。
③ 王铁铮、林松业:《中东国家通史:沙特阿拉伯卷》,北京:商务印书馆,2004年,第140至141页。
④ [日]田村秀治编:《伊斯兰盟主:沙特阿拉伯》,陈生保等译,上海:上海译文出版社,1981年,第298页。
⑤ 王铁铮、林松业:《中东国家通史:沙特阿拉伯卷》,北京:商务印书馆,2004年,第142至143页。

构建稳定——"石油王国"的改革、调整与稳定

源、轻工业、重工业和农业,①这为沙特20世纪70年代的基础设施、工业和农业发展规划了宏伟蓝图。但是沙特国王和时任王储费萨尔亲王之间的权力斗争妨碍了沙特发展经济的努力。

费萨尔继任国王后,沙特经济管理机构正式成立并有序运行。1965年1月,沙特成立中央计划署,中央计划署署长被授予大臣级的职称,署长负有直接向国王呈报的义务。该机构的职能是:(1)定期呈报有关王国经济状况的分析报告;(2)以此报告为基础制定五年计划;(3)估算执行计划所需要的资金;(4)帮助政府各部门制定其经济计划;(5)向国王提供必要的技术性支持。于是,国民经济计划工作完全由中央计划署办理。② 中央计划署的成立标志着沙特中央政府开始领导经济发展。但是费萨尔国王制定的经济发展宏伟蓝图至20世纪70年代才得到正式实施。

自1948年开始,沙特石油收入增长,国王和政府掌握的资源快速增加,③沙特为发展国民经济采取了许多措施。但是沙特经济没有取得显著进展,其根本原因在于国家没有发挥应有的经济调控能力,具体原因有四个。第一,大量的政府收入没有用于发展国家经济,而被用于沙特王室成员的奢侈消费。在20世纪50年代,沙特用于发展的财政支出仅占沙特财政总收入的20%。④ 第二,沙特王室和政府优先展开政治制度和政府体系建设,较少关注经济发展。沙特现代政治体系,如政府、

---

① Gerald De Gaury, *Feisal: King of Saudi Arabia*, London: Barker, 1966, pp. 147-151.

② [日]田村秀治编:《伊斯兰盟主:沙特阿拉伯》,陈生保等译,上海:上海译文出版社,1981年,第300至301页。

③ Tim Niblock, Social Structure and the Development of the Saudi Arabian Political System, in Tim Niblock (ed.), *State, Society and Economy in Saudi Arabia*, London: Routledge, 1982/2015, p. 95.

④ Tim Niblock, State, *Society and Economy in Saudi Arabia*, London: Croom Helm, 1981, pp. 16-18.

军队、警察、社会服务等领域的建设，消耗了巨额的政府收入。第三，财政收入分配没有任何规划和计划，因而存在极大的随意性和不合理性。沙特国王为了个人享受挪用国家财政预算，在利雅得和吉达的宫殿就价值5000万美元。① 第四，沙特不够重视教育，致使经济发展缺乏必要的专业技术人才和经济管理人才。专业技术人才和经济管理人才匮乏的窘境直到20世纪70年代才得到缓解。

二、20 世纪 70 年代，沙特积极参与国家经济建设

20世纪70年代以来，沙特经济发展的重要特点是，沙特经济发展在国家计划的指导下进行②。沙特自1970年开始实行五年经济发展计划，目前正在实施第十个五年经济发展计划。同时，沙特政府颁布众多类似的经济发展规划。通过众多经济发展规划，沙特政府为经济发展提供了全面的、灵活的政策导向和法律保障，改变了沙特政府此前发展经济不力的局面。

第一个五年经济发展计划（1975年至1980年）是沙特经济发展的标志性事件和转折点。1970年8月，沙特正式颁布第一个五年经济发展计划，对所有经济领域进行了规划，其主要目标是：提高国民经济发展速度，实现经济多元化，减少对石油的过度依赖，为实现国民经济可持续发展奠定坚实基础，开发人力资源。其主要内容包括为达到预期目标所必需的政策、规划和项目工程。第一个五年发展计划的实施对沙特经济发展具有重要意义。首先，扭转和结束了沙特经济的混乱和无政府状态，推动沙特经济走上健康发展道路；其次，推动沙特形成正确的社

---

① Tim Niblock, Social Structure and the Development of the Saudi Arabian Political System, in Tim Niblock（ed.）, *State, Society and Economy in Saudi Arabia*, London: Routledge, 1982/2015, p. 96.

② 陈建民编著：《当代中东》，北京：北京大学出版社，2002年，第205页。

构建稳定——"石油王国"的改革、调整与稳定

会经济发展战略，保障石油收入，实施大规模的工业化战略，实现国民经济基础多元化，逐步发展成为具有现代化工业基础的工业化国家[①]；最后，为沙特社会经济实现全面发展和走向现代化奠定了基础[②]。

2000年以前，沙特推动经济发展的另一个特点是，石油收入和政府财政支出是沙特经济发展的发动机，政府最重要的功能是分配物质生产资料，政府积极发挥经济实体的作用。[③] 在支持经济发展方面，沙特政府发挥了积极的作用。

首先，沙特政府大幅增加用于经济发展的财政支出。"一五"计划用于经济发展的财政支出达到184亿里亚尔，"二五"计划达到3184亿里亚尔，增加了16倍。[④] 1970年至1971年，政府及其石油部门的投资占国内固定资本投资的60.8%，这一比例在1979至1980年度增加至87.3%。[⑤]

其次，沙特政府成立了众多支持经济发展的银行、基金和公司。1974年，沙特成立了沙特工业发展基金（Saudi Industrial Development Fund）向私营经济部门的个人和企业提供免息或者低息、中期或者长期的贷款，以资助沙特国民开办小型商业和工业企业。在成立后的最初十年中，沙特工业发展基金就向788个加工企业提供了112亿里亚尔

[①] Mohamed A. Ramady, *The Saudi Arabian Economy: Policies, Achievements and Challenges*, London: Springer, 2010, p. 21；郑达庸、李中：《中国驻中东大使话中东：沙特》，北京：世界知识出版社，2014年，128页。

[②] 王铁铮、林松业：《中东国家通史：沙特阿拉伯卷》，北京：商务印书馆，2004年，第189至191页。

[③] Mohamed A. Ramady, *The Saudi Arabian Economy: Policies, Achievements and Challenges*, London: Springer, 2010, p. 19.

[④] Tim Niblock, *Saudi Arabia: Power, legitimacy and Survival*, London & New York: Routledge, 2006, pp. 50 – 51.

[⑤] 黄民兴：《论沙特阿拉伯现代化的阶段及其特点》，《西亚非洲》，1994年第6期，第27页。

第五章　提升社会经济绩效与沙特的政治稳定

（约合 29.25 亿美元）的贷款。① 1974 年至 2015 年，沙特工业发展基金向 2852 个工业发展项目提供了融资支持，融资金额高达 1294.25 亿里亚尔（约合 345.13 亿美元）。② 1974 年至 1977 年，在银行、基金和公司的支持下，沙特新注册企业 650 家，其中国有企业达 467 家；国有资本投资占沙特总投资的 73%，国有企业员工数量占企业雇工总人数的 61%。③

表 5-1　沙特九个"五年计划"财政支出（单位：10 亿里亚尔）

	经济资源开发	人力资源开发	社会和医疗保险	基础设施建设	总财政支出
一五计划	9.5	7.0	3.5	14.1	34.1
二五计划	97.3	51.0	27.6	171.3	347.2
三五计划	192.2	115.0	61.2	256.8	635.2
四五计划	71.2	115.1	61.9	100.7	348.9
五五计划	34.1	164.6	68.0	74.2	340.9
六五计划	48.2	216.6	87.5	68.1	420.4
七五计划	54.4	276.9	92.6	61.4	485.3
八五计划	105.8	479.9	155.7	122.3	863.7
九五计划	227.6	731.5	273.9	211.6	1444.6

资料来源：Mohamed A. Ramady, *The Saudi Arabian Economy: Policies, Achievements and Challenges*, London: Springer, 2010, p. 24.

沙特通过大力发展各个领域以支持国民经济发展。在基础设施领域，沙特政府投入巨额资本，推动基础设施各领域飞速发展。沙特在交通领域的投资由 1970 年的 10.35 亿里亚尔增加至 1983 年的 325.33 亿

---

① 陈建民编著：《当代中东》，北京：北京大学出版社，2002 年，第 207 页。
② 陈沫：《沙特阿拉伯的工业化与中沙产能合作》，《西亚非洲》，2017 年第 6 期，第 147 页。
③ Robert E. Looney, *Saudi Arabia's Development Potential: Application of an Islamic Growth Model*, Massachusetts: Lexington Books, 1982, pp. 209-210.

构建稳定——"石油王国"的改革、调整与稳定

里亚尔。① 在第一、二、三个五年经济发展计划期间，基础设施投资占政府财政支出的比例一直保持在13％至17％之间。沙特公路主干道里程由1970年的8021千米增加至1983年的260427千米，年均增加10％；沙特二级公路里程由1970年的3487千米增加至1983年的38644千米，年均增加21.3％。② 截至1985年，沙特投资19亿里亚尔修建和改造铁路。③ 1970年，沙特引进电话系统，此后电话系统迅速发展。电话系统在1971年只接入10个主要城市，1973年增加23个小城市，1985年又增加至290个小城镇；电话装机量由1970年的2.94万户增加至1983年的78.06万户，年均增加27.9％。④ 到20世纪80年代初，包括公路、港口、机场、通信设施、海水淡化厂等在内的大部分基础设施均已建成。

在工业领域，沙特积极推动本国工业化战略，建立了数量众多的现代化工业企业。其中最重要的是大力发展石油和石化工业。沙特石油日产量由1962年的164万桶增加至1979年的953万桶。⑤ 石油炼化能力由20世纪70年代中期的每年2000万吨增加至1982年的2525万吨。⑥ 但是沙特并不满足于石油和石化工业发展，积极实施经济多元化和工业化战略。成立于1976年的沙特基础工业公司（SABIC）在20世纪70

---

① Yousef A. Uthaimeen, The Welfare State in the Saudi Arabia: Structure, Dynamics and Function, Ph. D. Dissertation, American University, 1986, p. 203.

② Yousef A. Uthaimeen, The Welfare State in the Saudi Arabia: Structure, Dynamics and Function, Ph. D. Dissertation, American University, 1986, p. 207.

③ Yousef A. Uthaimeen, The Welfare State in the Saudi Arabia: Structure, Dynamics and Function, Ph. D. Dissertation, American University, 1986, p. 207.

④ Yousef A. Uthaimeen, The Welfare State in the Saudi Arabia: Structure, Dynamics and Function, Ph. D. Dissertation, American University, 1986, p. 205.

⑤ Ragaei El Mallakh, *Saudi Arabia: Rush to Development: Profile of an Energy Economy and Investment*, London: Croom Helm, 1982, p. 55.

⑥ 王铁铮、林松业：《中东国家通史：沙特阿拉伯卷》，北京：商务印书馆，2004年，第220页。

年代至20世纪80年代建立了数量众多的现代化工业企业,如沙特石化公司、沙特阿拉伯化肥公司、沙特钢铁公司、全国塑料公司、沙特甲醇公司等,这些企业奠定了沙特基础工业的基本格局。① 1978年,沙特计划投资200亿美元,将朱拜勒和延布建设成为沙特的重工业中心,重点发展石油冶炼、石油化工、钢铁冶炼、钢材轧制、化肥、铝等产业,同时发展汽车装配、建筑材料、粮食储藏、面粉加工、饲料生产等。

在农业领域,政府不断增加对农业发展的投资,把巨额资金投入农业项目和与农业发展直接相关的水利工程项目。自20世纪70年代开始,农业是继石油和石化工业之后的第三大项目。农业投资从第一个五年发展计划的10.9%上升到第二个五年发展计划的25.1%和第三个五年发展计划的21.4%。② 第二个五年发展计划的农业拨款比第一个五年计划增加了3倍,达到46.85亿里亚尔,第三个五年发展计划的农业投资进一步增加至79.75亿里亚尔。③ 沙特修建了200余座各类水坝,开凿了4万多口水井。④ 同时,沙特向农业提供种类繁多的补助,如对化肥和种子补贴比例为45%—50%,对奶牛、家禽养殖场的设备补贴比例约为20%—30%。⑤ 国家要求食品加工厂必须以较高价格收购小麦和大麦等。

在此基础上,沙特的农业取得了长足发展,耕地面积由1975年的15万费丹(1费丹约为0.405公顷)增加到1993年的390多万费丹,

---

① 陈沫:《沙特阿拉伯的工业化与中沙产能合作》,《西亚非洲》,2017年第6期,第144页。
② 黄民兴:《论沙特阿拉伯现代化的阶段及其特点》,《西亚非洲》,1994年第6期,第27页。
③ 伍庆玲:《现代沙特社会经济结构的演变》,《西亚非洲》,1995年第3期,第53页。
④ 牛葆伸:《化沙漠为良田——沙特阿拉伯从粮食进口国变为出口国》,《人民日报》,1995年4月9日,第G版。
⑤ 孙鲲主编:《沙特经济新貌》,北京:时事出版社,1988年,第83至96页。

增加了25倍。主要的粮食作物小麦产量由1975年的3000多吨增加至1985年的170万吨,实现了自给有余;1993年进一步增加至343万吨,创造了沙漠农业的一个"奇迹"。① 20世纪90年代,沙特小麦亩产量居世界首位,总产量已经完全满足了国内市场的需求并有出口。总之,沙特农业已经不再是昔日的传统农业,而是初步实现了农业现代化。

在沙特政府的积极干预下,沙特经济取得了巨大发展。沙特石油收入在1970年达到11.5亿美元,在1970年增加至290亿美元,在1980年进一步增加至600亿美元。② 沙特国家海外资产达到1000亿美元,沙特国民和商业银行资产高达300亿美元。③ 沙特财政收入快速增加,由60年代的4亿—6亿美元增加至70年代初期的10亿—20亿美元,到70年代中期增加至220亿—360亿美元,在1979年进一步增加至480亿美元。④

在政府的大力支持下,沙特私营经济也取得了飞速发展。沙特私人投资已由1970年的10亿里亚尔增加至1995年的460亿里亚尔;私营企业在国内生产总值中的比重由1975年的21%上升为1995年的45%,如果除去石油,则占国内生产总值的比例高达72%。⑤

三、进入21世纪,沙特大力营造良好的经济发展环境

对于国家而言,经济收益最大化是国家和政府最重要的目标,"当

---

① 陈建民编著:《当代中东》,北京:北京大学出版社,2002年,第208页。

② J. S. Briks & C. A. Sincair, The Domestic Political Economy of Development in Saudi Arabia, in Tim Niblock (ed.), *State, Society and Economy in Saudi Arabia*, London: Routledge, 1982/2015, p. 199.

③ Tim Niblock, *Saudi Arabia: Power, legitimacy and Survival*, London & New York: Routledge, 2006, p. 52.

④ Ragaei EI Mallakh, *Saudi Arabia: Rush to Development: Profile of an Energy Economy and Investment*, London: Croom Helm, 1982, p. 62.

⑤ 陈建民编著:《当代中东》,北京:北京大学出版社,2002年,第207页。

第五章　提升社会经济绩效与沙特的政治稳定

计划经济体制不能产生更多的经济收益并由此而危及国家安全时，国家势必要另寻出路，这就是经济改革"①。自 20 世纪 80 年代中期，沙特开始出现经济危机，沙特经济改革成为必然趋势，于是沙特政府提出发展经济的"四化"政策，即经济基础和国民收入"多元化"、产业结构调整中突出"工业化"、劳动力上努力"沙特化"、所有制成分上扩大"私有化"。②但是沙特经济改革不仅没有实质性措施，而且进展缓慢。直到 90 年代后半期，沙特经济改革才开始进行实质性调整。沙特经济改革的重要特点是，从指令性计划经济向强化宏观调控的市场经济转型。沙特经济发展战略调整主要从以下几个方面展开。

(一) 推动经济多元化和工业化

进入 21 世纪后，沙特在经济发展战略上更加强调经济多元化发展，试图摆脱对石油经济的过度依赖。③沙特既重视石油行业上下游并举，积极发展高附加值的石化工业，又大力引进国外先进技术装备，大力发展钢铁、电解铝、水泥、海水淡化、电力工业、农业和服务业等非石油产业。

经济城和工业城是沙特调整经济结构、实现多元化和工业化的主要手段和载体。2001 年，沙特改组沙特工业和科技园区管理机构 (SOIETZ)，成立沙特工业财产管理局 (Saudi Industrial Property Authority, MODON)，其主要职能是负责沙特工业城及其配套基础设施、服务的发展。自 2005 年起，沙特陆续宣布将筹建雷比格的阿卜杜

---

① 杨光斌：《观念、制度与经济绩效——中国与印度经济改革的政治学理论价值》，《中国人民大学学报》，2006 年第 3 期，第 115 页。
② 郑翠平：《中国企业在沙特的经济经营环境研究》，上海外国语大学硕士学位论文，2014 年，第 15 页。
③ 郑达庸、李中：《中国驻中东大使话中东：沙特》，北京：世界知识出版社，2014 年版，第 104 页。

拉经济城（King Abdullah Economic City，简称 KAEC）、海耳的穆赛德亲王经济城（Prince Abudulaziz Bin Mousaed Economic City，简称 PABMEC）、圣城麦地那的知识经济城（Knowledge Economic City，简称 KEC）、杰赞的杰赞工业城（Jazan Economic City，简称 JEC）、塔布克经济城（Tabouk Economic City）与东方省经济城（Eastern Province Economic City）等 6 大工业新城。沙特 6 大经济城的基础建设投入 1700 亿美元，相关产业将投入 2000 亿美元，力争实现新增国内生产总值 1500 亿美元以及 100 万个以上就业机会的宏伟目标。① 截至 2015 年，沙特国内已经建立 32 个工业城，沙特工业城数量在未来 5 年将达到 40 个；未来将有 3000 个工厂进驻园区，总投资额将超过 2500 亿里亚尔（约合 666.7 亿美元），从业人员将增加 30 万人。② 2005 年至 2014 年，沙特工厂数量由 4058 个增加至 5862 个。③

（二）推行私有化战略

1997 年 6 月 6 日，大臣会议宣布了私有化的目标，其宗旨是提高国家经济效益，增强国家经济竞争力，其具体目标包括：鼓励私有经济部门投资，扩大沙特国民生产性资产，鼓励国内外资本在沙特投资，增加就业机会，向投资者提供服务，规范政府公共开支，降低政府财政赤字，增加政府收入。④

---

① 陈化南：《沙特 6 大经济城营造新商机》，《进出口经理人》，2008 年第 8 期，第 36 至 37 页。
② 《沙特工业财产管理局及工业园区简介》，驻吉达（沙特）总领馆经商室，2015 年 7 月 9 日，http://jedda.mofcom.gov.cn/article/e/g/201507/20150701039597.shtml。
③ 吉达经商室：《阿卜杜拉国王执政九年来沙特经济成就汇编》，商务部网站，2014 年 5 月 7 日，http://www.mofcom.gov.cn/article/i/jshz/rlzykf/201405/20140500575733.shtml。
④ Tim Niblock, *Saudi Arabia: Power, legitimacy and Survival*, London & New York: Routledge, 2006, p. 123.

第五章　提升社会经济绩效与沙特的政治稳定

2000 年 8 月，沙特财政部公布了私有化的范围，具体包括：推动海水淡化、自来水供应、电信、航空、邮政、港口服务、城市市政等领域的公司化和私有化，出售政府在沙特电力公司、沙特基础工业公司、沙特矿业公司、沙特电信公司等公司的股权，出售政府在酒店、体育俱乐部、教育、社会、农业、医疗卫生领域投资的资产。这个私有化清单的范围对沙特政府来说可谓是空前的。

2001 年 2 月，沙特大臣会议授权沙特最高经济委员会监督私有化进程，决定私有化项目审批，制定私有化进程的战略计划和时间表，监管私有化项目的实施。同年 8 月，最高经济委员会建立了私有化委员会，负责监督私有化项目的具体实施。最高经济委员会颁布了"私有化进程应处理的基本问题"（Basic Issue to Be Dealt with the Privatization Process），并决定成立一个专门负责制定管理私有化进程的法律框架体系的管理机构，其主要职责包括：建立管理产品和服务价格的法律机制，规定出售国有资产和公司的程序，引入私有化项目的战略合作者，维护资本市场正常运营，开发沙特人力资源、营造具有吸引力的营商环境。

作为私有化的第一步，沙特原有的公共管理部门改制为由国家百分百控股的有限责任公司。1997 年 12 月，大臣会议决定，除了邮政和电信部的管理职能和部分分发邮件服务外，邮政和电信部所有职能和服务被拆分，组建相应的有限责任公司，并出售公司股份。同年，沙特港口管理局改制为有限责任公司。[①] 1998 年，大臣会议决定建立沙特电信公司（Saudi Telecommunication Company，简称 STC），其职责是负责运营沙特的电话和电报系统。同年，政府宣布将沙特的十个地区性电网公司整合为沙特电力公司（Saudi Electricity Company，简称 SEC），从

[①] Monica Malik, Private Sector and the State in Saudi Arabia, PhD Dissertation, University of Durham, 1999, p. 131.

而为沙特电力部门私有化奠定基础。同时，地方政府也开始实施私有化政策，开放部分基础设施，如吉达市政当局开放蔬菜和水果市场。

2002年12月17日至2003年1月6日，沙特出售了沙特电信公司30％的股份，其中沙特退休人基金会（Retirement Person Directorate）和沙特社会保险总会（General Organization for Social Insurance）是最重要的收购者和投资者。2004年5月，沙特出售了沙特合作保险国家公司（National Company for Cooperative Insurance）的700万股股票，占沙特合作保险国家公司股权的70％。同月，沙特出售了沙特矿业公司，其中沙特国有商业银行收购了沙特矿业公司50％的股份。

截至2011年，沙特政府陆续公布的实施公私合营或私有化的企业已超过1000家，涉及电讯业、公路交通、铁路、航空、电力、海水淡化、教育、社会劳务和家政服务等。

（三）积极吸引外国资本

1999年8月，沙特成立最高经济委员会（Supreme Economic Council，简称SEC），其重要职责是负责开放沙特市场和吸引投资。2000年4月，沙特成立了旅游事务最高委员会（Supreme Council of Tourism，简称SCT），其主要职责包括鼓励国外资本向旅游部门投资。

沙特大臣会议于2000年4月10日和2002年先后颁布了新的《外国投资法》和《外资法实施条例》，以取代1979年颁布的外国投资法。新的外国投资法规定：设置清晰的外资投资"负面清单"；沙特阿拉伯投资总局设置关键部门的外资最低投资额，农业项目为2500万里亚尔，工业项目为500万里亚尔，服务项目为200万里亚尔；公司可以持有100％的股权；外资资金、利润和投资所得均可自由汇出、汇入；给予外国公司与沙特本国公司相同的优惠待遇；外国公司可以向沙特工业发展基金申请低息贷款，贷款最高比例可占投资额总额的50％；外国公司可以拥有用于发展项目的土地和不动产；调整公司所得税，对于年利

第五章 提升社会经济绩效与沙特的政治稳定

润超过10万里亚尔的公司，国家将承担其应交所得税的15％，对公司的亏损允许结转到下年补偿，时间不限；提供土地、水、电、交通、通信、关税等多方面的优惠和便利条件；沙特阿拉伯投资总局必须在30天内就投资项目是否许可做出决定，若超过30天，投资项目则直接批准；如果在期限内答复不予许可的，总局必须说出理由，并告知可向相应的政府机构提起申诉。① 为落实新的《外国投资法》，沙特成立了沙特阿拉伯投资总局（Saudi Arabian General Investment Authority），其职责是吸引外国投资，对外国投资申请做出是否同意、许可和批准的决定，保护商业公司的利益。

2003年1月，沙特阿拉伯投资总局重新修订了外国投资"负面清单"，将"负面清单"的禁止领域由22个削减至17个，开放了教育、电力输配送、管道运输等领域。2003年6月，沙特最高经济委员会向沙特国内外私有投资公司开放了航空运输领域，准许运营沙特国内外航线。2004年1月，沙特阿拉伯投资总局重新修订外国投资"负面清单"，开放了社会保险等领域，剩下的禁止领域主要集中于国防领域、与圣城和朝觐有关的服务业。

2002年，银行业正式开始走向开放。首批获得经营许可证的银行包括阿联酋银行（Emirates Bank）、科威特国家银行、巴林国家银行。2003年底，德意志银行获得沙特银行经营许可证，这是首家获得许可的非海湾合作委员会国家的外国银行。随后法国巴黎银行、摩根银行、马斯喀特银行、印度国家银行、巴基斯坦国家银行、汇丰银行先后获得银行经营许可证。

2000年4月，沙特宣布向外资开放石油下游和天然气行业。2003

---

① 但涛波：《沙特阿拉伯的石油工业及其对外经贸合作》，《石油化工技术与经济》，2005年第1期，第22页；王婷：《沙特、埃及经济改革状况的对比和思考》，《亚非纵横》，2002年第4期，第37页；Tim Niblock，*Saudi Arabia*：*Power*，*legitimacy and Survival*，London & New York：Routledge，2006，pp. 126-128.

年7月22日，时任沙特石油和矿产资源大臣的纳伊米宣布，沙特将对外国资本开放其石油上游市场，将东部共计12万平方公里的石油富产区对投资者开放。① 这是沙特自20世纪80年代收回石油主权后首次向外资开放石油工业上游领域。2003年12月，阿美石油公司与壳牌石油公司、道达尔石油公司签署了价值20亿美元的天然气开发协议；2004年，沙特阿美石油公司与俄罗斯的卢克石油、中国的中国石油化工集团公司、由意大利埃尼集团和西班牙雷普索尔公司组成的投资联合体分别签署了开发沙特空白之地（Empty Quarter）② 北部区域的天然气项目，每个项目在第一阶段的投资均接近10亿美元。

近年来，沙特是西亚非洲地区最具吸引力的投资目的地，2012年外商直接投资达到264亿美元。③ 沙特吸引到的外资数量在西亚地区位列第三，仅次于土耳其和阿联酋。

（四）营造良好的营商环境

阿卜杜拉国王认识到，政府不仅应该创造良好的硬件基础设施，而且应该营造有益于经济发展的社会、文化和政治氛围。④

1. 连续调低沙特外国公司赋税负担

在2000年之前，外国公司企业所得税税率高达45%，而本国公司免企业所得税，只需要缴纳2.5%的天课（Zakat）；自2000年开始，

---

① 潘继平、杨虎林：《开拓沙特石油市场》，《中国石油企业》，2003年第10期，第78页；但涛波：《沙特阿拉伯的石油工业及其对外经贸合作》，《石油化工技术经济》，2005年第1期，第22至23页。

② 沙特空白之地（Empty Quarter）指沙特阿拉伯及也门边境的鲁卜哈利沙漠（又称"空旷的四分之一"）。

③ 《沙特基本经济数据》，中华人民共和国驻沙特阿拉伯王国大使馆，2015年2月9日，http://www.chinaembassy.org.sa/chn/stgk/t152949.htm。

④ Mohamed A. Ramady, *The Saudi Arabian Economy: Policies, Achievements and Challenges*, London: Springer, 2010, p. 16.

第五章　提升社会经济绩效与沙特的政治稳定

外国公司企业所得税降低至 30％。2004 年 1 月，沙特大臣会议批准了《新税法》，规定外资企业的所得税税率进一步降至 20％。但是投资石油和天然气领域的外国公司企业所得税仍然较高，其中天然气领域的外国公司企业所得税税率为 30％，石油领域的外国公司企业所得税税率高达 85％。① 虽然沙特外国公司赋税负担有所降低，但是与海湾其他国家相比，沙特外国公司赋税负担仍然较大。

2. 保护资本产权

2003 年 6 月，沙特大臣会议颁布了《资本市场法》。在《资本市场法》颁布之前，沙特没有证券交易所，股权交易主要由国家证券保管中心负责，但是国家证券保管中心没有保护投资者合法权益和规范股权交易程序的法律法规。根据《资本市场法》，沙特正式建立了沙特证券交易委员会（Saudi Arabia Securities and Exchange Commission）和沙特股票交易所（Saudi Arabia Stock Exchange，简称 SASE）。2004 年 6 月，沙特证券交易委员会更名为资本市场管理局（Capital Market Authority，简称 CMA），其主要职责是管理资本市场，保护投资者免受非法侵害，提高股权交易的效率和透明度，监管股权交易过程规范性。② 2007 年，沙特政府宣布，王国的各省都设立了地区仲裁中心，以处理日益增多的商业纠纷。

3. 保护知识产权和商标权

1993 年 12 月，沙特签署了《保护文学艺术作品伯尔尼公约（1971 年修订）》。2002 年，沙特修改了《商标法》，决定对商标提供 10 年的保护，对商标侵权可以处以高达 100 万里亚尔的罚金或者长达 1 年的监禁。2003 年 6 月，沙特大臣会议颁布了《知识产权法》，规定对印刷

---

① Tim Niblock, *Saudi Arabia: Power, Legitimacy and Survival*, London & New York: Routledge, 2006, p. 128.
② Tim Niblock, *Saudi Arabia: Power, Legitimacy and Survival*, London & New York: Routledge, 2006, pp. 128 – 129.

品、讲稿、录音、可视作品、艺术作品以及计算机程序提供版权保护。2004年,沙特正式加入《伯尔尼文学艺术作品保护公约》和《巴黎工业产权保护公约》。同年7月,沙特大臣会议颁布了《专利权法》,其主要保护对象是保护科学技术发明、外观设计、工业设计、集成电路、植物新品种等。

随之而来的是,沙特营商环境持续改善。2007年,世界银行将沙特评为改善营商环境力度最大的国家之一。同年,在178个国家和地区中,沙特营商环境排名由第38位提升至第23位。[1] 根据世界银行和国际金融公司联合发布的《2012年营商环境报告:在更透明的世界里营商》,在全球183个经济体中,沙特的营商自由度排名第12位,是西亚北非国家中营商环境最佳的国家。[2] 根据达沃斯世界经济论坛公布的数据,2009年至2010年沙特全球竞争力指数(GCI)在133个国家和地区中排名第28位,2012年至2013年排名第18位,2014年排名第24位,位居前列。

在上述措施推动下,沙特经济取得了可喜的发展。沙特国民生产总值由1980年的1500亿美元增加至2009年的3000亿美元。[3] 石油收入占国民生产总值的比例在1980年为54%,在2000年降低至40%,在2008年回升至60%。[4] 经济多元化同样取得进步,非石油产业经济增速加快。2000年以来,作为经济增长最主要的推动力,非石油产业年均增长率6.3%,远远高于20世纪90年代的2.7%;同时石油部门增

---

[1] Stig Stenslie, *Regime Stability in Saudi Arabia: The Challenge of Succession*, London & New York: Routledge, 2012, p. 62.

[2] 《沙特基本经济数据》,中华人民共和国驻沙特阿拉伯王国大使馆,2015年2月9日,http://www.chinaembassy.org.sa/chn/stgk/t152949.htm。

[3] Mohamed A. Ramady, *The Saudi Arabian Economy: Policies, Achievements and Challenges*, London: Springer, 2010, p. 32.

[4] Mohamed A. Ramady, *The Saudi Arabian Economy: Policies, Achievements and Challenges*, London: Springer, 2010, p. 24.

第五章　提升社会经济绩效与沙特的政治稳定

长率平缓，只有 2.3％。① 沙特私营经济进步显著，私营部门国内生产总值的平均年增长率在 1990 年至 1995 年期间为 1.7％，在 2000 年至 2005 年期间则增加至 5％。② 沙特人均国民收入从 2005 年的 5.3 万里亚尔增长至 2013 年的 9.3 万里亚尔，增长 76.5％。③

四、2015 年以来，沙特大力推动经济改革

自 2014 年国际市场油价暴跌以来，沙特的财政状况遭受严重打击，"2015 年来自石油出口的财政收入下滑 23％，国家预算赤字上升到 980 亿美元，占国民生产总值的近 1/5"。④ 面对世界石油价格大幅下跌导致的国内经济财政困难，沙特出台了旨在"戒除油瘾"、发展多元化经济的"2030 年愿景"，再次进行新一轮的大刀阔斧的经济改革。

（一）制定新的经济发展规划

2016 年 4 月 26 日，时任副王储小萨勒曼发布了"2030 年愿景"，其目标主要围绕实现政府收入多元化，摆脱对石油的依赖展开。经济方面的总体目标是：到 2030 年，使沙特在全球经济体的排名从目前的第 19 名提升至前 15 名，将油气行业本地化水平从 40％提升至 75％，将公共投资基金的资产总额从 1600 亿美元提升至 18667 亿美元，将全球

---

① Saudi Arabia: Selected Issues, *IMF Country Report*, No. 13/230, July 2013, p. 36.
② 《沙特与世贸组织》，商务部网站，2006 年 5 月 24 日，http://www.mofcom.gov.cn/article/i/dxfw/gzzd/200605/20060502278622.html。
③ 吉达经商室：《阿卜杜拉国王执政九年来沙特经济成就汇编》，商务部网站，2014 年 5 月 7 日，http://www.mofcom.gov.cn/article/i/jshz/rlzykf/201405/20140500575733.shtml。
④ 《沙特去石油化路有多长？"愿景 2030"可能效果一般》，新华网，2016 年 6 月 13 日，http://www.xinhuanet.com/finance/2016-06/13/c_129056759.htm。

构建稳定——"石油王国"的改革、调整与稳定

竞争力指数排名从第 25 名提升至前 10 名,将外国直接投资在国内生产总值中的占比从 3.8% 提高至 5.7%,将私营经济在国内生产总值中的贡献率从 40% 提升至 65%,将非油外贸出口占比从 16% 提升至 50%,将非油政府财政收入从 1630 亿里亚尔提高至 10000 亿里亚尔。①

2016 年 6 月 6 日晚,沙特大臣会议通过了"国家转型计划"(简称"NTP"),作为落实"2030 年愿景"的具体举措,其目标是:到 2020 年,将沙特非油财政收入从 1635 亿里亚尔提高至 5300 亿里亚尔;将公共资产规模从 3 万亿里亚尔提升至 5 万亿里亚尔;维持石油日产能 1250 万桶,将日炼化产能从 290 万桶提升至 330 万桶;将干性天然气(Dry Gas)日产量从 3.4 亿立方米提升至 5 亿立方米;将非油出口额从 1850 亿里亚尔提升至 3300 亿里亚尔;将政府债务的国内生产总值占比从目前的 7.7% 提高至 30%;将国际信用评级从 A1 提升至 Aa2;创造 45 万个非政府就业岗位;将吸收利用外国直接投资从 300 亿里亚尔提升至 700 亿里亚尔;将可再生能源发电比提升至 4%;将矿业的国内生产总值贡献度从目前的 640 亿里亚尔提升至 970 亿里亚尔;建设一座国际海运工业城,每年减少进口额 120 亿美元;将旅游业投资从 1450 亿里亚尔提升至 1715 亿里亚尔。②

2017 年 5 月,为实现"2030 年愿景"的目标,沙特经济发展事务委员会推出了十项新的改革计划,主要包括:改善国民住房条件,提高朝觐服务,支持国有企业和民族产业的发展,强化公共投资基金的职能,规范并促进资本市场的健康发展,以及进一步推进私有化进程等。③

---

① 《沙特公布"2030 愿景文件",誓成为连接亚欧非三洲的全球中枢》,驻沙特阿拉伯使馆经商处,2016 年 4 月 27 日,http://sa.mofcom.gov.cn/article/ddfg/201604/20160401308210.shtml。

② 《沙特公布"国家转型计划"》,驻沙特阿拉伯使馆经商处,2016 年 6 月 8 日,http://sa.mofcom.gov.cn/article/ddfg/201606/20160601336242.shtml。

③ 《沙特政府推出"2030 年愿景"十项新计划》,驻吉达总领馆经商室,2017 年 5 月 4 日,http://jedda.mofcom.gov.cn/article/jmxw/201705/20170502569630.shtml。

第五章　提升社会经济绩效与沙特的政治稳定

（二）推动石油工业转型，发展天然气和新能源

1. 推动石油工业转型

作为沙特国民经济的支柱和财政收入的主要来源，石油工业自然是沙特重点发展的产业。尽管近年来世界石油价格持续低迷，但是沙特仍然继续投资石油工业，以维持强大的石油生产能力。沙特计划未来5年在能源项目上投资1240亿美元，这超越了已经在执行的420亿美元的项目。① 沙特阿美石油公司计划到2025年投资3340亿美元支持石油产业以维持石油产能。②

重点发展石油炼化产业，推动石油工业转型。在国内，沙特政府计划在未来10年投资910亿美元扩大石油冶炼和石油化工产能。③ 2015年3月，沙特政府宣布在延布和吉赞建立2个日炼油能力为40万桶的新炼油厂。沙特阿美石油公司计划将炼油能力由当前每天的500万桶提升至2020年的800万到1000万桶，超越埃克森·美孚的炼油能力，在2020年前后成为全球最大的炼油企业；沙特计划在未来10年内将石化企业的产能扩大30%，使沙特成为全球第三大石化产品生产国。④ 在国外，沙特在包括美国、日本和韩国等在内的成熟市场和包括中国在内的新兴市场，大量投资、收购和兴建石油化工企业，如沙特控制了美国的得克萨斯的阿瑟炼油厂（Arthur refinery）、韩国的双龙石油化工有限

---

① Saudi Arabia Leads MENA Investment Plans，*Oil & Gas Journal News*，May 21，2017，http://www.ogj.com/articles/2017/03/saudi-arabia-leads-mena-investment-plans.html.

② Saudi Aramco Eyes ＄334bn Investment by 2025，*Aljazeera*，September 27，2016，http://www.aljazeera.com/news/2016/09/saudi-aramco-eyes-334bn-investment-2025-160926141352702.html.

③ 《沙特拟加大投资，巩固其石化产业领先地位》，驻吉达总领馆经商室，2014年12月23日，http://jedda.mofcom.gov.cn/article/jmxw/201412/20141200844329.shtml.

④ Marwan Elaraby，Oil and Gas in the Kingdom of Saudi Arabia: An Overview，*Mondaq Business Briefing*，October 4，2016.

公司（S-Oil Corp），投资了马来西亚的柔佛州首府新山的炼油石化项目（RAPID项目）、印度尼西亚的芝拉扎（Cilacap）炼油厂。

2. 大力发展天然气产业。

沙特天然气产业与石油产业相比，发展相对迟缓。在世界石油价格低迷的背景下，大力发展天然气产业是沙特推动能源产业持续发展的必然选择。沙特"2030年愿景"提出要实现天然气产量翻番，建设覆盖全国的天然气输送网。未来沙特将致力于完善国内天然气设施，提高天然气开发利用水平，增加天然气在国内一次能源消费中的比例，减少电力行业的石油燃烧，以使更多石油用于出口。2017年4月，沙特阿美公司主席阿敏·纳赛尔表示，沙特阿美石油公司在未来十年将努力使天然气产量翻一番，达到6.5亿立方米/日。[1]

3. 大力发展包括太阳能、核能等在内的新能源。

伴随"后石油时代"到来，沙特政府日益重视新能源的开发和利用。大力发展可再生能源产业，实现能源结构多元化，是"2030年愿景"的一个重要目标。根据沙特"2030年愿景"，沙特计划到2030年可再生能源发电量增加9.5吉瓦。"国家转型计划"规划，到2020年，可再生能源发电量增加3.34吉瓦，或者可再生能源发电量在沙特发电总量中的占比提升至4%。随后，沙特政府通过《萨勒曼国王可再生能源法案》，以推动新能源产业发展。2017年1月16日，沙特能源、工业和矿产资源部大臣哈利德·法利赫宣布，沙特将于2032年前在新能源领域投资300至500亿美元，计划在未来10年内推出30个太阳能和风力发电项目，在2023年之前实现可再生能源发电量占全国总发电量的10%。[2] 2017年4月，沙特能源、工业和矿产资源部大臣哈利德·

---

[1] 《沙特阿美将继续加大对油气产业的投资力度》，驻吉达总领馆经商室，2017年4月19日，http://jedda.mofcom.gov.cn/article/jmxw/201704/20170402560428.shtml。

[2] 《未来10年沙特将推出30项新能源项目》，《工具技术》，2017年第5期，第107页。

第五章　提升社会经济绩效与沙特的政治稳定

法利赫在出席沙特可再生能源投资论坛（SAREIF）时宣布实施"国家可再生能源计划（NREP）"，旨在促进能源结构的转型，其目标是2020年实现可再生能源发电装机容量达到3.45千兆瓦，2030年达到9.5千兆瓦。[①]

（三）发展"朝阳产业"，推动经济多元化战略

沙特经济发展虽然得益于石油发展，但是深受"石油诅咒"和"荷兰病"困扰。发展"朝阳产业"，推动经济多元化战略是沙特实现经济可持续发展的必然选择。

沙特阿美石油公司是推动经济多元化战略的重要平台。按照沙特政府规划，沙特阿美石油公司将从石油生产商转型为多业态的全球工业集团。沙特阿美石油公司将自身定位为综合性能源公司，将天然气、炼油化工、技术装备、新能源等领域作为自身发展的新方向，从而带动其他工业和经济领域发展。同时，沙特计划出售沙特阿美石油公司5%的股份，获得1060亿美元的现金，并将所获得的资金投入沙特阿拉伯公共投资基金，使之成为世界上规模最大的主权财富基金。沙特阿拉伯公共投资基金对需要大量资金投入的战略性行业进行战略投资，助力发展新兴经济产业，从而降低该国对原油相关收入的依赖程度。

根据"2030年愿景"和"2020年国家转型计划"，沙特努力支持朝阳产业发展，培养矿业、制造业和旅游业等非石油产业作为新增长点。在矿业领域，沙特推出针对采矿的优惠政策，大力发展铝、磷酸盐、金、铜、铀等原矿藏开采，在2020年前创造9万个就业岗位，为国内

[①]《沙特大力开发可再生能源项目》，驻吉达总领馆经商室，2017年4月19日，http://jedda.mofcom.gov.cn/article/jmxw/201704/20170402560429.shtml。

生产总值贡献259亿美元。① 2016年年底，萨勒曼国王宣布建立拉丝·海伊尔（Ras Al-Khair）矿业工业城和瓦阿德·沙马尔（Wa'ad Al-Shamal)工业城，分别致力于铝业和磷酸盐发展。

在制造业领域，2015年，沙特阿美石油公司推出了"本地总价值提升计划"（In-Kingdom Total Value Added Programme，简称IKTVA），其目标是使沙特与能源相关的设备本地化率由当前的35％提高至2021年的70％。② 2015年8月，沙特阿美集团宣布在东部省哈萨（Al-Ahsa）建设一个新的工业城，聚焦与能源有关的工业项目。同时沙特政府努力打造沙特石油产业和技术中心——达兰技术谷。2017年10月24日至26日，在首都利雅得召开的沙特"未来投资倡议"大会（FII），王储小萨勒曼宣布将花费5千亿美元（约合人民币3.3万亿元），在沙特、约旦和埃及接壤处建立一个独立的经济特区——"NEOM"新城，该城将专注于发展能源与水源、生物科技、食品、先进制造业与娱乐等领域。③ 在技术领域，2016年11月，阿卜杜勒·阿齐兹国王科技城（KACST）决定设立15个研究中心，旨在为相关的科技创新项目提供环境和技术服务支持。

在旅游休闲业，沙特新设娱乐总局和文化总局，以推动沙特旅游业、休闲业等服务业发展。朝觐服务业曾在沙特经济中"一枝独大"，当前沙特正在努力推动沙特朝觐服务业的发展，朝觐经济在未来与石油

---

① 《沙特公布"2030愿景文件"，誓成为连接亚欧非三洲的全球中枢》，驻沙特阿拉伯使馆经商处，2016年4月27日，http://sa.mofcom.gov.cn/article/jmxw/201604/20160401308210.shtml。

② Amin H. Nasser, In-Kingdom Total Value Add（IKTVA）Program Launch, *Saudi Aramcao*, December 1, 2015, http://saudiaramco.com/en/home/news-media/speeches/IKTVA-Launch.html。

③ 《沙特的"NEOM"新城计划获得IMF支持》，驻吉达总领馆经商室，2017年11月5日，http://jedda.mofcom.gov.cn/article/jmxw/201711/20171102665618.shtml。

第五章　提升社会经济绩效与沙特的政治稳定

经济互相补充的趋势将更加明显。① 2017年8月，王储小萨勒曼宣布将在沙特西部红海边建立一个超大型的国际旅游休闲度假特区，此举在未来将会增加40亿美元的收入，增加3.5万个就业岗位。2017年12月11日，沙特阿拉伯文化和新闻部大臣阿瓦德（Awad al-Awad）宣布，自2018年3月，沙特将恢复公共电影院，这是35年来沙特首次解禁电影院。至2030年，电影产业将为沙特经济创收900亿里亚尔（约合人民币1588.95亿元），并创造3万个就业岗位。②

（四）实施私有化战略，积极引进外国资本

面对政府财政收入锐减的困境，沙特更加重视市场在经济发展中的基础性地位，主要体现在实施私有化战略和积极引进外国资本。

1. 私有化战略稳步推进

2015年11月，沙特民航总局（GACA）宣布，在沙特航空公司已实现私营化运作的基础上，沙特将全面实现机场及相关服务运行私营化，沙特的机场、空管和航信服务计划在2020年前实现私有化。③ 截至2016年第一季度，沙特首都机场哈立德国王国际机场已经成为沙特第一家完成私有化的机场。2016年6月，沙特卫生部宣布，到2030年将295家医院和2259家医疗中心私有化。④

2. 吸引外国投资的举措相继出台

近年来，沙特资本市场管理局不断修订相关政策，改善资本市场环

---

① 钮松、张璇：《沙特阿拉伯历史进程中的朝觐经济》，《阿拉伯世界研究》，2017年第4期，第74页。

② 《沙特解除35年禁令，明年起将重新开放电影院》，环球网，2017年12月12日，http://world.huanqiu.com/exclusive/2017-12/11442002.html。

③ 《沙特将于2016年实现机场运营私有化》，驻吉达总领馆经商室，2015年11月16日，http://jedda.mofcom.gov.cn/article/jmxw/201511/20151101165063.shtml。

④ 《沙特295家医院将面临私营化》，中国日报网，2016年5月16日，http://world.chinadaily.com.cn/2016-05/16/content_25304543.htm。

境,以吸引更多的境外资本。2015年6月15日起,沙特证券交易所正式向外国投资者开放。2016年沙特资本市场管理局将外国公司在上市公司持有股份的比例从不超过5%放宽至10%。① 同年8月,沙特资本市场管理局出台了减少限制外国投资者进入证券市场的有关措施和政策,具体措施包括:(1)外国机构投资沙特股市的最低资产管理规模由过去的50亿美元降至10亿美元;(2)增加外国金融机构投资沙特的范围;(3)允许具备资格的外国投资机构(QFI)在证券市场上取得其他公司不超过10%的股份,但是外国投资者(无论是否在沙特定居)拥有其他上市公司的股份总额不能超过49%。② 2017年2月,沙特资本市场管理局宣布于2018年实现沙特证券交易所的跨境上市,此举旨在进一步放宽对外国公司的交易限制,满足外国公司跨境市场投资的需求,加强吸引外资的力度。

2015年9月,沙特政府批准卡塔尔国家银行(QNB集团)进入沙特市场,设立分支机构。2016年6月,沙特大臣会议正式取消外商在批发和零售领域的投资额不能超过75%的规定,批准外国投资者可在沙特100%独资经营批发和零售业务。③ 2017年3月,沙特政府宣布将向私人部门开放稀有金属开采,以有利于开发沙特已探明存在的丰富的稀有金属资源。2017年8月,沙特商业投资部和投资管理总局决定放宽外资在工程领域的投资限制,允许外商100%独资经营。此前,外商

---

① 《沙特资本市场对外国投资者的限制将逐步放宽》,驻吉达总领馆经商室,2017年10月9日,http://jedda.mofcom.gov.cn/article/jmxw/201710/20171002654311.shtml。

② 《沙特近期将减少外国人证券投资的限制》,驻吉达总领馆经商室,2017年7月26日,http://jedda.mofcom.gov.cn/article/jmxw/201608/20160801372740.shtml。

③ 《沙特允许外商100%独资经营批发和零售业务》,驻吉达总领馆经商室,2016年6月16日,http://jedda.mofcom.gov.cn/article/jmxw/201606/20160601340408.shtml。

投资工程行业需与沙特方合资,且外方占股不得超过75%。①

(五)进一步营造良好的营商环境

近年来,沙特政府进一步采取措施,以改善其营商环境。2015年6月,麦地那市政府设立麦地那工业奖,旨在鼓励麦地那地区的开拓者积极参与新建和在建的工业项目。自2017年1月1日起,沙特采用新的商务签证申请系统,外国投资者可在24小时之内获得赴沙特的电子商务签证。2017年4月,沙特宣布将根据石油企业在沙特的投资规模,下调其所适用的所得税税率(50%—85%),此前石油企业的所得税税率统一为85%。② 积极营造宜商环境的其他措施包括:建立实施特殊商务法规的物流、旅游、工业及金融等特区,在区内实施有竞争力的规则和流程等。

沙特政府采取的多数措施正处于落地和实施期。如果上述举措能够顺利实施,沙特经济将能够摆脱当前的经济困境。但是上述举措能否顺利实施还有待观察,其实施效果有待时间检验。

第三节　沙特解决社会问题的举措

贫富分化、社会不公平、失业等问题总是与经济发展如影随形,经济发展不能解决所有社会问题,且不能自动导致社会稳定,因此政府只有积极解决经济发展中的社会问题,才能实现经济发展中的政治稳定。伊斯兰教和沙特历任国王均重视沙特面临的社会问题。

---

① 《沙特将允许工程行业外商100%独资》,驻吉达总领馆经商室,2017年8月10日,http://jedda.mofcom.gov.cn/article/jmxw/201708/20170802624615.shtml。

② 《沙特下调石油企业的所得税税率》,驻吉达总领馆经商室,2017年4月3日,http://jedda.mofcom.gov.cn/article/jmxw/201704/20170402548703.shtml。

构建稳定——"石油王国"的改革、调整与稳定

伊斯兰教自古有施舍济贫,维护普通穆斯林生存权的传统,如《古兰经》主张,富人的财产中"有乞丐和贫民的权利"。这有助于调节社会关系,缓和社会矛盾,进而实现政治稳定。正如金宜久教授所指出:"伊斯兰教主张通过富者对贫困者施舍的办法来调节阶级关系,缓和贫富、贵贱之间的矛盾。这对稳定社会正常生活秩序、避免社会发生激烈动乱,起到了一定的作用。"① 对于国家而言,国家同样有责任救济陷入生活困境的穆斯林。对于沙特国民而言,沙特民众希望政府能够满足商人和工人、富人和穷人、定居民和贝都因人的基本生活需求,在不阻止富人的追求的情况下帮助穷人。②

沙特统治者深谙有效解决社会问题、建立社会福利体系的重要性。"衡量一个政权(不论它是君主政体还是共和政体)的唯一真正标准是,统治者与被统治者之间的互惠达到了什么程度",③ 这成为沙特历代国王信奉的信条。1964年12月,在费萨尔继承王位后,费萨尔国王宣称:"沙特王室统治的合法性基础是统治者的正直品行、国家繁荣以及沙特王室与国民之间的互惠。"④ 法赫德国王认为,"一切动乱源于人民的贫穷,只有提高福利才能保证社会安定、巩固王室的长久统治"⑤。因此,他十分重视社会福利工作,对社会福利的投资大幅度增长。原石油大臣亚马尼也强调发展穆斯林的物质财富应该作为政府的目标,因为

---

① 金宜久:《伊斯兰教》,北京:宗教文化出版社,1997年,第333页。
② Summer Scott Huyette, *Political Adaptation in Saudi Arabia*: *a Study of the Council of Ministers*, Boulder: Westview Press, 1985, p. 135.
③ [英]彼得·霍布德:《今日沙特阿拉伯》,周仲贤、余程译,北京:新华出版社,1981年版,第109至110页。
④ James Buchan, Secular and Religious Oppisition in Saudi Arabia, in Tim Niblock (ed.), *State, Society and Economy in Saudi Arabia*, London: Routladge, 1982/2015, p. 110.
⑤ [日]田村秀治:《伊斯兰盟主:沙特阿拉伯》,陈生保等译,上海:上海译文出版社,1981年,第124页;王铁铮、林松业:《中东国家通史:沙特阿拉伯卷》,北京:商务印书馆,2004年,第254页。

第五章　提升社会经济绩效与沙特的政治稳定

伊斯兰法"无论是在日常生活中还是在对未来生活的展望中，都是一种建立在社会福利基础之上的制度"①。

在经济发展过程中，沙特政府通过建立高水平的社会福利体系，积极解决高失业率问题，以实现沙特政治总体稳定状态。

一、建立和完善社会福利体系

维护君主制和伊斯兰教的途径在于小心谨慎地解决社会问题。为了缓和社会矛盾，实现政治稳定，沙特开始建立政府主导型的社会福利体系，其目标是使沙特国民均能分享国家经济发展的成果。②沙特社会福利体系的建设经历了一个从无至有、从不成熟到逐步完善成熟的发展过程。

尽管伊斯兰教教义有涉及社会救济的内容，部落有相互救助的传统，但是沙特历任国王高度重视社会福利体系建设。沙特国王在1953年继位时声称："先父在位时致力于疆域的拓展，本人继位后将致力于改善民众的福利、教育和医疗条件。"③ 1962年，费萨尔亲王颁布了"十点纲领"，其中第七点涉及社会福利体系建设，宣称推行社会福利是政府的一种责任，"陛下的政府意识到提高民族的社会水平是它最重要的职责"④。同时"十点纲领"列举了政府在社会福利体系方面的目标：

---

① Ayman Al-yassini, *Religion and State in the Saudi Arabia*, Boulder: Westview Press, 1985, p. 102.

② Mohamed A. Ramady, *The Saudi Arabian Economy: Policies, Achievements and Challenges*, London: Springer, 2010, p. 23.

③ 哈全安：《中东国家史：610—2000》，天津：天津人民出版社，2010年，第770页；哈全安：《中东国家史（610—2000）：阿拉伯半岛诸国史》，天津：天津人民出版社，2016年，第186页。

④ ［叙利亚］莫尼尔·阿吉列尼：《费萨尔传》，何义译，北京：商务印书馆，1977年，第367至370页。

实行免费的医疗、免费的教育，推行社会保险制度并且保障人民在社会参与和在娱乐方面的权利。

但是在石油经济繁荣之前，由于沙特经济落后且停滞不前，没有充足的财政支出用于社会保障体系建设。在1963至1964财年，沙特社会保障支出仅为260万里亚尔。[1] 沙特社会福利体系几乎一片空白。真正的现代国家福利体系建设始于费萨尔继任国王，尤其是20世纪70年代。[2]

沙特政府从1970年开始实行五年计划，每个五年计划均对社会福利体系有明确的规划，并专门划拨一定比例的资金用于社会福利事业。在第二个五年经济发展计划中，沙特政府明确提出增加社会各阶层的福利。[3] 沙特第三个五年经济发展计划（1980年至1985年）首次明确提出社会福利体系建设的目标：改善社会福利体系，扩大沙特城乡社会服务体系，继续提高医疗卫生标准，实现教育均等化，解决社会经济问题。

长期以来，沙特社会保障支出占沙特财政支出的比例约为40%。[4] 在1973至1974财年，沙特社会保障支出增加至2280万里亚尔；在1977至1978财年，沙特社会保障支出剧增至14650万里亚尔。[5] 在

---

[1] Othman Al-Rawaf, The Concept of Five Crisis in Political Development: Relevance to the Kingdom of Saudi Arabia, Ph. D. Dissertation, Duke University, 1980, p. 220.

[2] Yousef A. Uthaimeen, The Welfare State in the Saudi Arabia: Structure, Dynamics and Function, Ph. D. Dissertation, American University, 1986, p. 255.

[3] 伍庆玲：《现代沙特社会经济结构的演变》，《西亚非洲》，1995年第3期，第53页；Tim Niblock, *Saudi Arabia: Power, legitimacy and Survival*, London & New York: Routledge, 2006, p. 50.

[4] Tim Niblock, *Saudi Arabia: Power, legitimacy and Survival*, London & New York: Routledge, 2006, p. 74.

[5] Othman Al-Rawaf, The Concept of Five Crisis in Political Development: Relevance to the Kingdom of Saudi Arabia, Ph. D. Dissertation, Duke University, 1980, p. 220.

1979年至2001财年，沙特在社会保障方面的财政支出增加了3倍。①2004年，沙特在医疗卫生、教育和社会保障面的支出达到637亿里亚尔（约合170亿美元），占沙特财政支出的25%。② 截至目前，沙特已经建立相对完善且高水平的社会福利体系。

（一）构建"老有所养"的养老体系

沙特养老体系始于20世纪60年代末、70年代初。1969年11月15日，沙特颁布《沙特阿拉伯王国社会保险法》，开始实施社会养老保险制度。沙特于1973年建立了公务员养老保险制度，于1974年建立了军人养老保险制度。如果沙特公民职业发生变化，法律允许公民在不同养老保险计划间进行转换，参加前一个养老保险计划的缴费时间可累加到后一个养老保险计划中，养老金待遇按最后参加的养老保险计划确定。截至2011年11月26日，沙特社会养老保险的缴费者为1523.7万人，沙特公务员养老保险和军人养老保险的参加人员为529237人。③目前沙特社会养老保险覆盖绝大部分沙特国民。沙特国民初步实现了"老有所养"的愿景。

（二）构建"学有所教"的社会教育体系

1970年，沙特中小学教育在农村仍然没有得到普及。沙特国民（10岁以上的沙特国民）的文盲率在1974年高达70%，"受过教育"的

---

① Tim Niblock, *Saudi Arabia: Power, legitimacy and Survival*, London & New York: Routledge, 2006, p. 74.
② Tim Niblock, *Saudi Arabia: Power, legitimacy and Survival*, London & New York: Routledge, 2006, p. 120.
③ 何伟：《沙特养老保障体系概况》，《中国劳动保障报》，2013年5月24日，http://www.bosera.com/common/infoDetail-1307666-00020002000600050001.html。

沙特国民仅占沙特国民总数的13%。① 但是，自费萨尔国王时代，沙特开始建立一套从中央到地方、从小学到大学的教育体系，以满足国民的教育需求。在第二个五年经济发展计划期间，学校数量由3335所增加至5318所②。21世纪以来，沙特学校仍然持续增加，学校数量由2005年的2.45万所进一步增加至2013年的2.77万所。③ 随之而来的是，沙特入学率快速提高。1962年，沙特男孩入学率为22%，女孩入学率仅为2%；1981年，沙特男孩入学增加至81%，女孩入学率增加至43%。④

沙特高等教育的发展在一定程度上反映了沙特教育事业的发展。目前，沙特已经建立了数十所各层次的高等院校，其中部分高等院校已经进入世界名校行列，如法赫德国王石油与矿产大学、沙特国王大学（又名利雅得大学）、阿卜杜勒·阿齐兹国王大学、沙特阿拉伯国王科技大学。进入20世纪70年代，沙特高校学生数量快速增加。"到70年代中期，约25000学生就读于各类高等教育学府，另有超过5000人赴国外留学。"⑤ 截至1981年，沙特大学生数量增加到5万人。⑥ 2002年，沙特高等教育在校总人数达到40万人。沙特大学毕业人数增加了9倍，

---

① J. S. Briks & C. A. Sincair, The Domestic Political Economy of Development in Saudi Arabia, in Tim Niblock (ed.), *State, Society and Economy in Saudi Arabia*, London: Routledge, 1982/2015, p. 202.
② Othman Al-Rawaf, The Concept of Five Crisis in Political Development: Relevance to the Kingdom of Saudi Arabia, Ph. D. Dissertation, Duke University, 1980, p. 243.
③ 《阿卜杜拉国王执政九年来沙特经济成就汇编》，商务部网站，2014年5月7日，http://www.mofcom.gov.cn/article/i/jshz/rlzykf/201405/20140500575733.shtml。
④ Helen Metz, *Saudi Arabia: a Country Study*, Washington, DC: Libracy of Congress, 1993, p. 97.
⑤ Mordechai Abir, *Saudi Arabia in the Oil Era: Regime and Elites, Conflicts and Collaboration*, London: Croom Helm Ltd, 1988, p. 122.
⑥ [英]彼得·霍布德：《今日沙特阿拉伯》，周仲贤、余程译，北京：新华出版社，1981年，第81页。

由1979年的5000人增加至2001年的5万人。①

沙特教育经费持续增加，为沙特免费教育制度提供了充足的资金保障。对教育和培训领域的预算拨款在1970年至1975年仅为25亿美元，在1976年至1980年增加至280亿美元，②在2016年进一步增加至1916.59亿里亚尔（约合511亿美元）。③在巨额财政预算的支持下，沙特实施免费教育制度，国家负责学生在学习中的一切费用。从幼儿园到大学，不仅由国家提供书本、校服和午餐，而且还有生活补贴，其中11至17岁的学生每人每月可获得500里亚尔（约合134美元），大学生每人每月可以得到约300美元；学习优秀者另有奖学金。④这使沙特国民接受教育无后顾之忧，基本实现了"学有所教"的愿景。

（三）构建"病有所医"的医疗卫生体系

在20世纪60年代初期，沙特医疗卫生体系极其不完善。自20世纪70年代开始，沙特政府在医疗卫生事业上持续投入巨额资金，大力建设包括医院、诊所和保健中心在内的医疗基础设施，以保障国民的生命健康。沙特基层诊所由60年代初的48所增加至1973年的206所，增长了约3.3倍；保健中心由60年代初的59个增加至1973年的260个，增长了约3.4倍；医院从60年代初的40所增加至1873年的54所，并由2005年的374所增至2013年的435所；医疗中心和诊所由

---

① Tim Niblock, *Saudi Arabia: Power, Legitimacy and Survival*, London & New York: Routledge, 2006, p. 74.

② Delwin A. Roy, Saudi Arabian Education: Development Policy, *Middle Eastern Studies*, Vol. 28, No. 3 (1992), p. 481.

③ 《沙特2016财政预算出台，教育等民生领域是重点》，驻吉达总领馆经商室，2015年12月29日，http://jedda.mofcom.gov.cn/article/jmxw/201512/20151201222379.shtml。

④ 陈建民编著：《当代中东》，北京：北京大学出版社，2002年，第209页。

2005年的2960个增至2013年的4427个。① 2014年，沙特卫生部计划新增34家新医院和医疗中心；2015年，沙特卫生部计划建设3所医院、3所血库中心、11所初级卫生保健中心和10所综合诊疗所。

沙特是海湾国家对医疗保健领域投入最多的国家。2016年，沙特卫生部向社会提供了价值超过12万亿里亚尔（约合3.2万亿美元）的医疗服务，医疗卫生支出占沙特政府财政预算的7%，这相当于政府为每个人承担了价值500美元的医疗支出。② 2016年，沙特政府对医疗卫生领域的预算拨款达1048.64亿里亚尔（约合279.6亿美元）。③ 在巨额财政预算的支持下，沙特实施国民免费医疗战略，凡具有本国身份的居民，不论何病，均免除在医院治疗的全部费用。因此沙特国民基本实现了"病有所医"的愿景。

（四）构建"住有所居"的住房体系

为了实现所有沙特人住有所居的目标，沙特在第一个五年经济发展计划期间年均建造1.75万套福利房，在第二个五年经济发展计划期间年均建造4万套福利房，并免费提供给沙特民众。④ 在第二个五年经济发展计划期间，沙特决定组建房地产开发基金（Real Estate Development Fund，简称REDF），向个人免费提供贷款，帮助沙特国民修建房子，以解决住房短缺问题。1975年，房地产开发基金给15万名贷款者发放

---

① 《阿卜杜拉国王执政九年来沙特经济成就汇编》，商务部网站，2014年5月7日，http://www.mofcom.gov.cn/article/i/jshz/rlzykf/201405/20140500575733.shtml。

② 《沙特295家医院将面临私营化》，中国日报网，2016年5月16日，http://world.chinadaily.com.cn/2016-05/16/content_25304543.htm。

③ 《沙特2016财政预算出台，教育等民生领域是重点》，驻吉达总领馆经商室，2015年12月29日，http://jedda.mofcom.gov.cn/article/jmxw/201512/20151201222379.shtml。

④ Tim Niblock, *Saudi Arabia: Power, Legitimacy and Survival*, London & New York: Routledge, 2006, p. 53.

第五章　提升社会经济绩效与沙特的政治稳定

贷款，贷款金额达到 300 亿里亚尔（约合 87 亿美元）。① 这些贷款帮助了因没有接受教育而不能进入政府的沙特国民修建住宅。同时国家还在民众住房领域给予补贴，"所需费用 70% 由政府贷款，建成后，政府放弃 20% 的贷款，其余部分分几年收回，不需要利息。如果私人想投资盖房，政府可以提供 50% 的建筑费用"②。

在中东变局爆发后，沙特政府更加重视国民的住房问题。沙特新的五年计划（2011—2014 年）计划五年内建设 100 万套住宅，解决全国 80% 以上居民的住房需求。③ 2011 年 3 月 25 日，阿卜杜拉国王为解决沙特国民住房问题，宣布改组住房总局，成立住房部。新成立的住房部承担起原先住房总局所有与房建相关的职责，同时还直接负责处理与房建相关的土地事务，使其在获得政府土地、执行房建项目方面具有很大的灵活性。同时，阿卜杜拉国王还对现有房地产发展基金理事会进行改组，此举将融资和执行两个部门有机结合，以实现政府在全国各地为国民建设住房的目标。2011 年 5 月，沙特政府安排 1952 万平方米土地用于住房建设。④ 2014 年年底，吉达市政府计划在其北部建立一个住宅新区，占地 300 万平方米，建成后可提供 2.5 万套住宅。2017 年年底，沙特住房部和房地产开发基金会宣布启动 2018 年第二阶段住房计划，在沙特各地推出 30 万套住宅，这些"产品"包括 12.5 万套住宅、7.5 万块无偿使用土地和 10 万个住房融资产品。⑤ 这些举措有助于满足沙

---

① Summer Scott Huyette, *Political Adaptation in Saudi Arabia: a Study of the Council of Ministers*, Boulder: Westview Press, 1985, p. 30.
② 北京大学亚非研究所：《石油王国沙特阿拉伯》，北京：北京大学出版社，1985 年，第 138 至 139 页。
③ 郑达庸、李中：《中国驻中东大使话中东：沙特》，北京：世界知识出版社，2014 年，第 131 页。
④ 《利雅得安排 1952 万平方米土地用于国王宣布的国民住房建设计划》，2011 年 5 月 25 日，http://sa.mofcom.gov.cn/article/jmxw/201105/20110507569096.shtml。
⑤ 《沙特住房部宣布启动 2018 年第二阶段住房计划》，驻吉达总领馆经商室，2017 年 12 月 27 日，http://jedda.mofcom.gov.cn/article/jmxw/201712/20171202690791.shtml。

特国民实现"住有所居"的愿望。

(五) 建立特殊时期的非制度化的福利体系

作为沙特福利体系的重要特色,特殊时期的福利措施是沙特平息社会不满、维持政治稳定的重要举措。1979年年底的麦加事件和哈萨骚乱爆发后,沙特政府为了巩固沙特家族统治的合法性基础,加大了社会福利保障力度,减轻贫富分化程度,平息下层人民的不满情绪。[①] 当年财政年度的预算追加了80亿美元,直接或间接用于发展社会福利事业。[②] 新制定的五年经济发展计划的重点也由大规模建设项目转为社会投资。

在中东变局爆发后,沙特政府再次利用巨额福利支出安抚民众不满情绪,"购买"国家政治稳定。2011年2月23日,沙特政府公布了总价值360亿美元的改善民生措施,其中包括:公务员加薪15%;对学生和失业人员提供补助,失业青年每月可获540美元,政府努力为失业国民安排工作;增加无息住房贷款等。[③] 2011年3月18日,阿卜杜拉国王为了稳定政治局势,向国民发出总额1300亿美元的福利红包,具体内容包括:针对全体公务员、军人额外给予2个月薪水;针对失业者每月补助530美元;调整公务员最低月工资至800美元;军队和安全部门将新增6万个就业岗位;对50万户家庭提供总额约660亿美元的住房补贴实施国民住房,计划投入2500亿里亚尔(约合670亿美元),新

[①] 陈沫主编:《列国志:沙特阿拉伯》,北京:社会科学出版社,2011年,第69页。

[②] 刘鸿武:《论君主制化沙特阿拉伯长期延续的根源》,《西亚非洲》,1991年第2期,第57页。

[③] 赵灵敏:《沙特何以保持稳定?》,《南方人物周刊》,2012年7月2日,http://www.nfpeople.com/News-detail-item-3281.html;《沙特国王颁布改善民生新措施》,环球网,2011年3月19日,http://world.huanqiu.com/roll/2011-03/1573042.html。

第五章 提升社会经济绩效与沙特的政治稳定

建50万套低价住房；拨款42亿美元改、扩建医疗卫生设施等。① 随后沙特国民自发发起感谢政府慷慨支出、支持政府的各类活动，并持续数日。

新任国王在登基时有向国民发社会福利红包的传统。例如，2015年2月，新任国王萨勒曼向民众发放总值210亿英镑（约合320亿美元）的福利红包，具体内容包括：国家公务员、军人、退休的公务员，及领取政府奖学金深造的学生都可获得相当于两个月工资的红包，特殊需求人群和低保人群也都能拿到额外补贴。② 2017年4月22日，萨勒曼国王决定恢复政府公务员和军人的补贴和福利。这些举措得到了沙特各界的赞扬。

此外，沙特政府对国民的能源消费和供水提供巨额补贴，每年的补贴金额均约500亿美元。因而沙特国民能够享有廉价的水和石油，石油价格低到每加仑1美元以下。电费也很低，致使暑期出门度假的利雅得居民都懒得关掉家里的空调。

通过建设完善且高水平的社会福利体系，沙特较好地解决了本国的贫困问题。2011年5月，沙特经济计划大臣哈利德·古萨比宣布，沙特已经成功地完全消除了赤贫。③

二、积极解决就业问题

为了解决沙特失业问题，沙特主要从两个方面采取措施，即大力开

---

① 《特出台社会福利保障措施，预计总额超1300亿美元》，中华人民共和国商务部，2011年3月19日，http://www.mofcom.gov.cn/aarticle/i/jyjl/k/201103/20110307455572.html。

② 《沙特新国王庆祝登基向民众派发210亿英镑红包》，第一财经网，2015年2月26日，http://www.yicai.com/news/4577803.html。

③ 《沙特宣布完全消除赤贫》，商务部网站，2011年5月5日，http://sa.mofcom.gov.cn/article/jmxw/201105/20110507533023.shtml。

构建稳定——"石油王国"的改革、调整与稳定

发人力资源和实施劳工沙特化政策,具体体现在以下几个方面。

(一) 积极创造就业岗位,提高国民岗位竞争力

创造国内就业岗位和提高国民岗位竞争力是沙特解决失业问题的重要举措。在第七个五年经济发展计划期间,沙特政府计划每年创造9万个新的工作岗位。"2020年国家转型计划"计划大力发展矿业、旅游业等产业,到2020年增加45万个工作岗位。[①] 沙特政府正在积极采取具体措施,以创造更多就业岗位,提高国民岗位竞争力。

1. 发展制造业和服务业,增加就业机会

相对于石油和矿产行业,制造业和服务业能够创造更多的工作岗位。沙特政府一直希望能够使国家经济多样化并创造更多就业岗位。1999年,沙特政府成立了最高经济委员会以吸纳外国资本,为沙特创造更多的工作岗位。[②] 从2005年开始,沙特先后公布了6个经济城发展规划,到2020年6个经济城将提供130万个就业机会。目前沙特国内已经建立了32个工业城;未来5年,沙特工业城数量将达到40个,将增加就业人数30万人。[③] 其中最为重要的工业城是阿卜杜拉国王经济城,该城到2020年底将增加5万个工作岗位;[④] 阿卜杜拉国王经济城预计最终将创造100万个工作机会[⑤]。在旅游业方面,2003年9月,沙特旅游事务最高委员会公布的"20年发展规划"宣布,沙特旅游业

---

① 《沙特深度经济转型计划重点是就业问题》,搜狐网,2016年6月8日,http://www.sohu.com/a/81874083_403584。
② [美]詹姆斯·温布兰特:《沙特阿拉伯史》,韩志斌、王泽壮、尹斌译,上海:东方出版中心,2009年,第299页。
③ 《沙特工业财产管理局及工业园区简介》,驻吉达(沙特)总领馆经商室,2015年7月9日,http://jedda.mofcom.gov.cn/article/e/g/201507/20150701039597.shtml。
④ 《沙特计划在东部建设新工业城》,驻吉达总领馆经商室,2015年8月26日,http://www.mofcom.gov.cn/article/i/jyjl/k/201508/20150801092475.shtml。
⑤ 陈化南:《沙特6大经济城营造新商机》,《进出口经理人》,2008年第8期,第36至37页。

第五章 提升社会经济绩效与沙特的政治稳定

到2020年将实现230万沙特国民的就业。① 2013年，沙特政府制定了新的旅游业发展规划，旅游业从业人员计划由67万人增加至2015年的130万人，到2020年进一步增加至180万人。② 此外，"2030年愿景"计划在2020年前在零售业为沙特公民新增100万个就业岗位③；"2020年国家转型计划"计划大力发展矿业、旅游业等工业，计划到2020年创造45万个就业机会。④

同时沙特设立民营企业的最低工资标准，以吸引更多沙特公民到民营企业就业。2014年年底，沙特劳工部将民营企业沙特籍雇员的最低月工资设定为5300里亚尔（约合1413美元），从而加快"沙特化"进程。⑤

2. 扶植中小企业发展

中小企业是创造和增加就业岗位的主力。在沙特，中小企业提供的就业岗位占整个私营部门的比例高达51%，同时创造了22%的国内生产总值。鉴于中小企业在创造就业方面的重要性，沙特设立多个帮助中小企业融资的专项基金和融资计划，扶植中小企业新建项目或拓展已有业务，从而增加沙特就业岗位。2010年，沙特财政部联合沙特工业发展基金和境内各大银行，推出了一项专门针对中小企业的融资计划。该计划要求沙特境内的各大银行必须将一定比例的信贷业务专用于支持中

---

① Tim Niblock, *Saudi Arabia*: *Power, legitimacy and Survival*, London & New York: Routledge, 2006, p. 126.
② 《全球经济复苏缓慢，各国如何破解就业难题？》，搜狐网，2013年7月4日，http://roll.sohu.com/20130704/n380665031.shtml.
③ 《沙特公布"2030愿景文件"，誓成为连接亚欧非三洲的全球中枢》，驻沙特阿拉伯使馆经商处，2016年4月27日，http://sa.mofcom.gov.cn/article/jmxw/201604/20160401308210.shtml.
④ 《沙特政府推出"2020年国家转型计划"》，驻吉达总领馆经商室，2016年6月12日，http://jedda.mofcom.gov.cn/article/jmxw/201606/20160601336569.shtml.
⑤ 《沙特将对民营部门雇员设定最低工资》，驻吉达总领馆经商室，2014年11月19日，http://www.mofcom.gov.cn/article/i/jshz/rlzykf/201411/20141100802467.shtml.

小企业发展,比例最高可达80%。截至2013年,共有3160家中小企业受益于该计划,获得的融资资金超过53亿里亚尔。此外,已经有超过2.1万家中小企业通过沙特信贷储蓄银行获得总额31.4亿里亚尔的贷款。2015年6月,麦地那市政府设立麦地那工业奖项,旨在鼓励和支持中小企业的发展壮大,不断创造更多的就业机会。这些中小企业的发展带来了数以千计的新工作岗位。

3. 大力开发人力资源,提高职业素养

沙特政府为了缩小沙特员工职业素养与用工单位需求之间的差距,不断加大在教育、培训和人力资源等方面的投入。2001年,沙特技术教育和职业训练总局制定了培训30万沙特适龄劳动力的规划。同时沙特委托沙特阿美石油公司、沙特基础工业公司等大型企业,对沙特适龄劳动力展开技术培训。沙特第九个五年经济发展计划(2010—2014年)总投资的51%,约3850亿美元,被用于人力资源发展,其中将以教育投资为主。2012年沙特在教育领域的投入占其国内生产总值的5.6%,是所有海湾国家中教育投入占比最高的国家。在2013年财政预算中,沙特政府的教育和培训支出高达544亿美元,占政府全部支出的25%,同比增长了21%。"2020年国家转型计划"大力发展职业技术培训学院,计划投资17亿里亚尔用于技术培训学校的设施建设,努力使职业技术培训学院人数从10.4万提高到95万。①

同时,沙特重视教育结构的调整。在高等教育方面,沙特调整高等教育的专业设置,增加理工类、工程技术类和医学类学校和专业。如2009年沙特成立阿卜杜拉国王科技大学,该校是一所专攻理工领域的国际化、研究型大学。在职业技术培训方面,沙特专门成立了负责技术培训的国家机构——沙特技术教育和职业训练总局,下设75家各类培

---

① 《沙特深度经济转型计划重点是就业问题》,搜狐网,2016年6月8日,http://www.sohu.com/a/81874083_403584。

第五章　提升社会经济绩效与沙特的政治稳定

训机构，以培养社会需要的专业技术人员。

（二）实施"沙特化"政策，限制外籍劳工数量

沙特第六个五年经济发展计划（1995—1999年）正式将劳工沙特化政策付诸实施。随后一系列法律、政策和机构纷纷出台。沙特的"沙特化"政策主要从两个方面展开。

1. 实施"沙特化"政策

1995年，沙特大臣会议颁布了"50号法令"，该法令规定：雇员在20人以上的所有企业雇佣的沙特本国劳动力的比例，必须每年增加5%。2004年3月，沙特政府从沙特劳工和社会事务部析出劳工部，专门负责"沙特化"政策。自2011年起，政府推行"沙特化"就业分级制度（Nitaqat）①，该政策旨在建立起本国居民就业配额机制：所有在沙特经营的私营企业根据所处行业和企业规模不同，必须雇佣一定比例的沙特籍员工，并根据各企业的完成情况将企业划分为"优秀""绿色""黄色"和"红色"四个等级。私营企业如果雇佣高比例的沙特藉员工，将获得一系列的激励和便利政策；企业若雇佣沙特藉员工比例不足，则不能享受激励和便利政策，甚至面临一系列惩罚措施，如被禁止从其他国家引进劳工，并难以获得新的工作签证。

2015年以来，沙特劳工部为了有效降低失业率，不断出台新的"沙特化"就业方案。2016年7月，沙特劳工部宣布，在沙特从事批发和零售业务的外国投资者必须将一些关键岗位留给沙特公民，并将此作为外国公司申请获得投资许可的前提条件。同年8月，沙特政府开始落实汽车行业100%的就业"沙特化"，该计划最迟在2017年完成。自2016年12月11日起，沙特新的"沙特化"就业分级调整方案——

---

① Rita O. Koyame-Marsh, Saudization and the Nitaqat Programs: Overview and Performance, *Journal of Accounting, Finance and Economics*, Vol. 6, 2016, pp. 45-48.

"平衡沙特化"政策（Mawzoon）正式执行，其主要内容是增加原"沙特化"分级制度中"黄区"企业的数量，并按雇工人数将企业划分为50至99人、100至199人和200至499人三个等级；[①] 2017年9月3日，新"沙特化"就业政策正式执行，其要求是，企业不仅要雇佣一定数量的沙特籍员工，而且要保障沙特籍员工的平均工资、女员工的比例、沙特籍员工就业的可持续性以及高薪员工的比例等。2017年10月，沙特货币管理总局做出决议，要求保险公司于2018年2月1日之前在向个人销售保险产品领域实现100%沙特化，即雇佣沙特籍员工的比例必须达到100%，禁止非沙特人从事向个人出售、营销各种保险产品的工作。未来，沙特零售店女性配饰的销售领域也将逐步实现女性化。

2. 限制外籍劳工数量

限制外籍劳工的签证数量。1995年12月，沙特内政部开始强制实行配额制，凡是违反沙特化的企业都将受到惩罚，其中包括不再配发新的工作许可证，银行不予贷款，不予办理诸如修改商业登记和注册等行政批文。2005年3月，沙特劳工大臣宣布，2005年度颁发的劳工签证由2004年度的832244份减少到684201份。[②] 自2015年8月开始，沙特劳工部停止向某些特殊岗位的外籍劳动力签发短期临时、季节性以及永久性签证，劳工部公布的特殊岗位共16类，具体包括：政府和私营企业的人力资源部门主管、人事部主管、劳动事务部主任、人事关系部主任、人事管理部门的职员和计工员、政府和私营企业的接待人员、酒店和医院的接待员，以及收银员和打字员等。同时提高外籍劳工签证申

[①] 《新"沙化"政策将打破外国人对核心岗位的垄断》，驻吉达总领馆经商室，2016年6月30日，http://jedda.mofcom.gov.cn/article/jmxw/201606/20160601350425.shtml。

[②] 刘军：《当代海湾国家的外来劳工移民及其影响》，《世界民族》，2008年第6期，第77页。

请拒签率。以 2016 年为例，外籍人工作签证申请共 849228 份，其中 533016 份申请遭到拒绝，拒签率达到 62.77%。

大规模驱逐非法外籍劳工。2003 年 2 月初，沙特宣布，到 2013 年将有大约 300 万外来劳工移民被迫离开沙特。① 2011 年 5 月，沙特计划驱逐 150 万在沙特工作的埃及人。② 2013 年 4 月至 11 月，沙特劳工部和内政部遣返了逾 100 万名未持有有效居住证、工作签证和脱离担保人自行就业的非法劳工。③ 2017 年 11 月至 2018 年 3 月，沙特在全国范围内展开打击非法外籍劳工的专项活动，共逮捕非法居留、非法务工、非法入境等"三非"人员 79.34 万人，驱逐 19.63 万"三非"人员出境。

对外籍劳工征税，增加外籍劳工生活成本。自 2017 年 7 月开始，沙特政府对境内的外籍人家属按人征收随居费用，2017 年每个外籍人的每个随居家属将缴纳 100 里亚尔/月（约合 26.7 美元/月）的随居费用，2018 年该费用标准为 300—400 里亚尔，2020 年该费用标准将达到 800 里亚尔/月。④

沙特化政策已经取得了一定效果。沙特劳工副大臣哈米丹表示，私营部门共计新增 61.5 万沙特人就业，如果剔除跳槽至政府部门、辞职、死亡的沙特人，则纯新增就业人数预计达到 41.1 万人，增长率达

---

① World Bank, Unlocking the Employment Potential in the Middle East and North Africa, *World Bank Publications*, Vol. 9, 2004, pp. 159 - 160.
② Saudi Arabia to Limit Work Permits to Help Locals, *Arabainbusiness. com*, 30 May, 2011, http://www. arabianbusiness. com/saudi-arabia-limit-work-permits-help-locals-402736. html.
③ Ian Black, Saudi Arabia's foreign labour crackdown drives out 2m migrants, *The Guardian*, December 1, 2013, https：//www. theguardian. com/world/2013/nov/29/saudi-arabia-foreign-labour-crackdown-migrants.
④ 《沙特将对外籍人的家属征收费用》，驻吉达总领馆经商室，2016 年 12 月 26 日，http://jedda. mofcom. gov. cn/article/jmxw/201612/20161202376192. shtml.

85％。① 从行业来看，通讯和汽车等领域已经相继实现了100％沙特化，许多大型银行的沙特化率已经达到了80％至90％。不过，仍然有许多行业的沙特化没有达到预期效果。沙特政府表示，未来将重点推进零售行业雇员的沙特化，将为沙特国民提供60万个零售行业的就业岗位。

就沙特失业问题而言，沙特虽然失业率数字较高，但是沙特失业问题有自身特点。首先，沙特并非真正的缺乏工作岗位。在20世纪50年代，沙特外籍劳工数量持续增加。根据世界移民组织（WMO）和沙特统计局资料，非沙特籍人口在1980年为180.4万，在1990年增加至422万，在2000年增加至525.5万，在2004年达到614.42万人，然而2002年沙特籍劳动力数量为311.4万人。② 2011年12月，沙特劳工部报告显示，2011年沙特私营企业的雇员总数为690万，而其中只有72.4万人为沙特人。③ 其次，沙特失业率高的原因在于，沙特籍劳动力成本高昂，难以管理。根据数据显示，沙特国民的平均工资是外籍劳工工资的3倍，获得大学学历的沙特国民工资是获得大学学历的外籍劳工的两倍。在家待业的大学生每月领取的失业救济金高于在私营企业工作的普通外籍劳工。④ 因此沙特国民不愿意从事外籍劳工从事的辛苦工作。例如，在2004年，沙特医疗卫生系统需要5.4名万护士，但是沙特籍护士仅有1000名。⑤ 因此沙特失业问题往往是"自愿失业"，并非

---

① 《沙特劳工部：沙特化政策为61.5万沙特人在私营部门解决就业问题》，商务部网站，2013年5月19日，http://www.mofcom.gov.cn/article/i/jyjl/k/201305/20130500131076.shtml。

② Tim Niblock, *Saudi Arabia: Power, legitimacy and Survival*, London & New York: Routledge, 2006, p. 75.

③ 韩晓婷：《沙特阿拉伯私营经济劳工"沙特化"政策探析》，《西亚非洲》，2013年第6期，第132页。

④ 韩晓婷：《沙特阿拉伯私营经济劳工"沙特化"政策探析》，《西亚非洲》，2013年第6期，第144页。

⑤ Saudi Arabia's Planning for Changing Workforce, *Migration Policy Institute*, January 2005, www.migrationinformation.org.

绝对意义上的失业。① 这与其他阿拉伯国家的高失业率有本质的区别。

第四节　提升政治绩效对沙特政治稳定的影响

一、增强了国家自主性，提升了抵御风险的能力

(一) 提高了国家的自主性和稳定性

国家主义认为，国家是具有自我目的的自主行为体。② 国家是人类社会秩序的建构者和维护者，实现政治稳定自然是国家的重要目的。实现政治稳定需要国家的参与和调控，即国家自主性。虽然影响国家自主性的因素众多，但是充足的经济社会资源是国家维持自主性的物质基础。在通常情况下，国家财政收入的多寡是衡量国家自主性大小的标准之一。财政收入的多寡取决于国家经济规模和国家汲取财政收入的能力，但是国家经济规模更具有决定性和基础性。从此角度来看，经济发展是提升国家自主性的根本保障。

伴随沙特经济发展，沙特财政收入快速增加。在充足的财政资金的支持下，沙特能够建立完整的政府机构、庞大的官僚体系和强大的军事武装力量。这成为沙特提升国家自主性的基础，改变了沙特在建国初期的政治窘境：在经济上依赖商人集团，在地方事务和军队上依赖部落集团，在合法性上依赖宗教合法性。沙特国家自主性的提高为沙特有效解决社会问题，积极构建政治稳定提供了广阔空间。

---

① 韩晓婷:《沙特阿拉伯私营经济劳工"沙特化"政策探析》,《西亚非洲》,2013年第6期,第144页。

② Stephen D. Krasner, A Statist Approach of American Oil Policy toward Middle East, *Political Science Quarterly*, Vol. 94, 1979, p. 95.

构建稳定——"石油王国"的改革、调整与稳定

(二) 为政府解决社会问题提供了强大的物质基础

社会问题是经济发展过程的副产品,妥善解决经济发展中的社会问题是实现政治稳定的基础。人们对政府的不满首先来自经济方面,然后上升到政治诉求。[①] 换言之,若社会问题得不到有效解决,社会问题将政治化,进而危及政治稳定。在一定的时空范围内,某些社会问题的产生具有不可避免性,关键是能否得到及时解决,而解决社会问题需要以强大的、雄厚的物质基础为前提。作为解决社会问题的规划者和推动者,沙特政府通过发展国民经济,征集足够的资源和财力,以协调社会各阶级、阶层、群体之间的利益,应对各种社会问题。20 世纪 70 年代,沙特投入巨额资金解决基础设施不足问题。1979 年至 2001 年,沙特在社会保障方面的财政支出增加了 3 倍。[②] 2004 年,沙特在医疗卫生、教育和社会保障面的支出达到 637 亿里亚尔(约合 170 亿美元)。[③] 2016 年,沙特卫生部向社会提供了价值超过 12 万亿里亚尔(约合 3.2 万亿美元)的医疗服务,建立了全民免费医疗体系。这些规模庞大的财政支出建立了免费医疗、免费教育、优惠的住房贷款和优渥的社会津贴等。这些措施有效解决了沙特的基础设施、医疗、卫生、教育和住房短缺等问题,因此沙特社会矛盾明显缓解。

---

① Michael Bratton & Nicolas van de Walle, Popular Protest and Political Reform in Africa, *Comparative Politiccs*, Vol. 24, 1992, pp. 419-442;葛阳、谢岳:《城市化为何导致政治失序?——一个经验命题的文本分析与框架建构》,《天津社会科学》,2017 年第 2 期,第 77 页。

② Tim Niblock, *Saudi Arabia: Power, legitimacy and Survival*, London & New York: Routledge, 2006, p. 74.

③ Tim Niblock, *Saudi Arabia: Power, legitimacy and Survival*, London & New York: Routledge, 2006, p. 120.

（三）增强了政府抵御和抗击社会风险的能力

社会风险是影响政治稳定的重要因素，处理得好，就能确保政治稳定；处理不好，就有可能引发政治动荡风险。1979年底的麦加事件和哈萨骚乱严重威胁沙特政治稳定，于是沙特政府加大了社会福利保障力度，减轻贫富分化程度，平息下层人民的不满情绪。当年财政预算追加了80亿美元，直接或间接用于发展社会福利事业。[①] 新制定的五年经济发展计划的重点也由兴建大规模建设项目转为社会投资。这些举措安抚了20世纪70年代社会经济快速变化带来的社会不满。自2011年中东变局以来，尽管沙特东部地区出现了局部动荡，沙特再次表现出强大的化解社会风险的能力。2011年2月至3月，沙特政府立即采取行动，向民众发放1000多亿美元的社会红包，以满足民众的经济社会诉求。随后，沙特民众举行大规模庆祝活动，沙特局部的动荡迅速平息。沙特成为中东地区少有的几个未受中东变局影响的国家。

二、较好地满足了国民的社会期望

（一）满足国民的社会期望，有助于减少国民的挫折感和政治不满

利益冲突是社会转型时期导致政治不稳定的根本动因，期望与现实的差距是政治不稳定的直接动因。因此，协调利益关系是构建政治稳定的根本要务。在人们所有的社会预期当中，经济利益的满足是最核心、最根本的内容，因为它是人类存续与发展的基础。

沙特既实现了经济持续发展，又积极解决经济发展过程中的贫富分化和失业问题。沙特经济发展使沙特人均国民收入持续增加。沙特人均

[①] 刘鸿武：《论君主制化沙特阿拉伯长期延续的根源》，《西亚非洲》，第1991年第2期，第57页。

构建稳定——"石油王国"的改革、调整与稳定

国民收入由1962年的550美元,增长至1979年的2.2万美元,增长了39倍;① 沙特人均国民收入从2005年的5.3万里亚尔增长至2013年的9.3万里亚尔,再次增长75.5%。② 沙特国民工资收入始终维持较高水平。公务员平均月薪是2400美元,加上交通津贴、房屋津贴、加班费等,一些资深公务员每月收入可高达4800美元或更多。③ 此外沙特设立民营企业的最低工资标准。2014年年底,沙特劳工部将民营企业沙特籍雇员的最低月工资设定为5300里亚尔(约合1413美元)。④ 沙特较高的最低工资收入标准和人均国民收入使沙特国民能够拥有较多的收入可供自由支配。同时沙特建立高水平的免费教育体系、免费医疗体系以及较完善的住房保障体系,大部分沙特国民均能过上舒适的生活。即使少数沙特国民生活于沙特国家贫困线之下,但由于政府提供免费的教育和医疗,并且提供多种高额社会津贴,所谓的穷人也不过是手头比较紧张罢了。总体而言,沙特国民的生活发生了巨大变化,基本满足了国民的物质生活需求,从而对稳定社会秩序,促进经济发展起到了积极的推动作用。⑤

二战结束后,中东各国为了实现和巩固政治独立,发展民族经济与文化,摆脱落后面貌和实现国家复兴的总目标,进行了艰苦卓绝的探索,但是屡屡受挫。阿富汗、伊拉克、也门和叙利亚深陷国内争端。许多国家经济发展长期停滞不前,部分国民甚至无法维持基本的生活水

---

① Tim Niblock, *Saudi Arabia: Power, Legitimacy and Survival*, London & New York: Routledge, 2006, p. 52.
② 《阿卜杜拉国王执政九年来沙特经济成就汇编》,商务部网站,2014年5月7日, http://www.mofcom.gov.cn/article/i/jshz/rlzykf/201405/20140500575733.shtml。
③ 《沙特新国王庆祝登基向民众派发210亿英镑红包》,第一财经网,2015年2月26日,http://www.yicai.com/news/4577803.html。
④ 《沙特将对民营部门雇员设定最低工资》,驻吉达总领馆经商室,2014年11月19日,http://www.mofcom.gov.cn/article/i/jshz/rlzykf/201411/20141100802467.shtml。
⑤ 陈建民编著:《当代中东》,北京:北京大学出版社,2002年,第35至36页。

第五章　提升社会经济绩效与沙特的政治稳定

准。但是，与之形成鲜明对比的是，沙特经济取得了辉煌成就，不仅是阿拉伯世界国内生产总值最高的国家，而且是阿拉伯世界唯一的 G20 成员；免费医疗、免费教育、优惠的住房贷款和优渥的社会津贴等高福利政策使沙特国民生活发生了翻天覆地的变化。在对比之下，沙特民众对自身生活状况满意程度高。沙特国民对现实生活的满意在一定程度上将国民的注意力由政治领域转向经济领域，使国民集中精力关注经济的发展态势、生活水平的提高，而不是沙特君主制度的缺陷和对政治参与度低的不满。

沙特解决经济社会问题的举措滋生并强化了沙特国民对国家的寄生性。一方面，在完善的社会福利体系中，大部分沙特国民贪恋养尊处优的生活方式，希望能够继续得到国家的庇护，在心理上养成了对国家和沙特王室的依赖性。另一方面，通过对比中东其他国家的发展，沙特国民害怕和恐惧邻国的各种政治经济变革，从而增加了沙特国民对国家的依赖性。这使沙特普通国民不愿意主动反对沙特王室的统治。

（二）满足国民的社会期望，有助于遏制极端主义行为的产生

国家经济停滞不前、国民收入低、社会生活质量下降、不满情绪集聚等，是极端主义产生的土壤。李普塞特认为，"经济发展带来的收入增加和教育扩大等会改善下层阶级的社会、经济环境；这些变化切断了下层阶级的极端主义倾向，使他们的价值观接近有产阶级的价值观，进而使渐进主义和改良主义倾向获得确立"[①]。

高水平的福利体系使沙特普通国民对沙特政府具有依赖性。这在下层普通民众中表现得更加显著，正如李普塞特所说"国家愈富，地位低下的阶层就愈不易成为社会不满的重要因素，因为贫穷者最关心的是满

---

① 闫明明、邢健：《民主化、治理绩效和政治稳定——基于现有理论的梳理和地区数据的实证分析》，《武汉理工大学报》（社会科学版），2017 年第 3 期，第 81 页。

构建稳定——"石油王国"的改革、调整与稳定

足生存需要的直接利益,这些利益无法靠反对现存政治体系而获取,只有通过现存政治体系才能予以保证"。①沙特普通国民对沙特福利体系的依赖性,削弱了沙特国民的极端主义倾向。因此沙特的经济成就和高水平的社会保障体系有助于清除滋生极端主义的土壤。沙特国民的改革诉求在内容和形式上采取温和方式。在内容上,沙特国民的改革诉求主要集中于反对腐败、反对社会不平、扩大政治参与,而较少号召直接推翻沙特王室;在形式上,沙特国民主要通过请愿书、发放宣传册、建立网站等方式表达改革诉求,而较少采取暴力方式。

三、增强了政府合法性和社会凝聚力

政治稳定与政治合法性和社会凝聚力有密切关系。就政治合法性而言,合法性是政治稳定的基础。尽管合法性构成要素众多②,其中有效性是最没有争议的政治合法性的基石。③ "对一项制度是否自信、能在多大程度上保持自信以及能否坚持这种自信,在根本上又与该项制度的绩效如何以及该种绩效能否持续密切相关。"④ 而有效性具体体现在国家经济发展的成果和国民生活的满意程度上,因为"在当今时代,人们对权威的尊崇已不再是基于对'个人、组织或者某种神灵力量的恐惧',

---

① [美]利普塞特:《政治人:政治的社会基础》,刘钢敏、聂蓉译,北京:商务印书馆,1993年,第41至44页。

② 杨光斌认为,政治合法性基本要素包括合法律性、有效性、人民性和正义性,参见杨光斌:《合法性概念的滥用与重述》,《政治学研究》,2016年第2期;马得勇和王正绪认为,政府合法性的因素主要有4个:政府服务绩效、制度的公正性、传统文化中的威权主义观念以及制度创新。参见马得勇、王正绪:《民主、公正还是绩效?——中国地方政府合法性及其来源分析》,《经济社会体制比较》,2012年第3期。

③ 杨光斌:《合法性概念的滥用与重述》,《政治学研究》,2016年第2期,第17页。

④ 张明军、易承志:《制度绩效:提升中国特色社会主义制度自信的核心要素》,《当代世界与社会主义》,2013年第6期,第79页。

第五章　提升社会经济绩效与沙特的政治稳定

经济发展状况、社会成员的利益和需要的满足程度、社会公正的实现水平，包括宏观调控在内的干预行为对市场弊病的消解程度等，都是政治权威的重要来源"[1]。就社会凝聚力而言，一个社会有无凝聚力是社会能否稳定的关键因素，而凝聚力有无或强弱的关键在于，广大社会成员的利益能否得到很好的实现与满足，民心是否稳定，民意是否一致，而这又与经济是否发展以及发展的程度密切相关。

沙特通过采取经济措施推动沙特经济快速发展，使得沙特国民的物质生活水平显著提高。对沙特普通民众而言，他们因对自己物质生活满意程度较高，所以对沙特现行的政治制度、经济政策和社会福利体系有较高的满意度和认可度，对国家和自身生活的未来保持乐观态度。一方面，沙特国民对本国经济取得长足发展的解释非常简单，认为他们的一切都归功于政府的睿智领导，[2] 从而对统治者充满感激之情。随之而来的是，沙特普通国民作为虔诚的穆斯林，不仅可以包容政府存在的缺点，不反对沙特家族统治，而且坚信伊斯兰文化的优越性，反感西方的文化入侵。另一方面，虽然沙特面临不少社会经济问题，但是多数沙特国民相信沙特政府能够妥善解决沙特面临的社会问题。以失业问题为例，严重失业问题是引发中东变局的重要原因，学者担心沙特失业问题会导致沙特政治不稳定，但是沙特国民仍然对失业问题保持乐观态度。2012 年，盖洛普咨询公司一项调查显示，沙特就业形势乐观度位居世界第一，其中有 69％的沙特人认为就业环境较为乐观。[3] 这增强了沙特国民对沙特家族和政府的认同感，强化了沙特家族和政府统治的合

---

[1] 靳文辉：《政治权威、政治稳定与政府宏观调控》，《社会主义研究》，2011 年第 1 期，第 62 页。

[2] 钱学文：《当代沙特阿拉伯国王社会与文化》，上海：上海外语教育出版社，2003 年，第 80 页。

[3] 《沙特就业形势乐观度世界第一》，商务部网站，2018 年 8 月 7 日，http://sa.mofcom.gov.cn/article/jmxw/201208/20120808273681.shtml。

法性。

对沙特政府而言，统治者与民众往往达成"口头协定"：民众享受政府提供的从摇篮到坟墓的福利体系，政府则换取民众的政治忠诚。沙特居民不向国家缴纳任何赋税（除了天课），但可以享有广泛且优渥的福利性服务。但是任何质疑沙特王室的人，将会因被剥夺公民身份而面临失去其享有国家福利的风险。大部分国民为了享有优渥的福利忠于或者服从沙特王室和政府，至少不能公开反对沙特王室和政府。因此沙特政治保持总体稳定。

小　结

沙特经济社会问题是威胁沙特政治稳定的重要因素。在经济领域，20世纪70年代以前，沙特无力干预国家经济建设，沙特国民经济发展滞后，国民生活极端贫困；20世纪70年代以来，沙特积极参与国家经济建设，沙特经济生活发生了巨大的变化和改善，并形成了政府主导型的经济发展模式，但是，沙特经济发展的结构性危机和可持续性问题日益凸显，高福利的发展模式面临考验。在社会领域，贫富分化问题加剧，失业问题日益突出。

沙特面对诸多经济社会问题，采取了多种措施提高社会经济绩效，以实现政治稳定。针对经济发展问题，20世纪70年代，沙特积极参与国家经济建设；进入21世纪，沙特大力营造良好的经济发展环境；2015年以来，沙特大力推动经济改革。针对贫富分化问题，沙特既构建"老有所养，学有所教、病有所医、住有所居"的福利体系，又采取众多非制度化的福利举措。针对失业问题，沙特不仅积极创造就业岗位，提高国民岗位竞争力，而且实施"沙特化"政策，限制外籍劳工数量。

第五章　提升社会经济绩效与沙特的政治稳定

　　沙特采取的经济社会政策为政治稳定奠定了坚实基础。经济持续发展，提高了国家的自主性和稳定性，为政府解决社会问题提供了雄厚的物质基础，增强了政府抵御和抗击社会风险的能力。全面、高水平的社会福利体系满足了国民的社会期望，有助于缓解国民的挫折感和政治不满，有助于遏制极端主义行为的产生。经济持续发展和高水平的社会福利体系，增强了沙特国民对沙特家族和政府的认同感，强化了沙特家族和政府统治的合法性和社会凝聚力。因而沙特政治能够保持总体稳定。总之，实现经济的快速增长和最大限度满足人们的社会期望，是沙特构建政治稳定的根本路径。

—— 第六章 ——
沙特政治稳定面临的挑战

一、沙特政治体系的不足

经过费萨尔国王、哈立德国王、法赫德国王和阿卜杜拉国王的努力，沙特虽然建立了机构相对完善、功能较为合理的政治体系，但是存在国家机构臃肿、政府官员更新率低、国家机构效率偏低、国民政治参与不足等弊端。①

沙特国家机构臃肿。首先表现在政治机构数量众多。沙特大臣会议是一个部门数量众多，规模庞大的政府机构。目前，大臣会议组成部门将近 30 个，其他各类专门机构超过 100 个。如处理宗教事务的就有伊斯兰事务、联络和指导部，正朝和副朝部，宗教和所得税总局，大穆夫提，"乌勒玛长老委员会""最高伊斯兰事务委员会""伊斯兰传教和指导委员会""学术研究和法特瓦常务委员会"等。在阿卜杜拉国王时期，虽然大臣会议已经形成了职能明确的政府组成部门，但是阿卜杜拉国王又设立多个处理经济、国防、朝觐等事务的，"类似某些国家核心内阁"

---

① 参见陈沫主编：《列国志：沙特阿拉伯》，北京：社会科学文献出版社，2011年，第92页。

的高级委员会，此类高级委员会多达 12 个。其次表现在沙特国家雇员数量众多。沙特中央银行 2011 年的数据显示，沙特就业公民近 9 成在政府相关部门任职。① 沙特劳工大臣哈克巴尼（Al-Haqbani）在 2014 年 12 月透露，沙特籍就业人口中有 340 万人在政府部门就业，占沙特就业人口的 65％。② 国家机构臃肿增加了沙特财政支出。伴随政府机构数量和政府人员数量持续增加，沙特用于维护政府运转的财政支出快速增加。

沙特政府官员更新率低。沙特王室成员为了牢固控制沙特政权，长期在政府各级部门担任要职。如已故王储苏尔坦亲王担任国防部大臣长达 50 年，现任国王萨勒曼曾担任利雅得省总督长达 38 年，已故国王阿卜杜拉担任国民卫队大臣长达 37 年，已故王储纳伊夫亲王担任内政大臣达 37 年，巴德尔亲王担任国民卫队副大臣长达 32 年，沙特·本·费萨尔亲王担任外交部大臣长达 40 年，班达尔·本·苏尔坦亲王担任驻美大使长达 22 年。其他政府官员同样如此，前沙特石油大臣纳伊米在 1995 至 2016 年担任沙特石油大臣，谢赫·阿卜杜勒·阿齐兹·本·阿卜杜拉自 1999 年开始长期担任沙特大穆夫提。沙特政府官员更新缓慢虽然有益于政策的延续，但是导致多数政府官员年龄居高不下，思想僵化。

沙特国家机构效率偏低。国家机构因受到众多政治势力的制约而效率偏低。首先，大臣会议的效率受到王室成员斗争制约。沙特王室成员长期掌控某一政府部门，并依此部门形成自己的政治势力范围。王室成

---

① 《沙特阿拉伯：改革阵痛中的骆驼》，深圳市政府发展研究中心，2017 年 9 月 1 日，http://www.sz.gov.cn/szsfzyjzx/ylyd/201709/t20170901_8357772.htm。

② 沙特籍就业人口中有 340 万人在政府部门就业，170 万人在私营部门就业，占沙特就业人口的 65％和 34.5％。参见《沙特公布就业市场最新统计数据》，商务部驻沙特阿拉伯使馆经商处，2015 年 12 月 21 日，http://www.mofcom.gov.cn/article/i/jshz/rlzykf/201512/20151201215443.shtml。

员之间的权力斗争延伸至政府部门。例如，根据大臣会议的会议章程，当讨论某一部门的问题时，该部门大臣必须出席。但是某些部门大臣，尤其是二代亲王故意不出席大臣会议，这导致大臣会议不能及时处理该部门的问题，致使大臣会议效率下降。其次，国家机构效率受到宗教保守势力集团限制。20世纪80年代，沙特曾将电影院合法化，但是沙特宗教保守势力以电影容易引发人们道德堕落为借口，关闭了所有电影院。直到2017年12月，王储小萨勒曼才宣布重新开放电影院。沙特电影院在未来能否顺利营业还需要进一步观察。再次，国家机构效率因政府各部门缺乏配合而效率偏低。在反恐过程中，政府部门效率偏低是沙特反恐效果低下的重要原因。沙特陆军、海军、空军和特种部队分属不同王室成员领导，但是各方领导人协作意识不强，彼此缺乏沟通，致使沙特反恐配合不力，反恐行动迟缓。

沙特政治制度不能满足国民的政治参与诉求。民主化和政治参与是中东政治变革的核心议题之一。[①] 中东变局表明，中东政治的发展趋势是由精英政治向平民政治转变。但是沙特政治的显著特点是精英政治。国王、大臣会议的核心部门大臣和地方总督均由沙特王室成员担任；进入政府高层的非王室人员绝大多数是沙特宗教集团、部落集团、商人集团和新兴阶层中的精英分子。随之而来的是，沙特政治参与程度明显降低，具体表现在，沙特主要政府官员均由上级任命，选举范围有限。协商会议的成立和运转虽然是沙特的民主化进程的重要标志，但是协商会议的成员均由国王任命，其职责仅限于咨询权、协商权和对政府的监督权，缺少立法权。在地方，市政委员会的权责和运转类似于协商会议。一半市政委员会成员由政府任命，另一半市政委员会成员由选举产生。妇女参与市政委员会选举的权利受到严格限制，直到2015年，沙特女

---

① 参见刘中民：《关于中东变局的若干基本问题》，《阿拉伯世界研究》，2012年第2期，第13至14页。

第六章　沙特政治稳定面临的挑战

性才获得了参与市政委员会选举的选举权和被选举权。

尽管沙特构建政治稳定具有渐进、温和、务实的特征，但是上述弊端致使沙特各方面改革长期存在"稳定有余，改革不足""稳健有余，活力不足"的问题。近年来，沙特再次进入矛盾高发期，政治、经济、社会和宗教矛盾日益凸显。沙特在各类矛盾日益凸显且相互交织的困境中，是否有能力识别和解决经济、社会和政治矛盾，这考验着沙特政府应变的能力。

二、国王继承面临的不确定性

国王由二代亲王向三代亲王顺利平稳过渡，是沙特国王继承问题的当务之急。伴随时间推移，沙特国王继承制度面临国王和王储老龄化问题：第一，沙特二代亲王中最年轻的亲王已经是古稀之年，出现了王位无人可继的困境；第二，在"兄终弟及"原则下，国王和王储因年事已高、体弱多病，无力应对一个处于极端复杂环境中的中东大国事务。因此，沙特国王继承制度面临的最大问题是，如何在下一代人中寻找合适继承人。

关于接班人老龄化问题，阿卜杜拉国王已经认识到问题的严重性，并指定沙特王室中最年轻的二代亲王穆克林为王储，并发布国王敕令称，穆克林将在国王和王储职位空缺时掌管国家权力。国王阿卜杜拉仍然没有摆脱"兄终弟及"原则的束缚。然而，在阿卜杜拉国王去世后，新任国王萨勒曼旋即废除王储穆克林亲王，指定其侄子穆罕默德·本·纳伊夫亲王为新王储；2017年6月21日，萨勒曼国王解除穆罕默德·本·纳伊夫亲王的所有职务，任命小萨勒曼为新王储。沙特国王继承由二代亲王向三代亲王转变虽然已成定局，但是面临空前的不确定性。

构建稳定——"石油王国"的改革、调整与稳定

(一) 现任王储小萨勒曼的执政能力和影响力面临考验

尚贤是沙特王位继承的重要原则，但是小萨勒曼不仅年纪轻，而且缺乏政治经验和历练。现年仅 32 岁的小萨勒曼是沙特政坛迅速崛起的政治新星。大学毕业后，小萨勒曼最初在私营部门工作。2009 年 12 月，小萨勒曼开始担任其父亲萨勒曼亲王的特别政治顾问，开始了其政治生涯。萨勒曼继承王位后，在萨勒曼国王的授意和支持下，小萨勒曼不仅先后出任国防大臣、副王储和王储，而且开始执掌沙特内政外交大权，主导一系列改革举措：在政治领域，展开"风暴式"反腐运动，集政治、经济、军事权力于一身；在经济领域，颁布"2030 年愿景"和"2020 年国家转型计划"，推动沙特阿美石油公司上市；在社会领域，解放女权，废除瓦哈比派的部分陈规陋习，宣布回归温和的伊斯兰教；在外交领域，主导多国联军参与也门内战，对邻国卡塔尔实行断交和禁运。虽然部分改革举措值得肯定和期待，但是多领域并进的改革不仅面临着"改革与集权之间的矛盾张力，保守、温和、自由主义等多种意识形态的矛盾张力，外交理性和激进之间的矛盾"[1]，而且限制了其回旋余地。就实际效果而言，小萨勒曼的经济社会改革效果需要时间验证，沙特在也门战争和叙利亚战争中深陷泥潭，面临进退两难的困境。上述窘境考验着小萨勒曼的应对能力和平衡能力。如果改革取得显著成果，则小萨勒曼可以获得政治声望；如果改革遭遇挫折，则小萨勒曼将遭遇沙特王室其他竞争者的挑战。若萨勒曼父子与沙特王室其他成员之间的矛盾激化，沙特王室内部的团结和沙特政权的稳定将不可避免地遭遇危机。因此，小萨勒曼能否顺利继承王位还需要进一步观察。

---

[1] 刘中民：《沙特或处在历史的十字路口》，《文汇报》，2017 年 11 月 8 日，第 9 版。

第六章 沙特政治稳定面临的挑战

（二）沙特原有的王位继承制度能否继续发挥作用面临考验

任命小萨勒曼为新王储打破了沙特原有的"兄终弟及"继承原则。自现代沙特建国以来，沙特国王继承奉行"兄终弟及"原则，这为沙特维系沙特王室内部团结和沙特政治稳定发挥了不容忽视的作用。但是如果小萨勒曼能够顺利继承王位，沙特王室将首次出现"子承父业"的局面。"子承父业"将明显区别于数十年的"兄终弟及"原则，因而，小萨勒曼能否得到沙特王室成员的普遍认可和支持，还有待观察。

更重要的是，"萨勒曼王朝"或可期。当前沙特副王储之位空悬，这就为以后谁继承王位预留了巨大想象空间。如果小萨勒曼顺利继承王位，年轻的小萨勒曼将统治沙特数十年，并决定性地塑造沙特未来发展趋势。已育有二子二女的小萨勒曼可能凭借其自身的威望将王位传递至自己的儿子，这势必将开辟"萨勒曼王朝"。沙特"兄终弟及"原则或将被彻底抛弃，从而背离了数十年的王位继承原则。

任命小萨勒曼破坏了王室内部权力平衡机制。由于沙特王室内部关系复杂，王室内部权力平衡是沙特王室维持团结的重要方式。国王和王储不能为同一支系，长期以来是沙特继承制度的不成文规定。但是小萨勒曼担任王储致使国王和王储同时出自萨勒曼支系，打破了王室内部的权力平衡机制。

萨勒曼父子高度集权破坏了沙特王室内部的权力分享机制。长期以来，沙特王室内部主要支系以沙特政府职能部门为依托，长期掌握沙特政府的某一领域，从而形成各自的权力领域和权力集团，如阿卜杜拉支系执掌国民卫队，纳伊夫支系掌握内政部系统，苏尔坦支系在国防系统担任要职，费萨尔支系在外交系统具有重要影响力。但是，为了使小萨勒曼顺利继承王位，萨勒曼父子通过人事任免和反腐运动将沙特王室内部其他支系边缘化，打破沙特王室各支系原有的政治权力版图。针对纳伊夫支系，2017年6月21日，萨勒曼国王废黜了其侄子穆罕默德·

本·纳伊夫亲王的王储、副主席和内政大臣职务。针对阿卜杜拉支系，2015年1月29日，萨勒曼罢免了前国王阿卜杜拉两个儿子图尔基·本·阿卜杜拉亲王和米沙勒·本·阿卜杜拉亲王分别担任的利雅得省总督和麦加省总督的职务；2017年11月5日，新成立的"最高反腐委员会"逮捕已故国王阿卜杜拉的儿子、国民卫队大臣米特阿布·本·阿卜杜拉和已故国王阿卜杜拉的儿子、前利雅得省总督图尔基·本·阿卜杜拉亲王。针对费萨尔支系，2015年4月29日，萨勒曼国王任命阿德尔·朱拜尔（Adel bin Ahmed Al-Jubeir）担任沙特外交大臣，这是沙特建国以来唯一一个担任此职的非皇室人员。针对法赫德支系，2017年11月6日，沙特"最高反腐委员会"欲逮捕已故国王法赫德的小儿子阿齐兹·本·法赫德亲王，但是阿齐兹·本·法赫德亲王在拒捕中中枪身亡。萨勒曼父子通过上述举措牢牢掌控沙特政治、经济、军事和外交等权力，然而这削弱了王室其他支系的权力和地位，容易引起其他潜在权力竞争者的不满。如塔拉勒·本·阿卜杜勒·阿齐兹亲王就表示萨勒曼国王的继承人任命不符合伊斯兰教法和"国家体制"。

在沙特王室的继承问题并没有得到根本性解决和沙特国王继承由二代亲王向三代亲王转变的背景下，萨勒曼父子高度集权不仅打破了沙特固有的"兄终弟及"继承原则，而且破坏了王室内部权力平衡机制，同时破坏了沙特王室内部的权力分享机制。这使沙特原有的王位继承制度面临着能否继续发挥作用的考验。如果原有的王位继承制度不能继续发挥作用，沙特王位继承制度将面临较高的混乱风险，进而威胁沙特王室内部稳定。

三、沙特极端主义威胁的增加

尽管沙特政府积极塑造和强化主流社会思潮，遏制极端主义思想的传播，但是沙特极端主义思潮呈扩张趋势，沙特面临的极端主义威胁增

第六章　沙特政治稳定面临的挑战

加，其风险指数由中级上升至高级。①

近年来沙特面临的极端主义威胁日益增加，其主要威胁来源于三方面。第一，沙特国内的"基地"组织阿拉伯半岛分支在沙特死灰复燃，在沙特境内散播号召推翻沙特王室统治的言论，发动多次恐怖主义袭击。第二，沙特周边地区的极端主义思潮不断外溢，向沙特境内传播极端主义思潮。如巴格达迪明确提出"伊斯兰国"的攻击目标：优先袭击什叶派，然后是君主制势力，之后打击"（西方）十字军"。推翻君主制的口号严重威胁沙特君主政权的稳定与安全。第三，部分参与国际极端主义组织的沙特极端主义分子返回沙特，传播极端主义思潮，发动恐怖主义袭击。

极端主义思潮日益威胁沙特政治稳定，并体现在意识形态和实践活动两个方面。在意识形态层面，极端主义思潮向沙特发起重大挑战：一是利用宗教极端思想在沙特蛊惑民众特别是青年，招募成员，在沙特扩散包括恐怖主义在内的极端思想，侵蚀沙特的社会根基；二是以极端宗教思维直接攻击沙特政权，批评沙特政府的政策，挑战沙特政权的合法性；三是以"反西方文化""维护伊斯兰教义"的名义在沙特进行蛊惑，实施针对美国等西方国家的恐怖袭击。②

在实践活动层面，沙特面临的极端主义发动的恐怖袭击活动日益增加。沙特恐怖主义袭击活动主要来源于"伊斯兰国"、"基地"组织阿拉伯半岛分支、胡赛武装及亲胡赛武装的军事组织等。2015年至2016年，沙特遭遇至少21起恐怖主义袭击，"伊斯兰国"宣布对其中的8起恐怖主义袭击负责。尽管沙特政府采取多种措施来根除恐怖主义袭击活

---

① 2016 Terrorism & Political Violence Risk Map, p. 28, http://www.aon.com/germany/publikationen/risk-solutions/weltkarte-der-terrorgefahren-2016/brochure-terrorism-and-political-violence-map-2016.pdf.

② 张金平：《沙特"去极端化"反恐策略评析》，《山东警察学院学报》，2015年第2期，第6页。

构建稳定——"石油王国"的改革、调整与稳定

动,但依然未能阻止袭击事件的接连发生和不断升级。在沙特高压反恐镇压下,沙特恐怖主义袭击活动曾呈下降趋势,2010年至2013年分别为3起、2起、1起和0起。但是2014年开始,沙特恐怖主义袭击持续增加,2014年为9起,2015年迅速增加至20起;2015年,沙特恐怖主义袭击致使122人受伤,64人遇难。① 2016年以来,沙特恐怖主义袭击活动进一步增加。2016年5月,"伊斯兰国"试图在麦加发动恐怖袭击,但是沙特政府破获了此次恐怖主义袭击图谋。2017年10月8日,位于吉达的沙特王宫遭到恐怖主义袭击,2名王宫守卫死亡,3名守卫受伤,1名恐怖主义袭击者被击毙。

沙特极端主义思想将长期存在,并有泛滥的可能性。这是多方面因素综合作用的结果。在国内,极端主义思想的产生是沙特现代化的副产品,这是所有伊斯兰国家共同面临的难题。沙特政府没有妥善处理现代化与瓦哈比教义的关系,是极端主义产生的根本原因。但是沙特政府的现代化模式和举措是极端主义产生的重要原因。在现代化进程中,沙特在物质层面积极现代化,积极引进现代化的科学技术。在意识形态层面,沙特注重瓦哈比教义巩固沙特王室统治的效用,而在现代化与瓦哈比教义的调和问题上停滞不前。这致使沙特现代化与瓦哈比教义之间的张力日益扩大。

同时,沙特面临许多经济、社会和政治方面的问题和矛盾,如沙特王室成员生活腐化,政府腐败问题丛生,国民贫富分化加剧,失业率居高不下。在构建沙特主流意识形态方面,一方面,沙特官方宗教由高级乌勒玛掌控,沙特保守乌勒玛势力是官方宗教的一股重要势力,这致使沙特主流意识形态长期具有保守性。保守的瓦哈比教义为极端主义思潮

---

① 2016 Terrorism & Political Violence Risk Map, p. 29, http://www.aon.com/germany/publikationen/risk-solutions/weltkarte-der-terrorgefahren-2016/brochure-terrorism-and-political-violence-map-2016.pdf.

第六章　沙特政治稳定面临的挑战

提供了丰富的思想素材。另一方面，沙特常以强力方式遏制非官方思潮的传播，这致使官方意识形态与非官方意识形态之间的矛盾以恶性循环的方式恶化，加速了伊斯兰主义的产生和传播。

极端主义思想是威胁沙特政治稳定的重要社会思潮。极端主义思想有扩大化的风险。沙特长期遭受极端主义思想和恐怖主义活动困扰，如何应对极端主义思想和恐怖主义活动，将是沙特长期面临的难题，并将考验沙特的应对能力。

四、沙特经济社会发展面临的困境

（一）沙特经济发展结构性危机依然存在

自20世纪70年代开始，沙特为了实现工业化和经济多元化采取众多措施。但是工业化和经济多元化战略进展缓慢，没有取得实质性的进展，沙特经济仍然面临经济结构单一的困扰。

1. 沙特经济发展深受世界石油市场影响

当前沙特国民经济和政府财政收入的支柱仍是石油产业。2014年，石油产业的收入大约占政府财政收入的90.3%，占国内生产总值的46.7%，以及占出口收入的90%。[①] 这使沙特经济抗风险能力差，沙特经济状况长期随国际石油价格起伏而波动。自2014年6月以来，国际石油价格由2014年6月的114.81美元/桶迅速跌至2016年2月的27.92美元/桶，当前仍然在60美元/桶上下徘徊。随之而来的是，沙特经济遭遇严重经济危机，政府财政收入大幅锐减，政府财政赤字居高不下。沙特国内生产总值增长率由2015年的4.1%下降至2017年的

---

① Kamiar Mohaddes & Mehdi Raissi, The U. S. Oil Supply Revolution and the Global Economy, *IMF Working Paper*, December 2015, p. 6.

0.1%；沙特财政赤字占国内生产总值的比重在2015、2016和2017年分别为15.8%、17.2%和9.3%。① 国际货币基金组织《世界经济展望》预测，2016年至2022年，沙特经济增速将显著放缓，经常性项目持续逆差，财政赤字增加，政府债务急剧增长，将成为沙特经济新常态；如果国际石油价格持续低迷，沙特将在五年内破产。②

2. 沙特经济发展的可持续性面临挑战

沙特经济持续发展的主要动力源于石油工业。但是，伴随世界石油格局调整，沙特石油出口将面临新能源和其他石油生产国的竞争。一方面，新能源技术获得较大发展，世界新能源和可再生能源替代化石能源进程加快，石油在世界能源结构中份额和地位逐渐下降，"后石油时代"即将到来。石油在全球能源消费总量中的比例已经连续13年下降且再次达到纪录低点，③ 并将由2012年的33%下降至2040年的30%④。另一方面，世界石油供应多中心化，沙特对世界石油格局影响力持续下降，以沙特为首的"欧佩克"（OPEC）从世界石油市场的"垄断供应者"蜕变为"边际供应者"。⑤ 因此，沙特石油经济的竞争力被削弱。

由于沙特国内人口快速增加，国内石油消耗量大幅增加，沙特将面临石油出口减少的窘境。嘉德瓦（Jadwa）投资公司报告指出，沙特石

---

① IMF Executive Board Concludes 2017 Article IV Consultation with Saudi Arabia, *IMF*, July 21, 2017, http://www.imf.org/en/News/Articles/2017/07/21/pr17292-imf-executive-board-concludes-2017-article-iv-consultation-with-saudi-arabia

② Regional Economic Outlook: Middle East and Central Asia, *IMF*, October 2015, p. 28, http://www.imf.org/external/pubs/ft/reo/2015/mcd/eng/pdf/menap1015.pdf.

③ 中国工商银行城市金融研究所：《全球能源格局发展趋势及其影响研究》，《全球研究》，2014年第18期，第1页。

④ International Energy Outlook 2016: With Projections to 2040, *U. S. Energy Information Administration*, May 2016, p. 9, https://www.eia.gov/outlooks/ieo/pdf/0484 (2016).pdf.

⑤ 王亚栋：《能源与国际政治》，中共中央党校博士学位论文，2002年，第117页。

油出口量在 2005 年、2010 年、2020 年和 2030 年分别为 750 万桶/天、580 万桶/天、600 万桶/天和 490 万桶/天。① 这将致使沙特石油收入减少。在沙特经济、出口和财政收入仍然依靠石油工业的背景下，沙特经济发展将遭遇后劲不足的困境。

3. 沙特经济转型缺乏资金

长期以来，石油收入和政府财政支出是沙特经济发展的发动机。正如伦敦经济学院副教授斯蒂芬·赫托格指出，几乎所有沙特经济都直接或间接地依靠政府支出。② 沙特经济转型需要沙特政府自上而下的规划和推动。在高油价时代，沙特人口的快速增加、高水平的福利体系及庞大的国防和外交支出，不仅限制了沙特政府可以支配的财政资源，而且限制了沙特政府对经济转型的支持力度。在低油价时代，尽管经济转型的诉求增强，但是，沙特转型缺乏充足的资金支持，如何缓解财政危机是沙特政府急需解决的问题。2015 年以来沙特经济转型的困境是典型案例。自 2014 年 6 月以来，沙特主动推动经济转型，积极上马新的工业项目。但是，世界石油价格大幅下跌，沙特财政收入锐减，财政赤字增加，这致使经济转型面临资金不足的困境，部分新的工业项目因缺少资金而停滞不前，部分已开工的项目因资金短缺而停工。因而，沙特经济转型始终面临资金匮乏的困境，沙特实现经济转型仍然任重而道远。

（二）沙特高水平福利体系的可持续性问题日益凸显

沙特高水平的社会福利体系是实现沙特政治稳定的"缓冲器"，是沙特政治稳定的基石。在日常生活中，"沙特政府长期实行福利化的财

---

① 《沙特石油输出或大幅下降 因国内需求增加》，环球网，2011 年 7 月 21 日，http://finance.huanqiu.com/roll/2011-07/1837809.html。
② 《"2030 愿景"：为戒"石油瘾"沙特经济要华丽转型》，新华网，2016 年 04 月 27 日，http://www.xinhuanet.com/world/2016-04/27/c_128934149.htm。

政政策，不断扩大福利性的财政支出，旨在笼络民众和稳定社会"[1]。在社会动荡时期，沙特政府向全社会提供丰厚的社会福利，"购买"政治稳定。在中东变局中，当沙特国民举行示威游行时，沙特政府先后拨付360亿美元和1300亿美元的福利红包，以平息国民的不满。但是沙特福利体系也给沙特带来了沉重的经济负担。2015年2月，新任国王萨勒曼向民众发放总值210亿英镑（约合320亿美元）的福利红包。与之形成鲜明对比的是，2015年沙特财政赤字达到1300亿美元左右，约占国内生产总值的20%。这在石油价格锐减的背景下无疑增加了沙特政府的财政负担。

沙特福利体系本身面临严重挑战。首先，沙特人口快速增加，加剧了沙特福利体系的负担。近年来，沙特人口维持较快增长，年均增长率约为2.4%，其中2010年增长率为8.6%。同时沙特人口结构呈年轻化趋势，沙特超过50%的人口年龄低于25岁，这对沙特社会福利体系来说是一个挑战。其次，社会福利体系具有刚性，若沙特政府削减社会福利津贴必将导致社会不满，威胁沙特政治稳定。20世纪80年代以来，沙特政府曾多次计划削减社会福利，但是沙特政府因担心国民不满，其措施多是"雷声大，雨点小"。2014年6月以来，尽管沙特石油收入锐减，政府财政赤字增加，但是沙特政府为了维持社会稳定，仅仅暂时削减政府工作人员的福利，而没有选择削减民众的社会福利，此举进一步加剧了沙特政府的财政赤字。再次，社会福利体系的社会功效具有代际递减效应。沙特公众已把社会福利体系看作沙特石油财富所带来的理所当然的结果，[2] 沙特政府必须持续提高社会福利体系的水平。由于全面、高水平的社会福利体系已经给沙特带来了沉重的经济负担，沙特进

---

[1] 哈全安：《中东史：610—2000》，天津：天津人民出版社，2010年，第770至794页。

[2] [美]詹姆斯·温布兰特：《沙特阿拉伯史》，韩志斌、王泽壮、尹斌译，上海：东方出版中心，2009年版，第279页。

一步完善社会福利体系将面临更大的难度和压力。

伴随后石油时代的到来，沙特石油经济难以支撑沙特庞大的、高水平的社会福利体系，沙特高水平福利体系的可持续性问题日益凸显。沙特福利体系一旦被削弱或者终结，必然引发巨大社会问题，最终可能演化为政治危机，严重威胁沙特家族统治。因此如何持续维持沙特高水平的福利体系，将是沙特政府必须面临的一个挑战。

（三）外籍劳工有增无减，失业问题依然难以解决

"沙特化"政策是解决沙特失业问题的重要举措。沙特"沙特化"政策虽然在短期内取得了一定效果，但是总体上效果不佳。沙特外籍劳工数量并没有减少，2014年7月，沙特劳工部副大臣穆夫里吉·侯戈巴尼表示，目前在沙特工作的外籍劳工人数已经超过1000万，占沙特人口总数的三分之一。① 沙特外籍劳工占沙特劳动力市场的60%以上。②

尽管沙特采取多种措施解决就业问题，但是沙特解决失业的举措面临多种制约性因素和障碍。第一，沙特经济结构不合理。石油工业是沙特最重要的经济产业，但是石油工业是资源密集型和资金密集型产业，而不是劳动密集型产业，石油工业雇佣工人数只占沙特劳工总量的2%。③ 因此沙特石油工业对劳动力需求量低。第二，沙特籍劳动力成本高昂，难以管理。根据数据显示，沙特籍劳工的平均工资是外籍劳工平均工资的3倍；获得大学学历的沙特籍劳工平均工资是获得大学学历的外籍劳工的2倍；在家待业的大学生每月领取的失业救济金高于在私

---

① 《沙特外籍劳工超过1000万》，中国经济网，2014年7月2日，http://intl.ce.cn/specials/zxgjzh/201407/02/t20140702_3077860.shtml。

② Steffen Hertog, *Princess Brokers and Bureaucrats: Oil and the State in Saudi Arabia*, Ithaca: Cornell University Press, 2010, pp. 186-187.

③ Tim Niblock, *Saudi Arabia: Power, legitimacy and Survival*, London & New York: Routledge, 2006, p. 122.

营企业工作的普通外籍劳工。① 沙特国民不愿意从事外籍劳工从事的辛苦工作。例如，在 2004 年，沙特医疗卫生系统需要 5.4 万名护士，但是沙特籍护士仅有 1000 名。② 同时，沙特国民的劳动协议受到政府严格保护，雇主难以辞退沙特籍劳工，因此沙特籍劳工难以管理，沙特雇主更愿意雇用外籍劳工。第三，沙特大学的专业设置不能满足社会市场需求。2003 年，在高等学校总人数中，教育和人文专业的学生数量比例为 60.7%，社会科学类为 15.1%，医学类为 4.6%，科技和工程类为 13.6%，其他类别为 6.1%。③ 因而，大量教育类和人文社科类大学毕业生难以在劳动力市场找到合适的工作，同时沙特的科技研发、工程技术、医疗卫生等岗位缺乏合适的人才。

沙特政府面临较为严重的失业问题，沙特必须在 2030 年前创造 300 万个岗位，在 2050 年前创造 1400 万个工作岗位。④ 这对于目前无法创造充足就业机会的沙特政府来说将是一次严峻的考验。未来沙特欲解决失业问题必须采取综合性政策和措施。

小 结

虽然沙特构建政治稳定的举措总体上实现了沙特的政治稳定，但是

---

① 韩晓婷：《沙特阿拉伯私营经济劳工"沙特化"政策探析》，《西亚非洲》，2013 年第 6 期，第 144 页。

② Saudi Arabia's Planning for Changing Workforce, *Migration Policy Institute*, January 2005, www.migrationinformation.org.

③ The World Bank, The Road Not Traveled: Education Reform in the Middle East and North Africa, Washington, D. C. 2008, p. 21, http://siteresources.worldbank.org/INTMENA/Resources/EDU_Flagship_Full_ENG.pdf.

④ Brianna Brooke Seymour, The Death of Rentierism in the Kingdom of Saudi Arabia, Maser Dissertation, University of Utah, 2012, p. 164.

第六章　沙特政治稳定面临的挑战

沙特在构建政治稳定过程中面临许多不容忽视的挑战。

沙特国家机构臃肿、沙特政府官员更新率低、沙特国家机构效率偏低和国民政治参与诉求得不到满足，导致沙特政治体系不能适应国家需求。在沙特各类矛盾日益突出且相互交织的困境中，是否有能力识别和解决经济、社会和政治矛盾，考验着沙特政府的能力。

沙特国王继承问题面临较高的不确定性。一方面，现任王储小萨勒曼面临个人资历不足、缺乏政治经验和历练等挑战，个人的执政能力和影响力面临考验。另一方面，任命小萨勒曼为新王储打破了沙特原有的"兄终弟及"继承原则，破坏了王室内部权力平衡机制、破坏了沙特王室内部的权力分享机制，这使沙特原有的王位继承制度能否继续发挥作用面临考验。

沙特极端主义思潮呈扩张趋势，沙特面临的极端主义威胁增加。在意识形态层面，极端主义思潮通过侵蚀沙特的社会根基、挑战沙特政权的合法性和破坏沙美关系，威胁沙特政治稳定。在实践活动层面，恐怖袭击活动日益增加，危及沙特政治稳定。沙特极端主义思潮在国内外因素的综合作用下将长期存在，并威胁沙特政治稳定。

沙特经济社会发展面临的困境，主要体现在三个方面：沙特经济发展结构性危机依然存在；沙特高水平福利体系的可持续性问题日益凸显；外籍劳工有增无减，失业问题依然难以解决。

上述问题均是威胁沙特政治稳定的因素。沙特未来政治稳定与否，很大程度上取决于沙特处理上述问题的方式和效果。

结　语

一、沙特构建政治稳定的方式和措施

沙特丰富的石油资源、伊斯兰教和沙美特殊关系，既是构建沙特政治稳定的有利条件，也是诱发沙特政治不稳定的因素。沙特维持政治稳定的关键是，沙特依据其国情积极采取构建本国政治稳定的方式和举措。

(一) 积极稳妥推动政治制度建设

创建和改革大臣会议制度。自现代沙特建立，阿卜杜勒·阿齐兹既借鉴希贾兹地区的政府管理体制，又积极探索适应全国的政治制度。1953年10月9日，阿卜杜勒·阿齐兹国王决定成立现代中央政权机构——"大臣会议"，这标志着沙特个人统治形式的终结，制度化统治方式开始步入正轨。1992年2月29日，沙特颁布了《政府基本法》和《大臣会议法》，以明文法典形式确认了大臣会议制度。阿卜杜勒·阿齐兹的继承者从调整大臣会议的权限和职责、充实大臣会议的组成部门、规范大臣会议的运转流程等方面着手，继续推进大臣会议的制度化建设。大臣会议不仅成为沙特的政治中心，而且成为管理国家各方面事务的中枢机构。

结 语

草创和完善王位继承制度。1933年5月，阿卜杜勒·阿齐兹指定沙特亲王为王储，开创了沙特国王指定王储的先例。20世纪60年代初期，沙特王室为解决国王继承问题成立了非正式机构"王室长老会议"；此后"王室长老会议"成为协调王储选择和监督王位继承的非正式机构。1992年3月1日，法赫德国王颁布了《政府基本法》，以国家法律的形式对国王和王储的选择范围、资格等内容做出了规定，这使国王继承制度化迈出了坚实一步。进入21世纪，阿卜杜拉国王颁布《效忠委员会法》，组建"效忠委员会"，从而明确了王储选择机制和程序，废除了国王个人决定王储的权力，改由王室成员集体决定。

调整官方宗教制度。1970年费萨尔国王组建司法部，标志着沙特宗教管理制度化的开始。在司法领域，费萨尔国王成立司法部和最高司法委员会，将原属于宗教集团的司法权力纳入政府管辖范围。在宗教权威方面，1971年费萨尔国王建立"乌勒玛长老委员会"，负责制定国家宗教政策，发布宗教法令，决定国家具体宗教事务；2010年8月，阿卜杜拉国王成立新的法特瓦委员会负责发布"法特瓦"。在宣教领域，沙特成立"宗教研究、教法宣传和指导委员会"，负责宣教事务。1962年，沙特建立"朝觐事务和宗教基金部"，负责管理朝觐事务和宗教财产；1993年，沙特将"朝觐事务和宗教基金部"拆分为伊斯兰事务、宗教基金、祈祷和指导部和朝觐部；1994年10月，法赫德国王宣布建立"最高伊斯兰事务委员会"，负责管理国内宗教活动。上述机构的建立推动了沙特伊斯兰宗教管理的制度化和官僚化。

（二）强化政治吸纳，扩大政治稳定的阶级基础

针对沙特王室成员，沙特王室建立"费萨尔秩序"，以维护沙特王室内部各支系的平衡；成立"沙特王室家族委员会"解决王位继承、王室成员婚姻、福利津贴分配等问题，以妥善处理王室内部矛盾；鼓励众多沙特王室成员担任中央政府、地方政府和军队的重要职务，以团结沙

特王室成员。针对宗教集团，沙特王室与谢赫家族进行多次政治联姻，礼遇宗教集团成员；通过正式或者非正式的方式听取高级乌勒玛的意见；邀请和任命高级乌勒玛在政府部门担任要职；建立庞大的宗教集团成员网络，吸纳中下层宗教集团成员；联合民间宗教运动的温和派。针对部落集团，沙特王室与部落精英频繁进行政治联姻；建立专门管理部落事务的部门，吸纳部落首领进入地方政府部门；通过国民卫队吸纳部落成员。针对商人集团，沙特王室邀请商人集团精英在大臣会议担任政府高级官员；任命商人集团精英担任协商会议委员；邀请商人集团精英进入半官方的工商业联合会、最高经济委员会咨询委员会。针对新兴阶层，大臣会议向新兴精英阶层开放；沙特各级政府部门聘任大量的新兴阶层成员；建立协商会议积极吸纳新兴阶层。沙特通过多种形式的政治吸纳，建立了以沙特王室为核心的政治联盟，巩固了沙特家族统治的阶级基础。

（三）引领主流政治文化，巩固社会主流思潮

在塑造社会主流思潮方面，沙特努力塑造家族统治的宗教属性，实现宗教认同与国家认同的合流，根据时代变化转变瓦哈比派的使命：由革命向保守转换，由征服扩张向维护沙特家族统治转变；在坚持瓦哈比教义的前提下，奉行"开明的瓦哈比理论"，实现伊斯兰教与现代社会的调适；建立官方宗教机构，掌控主流意识形态的话语权；整合非官方伊斯兰主义思潮，将非官方伊斯兰主义思潮纳入了官方宗教的控制范围内。在推广主流意识形态方面，沙特严格控制宣教活动，全面强化宗教教育，利用宗教警察整肃社会风尚，严格管理社会媒体。通过这些措施，沙特有效抵御了各种非主流的社会政治思潮，巩固了瓦哈比教义的主导性地位，较有效地控制了国内民众的思想。

（四）提升政府社会经济绩效

针对沙特经济发展滞后的困境，沙特积极参与国家经济建设。自1970年开始，沙特实施了十个五年经济发展计划。2000年以前，沙特不仅大幅增加用于经济发展的财政支出，成立了众多支持经济发展的银行、基金和公司，而且重点发展基础设施、工业领域和农业领域。21世纪以来，沙特减少了国家对国民经济的直接干预，加强了国家对经济的宏观调控能力。自2015年以来，沙特新的经济发展战略包括：实施经济多元化，推动工业化战略；推行私有化战略；积极吸引外国资本；营造良好的营商环境。上述措施推动了沙特经济持续快速发展。

针对贫富分化问题，沙特不仅构建"老有所养"的养老体系、"学有所教"的社会教育体系、"病有所医"的医疗卫生体系、"住有所居"的住房体系，而且建立特殊时期的非制度化的福利体系，从而建立了全面且高水平的福利体系。针对失业问题，沙特既发展制造业和服务业，扶植中小企业发展，以达到增加就业岗位的目标，又大力开发人力资源，提高职业素养，提高国民岗位竞争力。同时沙特实施"沙特化"政策，限制外籍劳工数量。这些措施有效缓解了沙特的贫富分化问题和失业问题，在一定程度上缓解了沙特的社会经济矛盾。

二、沙特构建政治稳定的特征

（一）以沙特家族为核心的国家调控能力强

20世纪50年代以前，沙特是典型的强社会、弱国家格局。在现代沙特建立初期，部落或者部落联盟仍然是阿拉伯半岛的主要社会组织形式。部落之间的流血冲突和战争不仅阻碍了沙特的国家构建，而且是阿拉伯半岛政治混乱的根源。宗教集团既是构建政治稳定的因素，也是破坏政治稳定的力量。新生的国家机构可用于构建政治稳定的资源极其匮乏，构建政治稳定的能力极其有限，沙特政治稳定主要依赖于部落集团、宗教集团和阿卜杜勒·阿齐兹的个人威望。

随着沙特政治发展，国家在构建政治稳定过程中的作用日益凸显，其主导性和调控力体现在多个方面。沙特通过政治制度建设，削弱了部落集团、商人集团、宗教集团的政治势力和权力，实现了国家权力的高度集中和统一。国家权力最终超越宗教、部落、商人等传统政治势力的权力。尤其是对宗教势力而言，国家将宗教集团的宗教权威、司法权、宣教权、教育权纳入国家权力的控制范围之内，传统宗教机构转变为国家的官方或者半官方机构。同时，沙特实现了沙特家族与国家权力机构的同构，沙特家族掌握了国家最高权力，成为沙特的权力中枢。当前沙特形成了以沙特家族为核心、国家掌控多个领域的政治稳定格局。

政治吸纳使沙特国内主要政治集团成为支持政治稳定的政治力量，沙特形成了以沙特家族为核心，以部落集团、商人集团、宗教集团和新兴阶层为支柱的政治联盟格局，这为构建沙特政治稳定奠定了坚实的社会政治基础。

在塑造引领社会主流思潮方面，一方面，沙特根据时代变化转变瓦哈比派的使命，奉行"开明的瓦哈比理论"，建立官方宗教机构，整合非官方伊斯兰主义思潮，以塑造社会主流思潮的话语权，增强社会主流思潮的适应性和包容性；另一方面，沙特严格控制宣教活动，全面灌输宗教教育，利用宗教警察整肃社会风尚，严格管控社会媒体，积极向全体国民灌输社会主流思潮。因此，沙特形成了社会主流思潮主导国内社会思潮的格局，这巩固了沙特政治稳定的思想基础。

同时，沙特政府积极解决国内社会经济问题，消除威胁沙特政治稳定的经济危机和社会隐患。在推动经济发展方面，20世纪70年代开始，沙特政府积极担任国民经济物质生产资料的分配者，发挥经济实体的作用；21世纪以来，沙特加强政府对国民经济的宏观调控能力。尽管沙特改变了调控国民经济的方式,但是国家在国民经济中的主导性地位没有改变。在解决贫富分化问题方面,沙特政府投入巨额财政资金,建立了以国家为主导,以"学有所教、病有所医、老有所养、住有所居"为主要内容的全面完善的社会福利体系。在解决就业问题上,沙特不仅通过财政、经济手段增加就业岗位,提高国民就业竞争力,而且通过行政、法律手段限制和削减外籍劳工数量。因此沙特形成了经济持续发展、社会相对和谐的局面,这为沙特政治稳定提供了良好的经济社会条件。

综上所述,"政府始终保持着对国家经济和政治生活的垄断地位"[1]。沙特对政治稳定的要素——权力、制度、社会政治集团、意识形态和社会经济问题的调控能力强,主导性高。就国家与社会关系而言,沙特实现了由强社会、弱国家格局向强国家、弱社会格局的转变。

(二) 鲜明的伊斯兰教瓦哈比派特色

由于沙特是伊斯兰教的起源地,伊斯兰教传统在沙特拥有深厚的社会基础,是影响沙特政治稳定的重要因素。沙特建国是在瓦哈比主义旗帜下进行和完成的。在完成建国大业后,虽然沙特的经济、社会和政治环境经历了巨大变化,但是沙特始终坚持瓦哈比教义。伊斯兰教渗透于沙特构建政治稳定的全过程和各个环节。

沙特国王和王储的更替需要乌勒玛颁布"法特瓦"予以确认,国王登基需要得到宗教集团的宣誓效忠。在沙特政治制度中,伊斯兰教机构是沙特政治体系的重要组成部分,如朝觐部,伊斯兰事务、宗教基金、祈祷和指导部,乌勒玛长老委员会,高级卡迪委员会,宗教研究、教法宣传和指导委员会,最高伊斯兰事务委员会等均是管理伊斯兰教事务的

---

[1] 李意:《当代中东国家政治合法性中的宗教因素》,北京:世界知识出版社,2017年,第250页。

政府机构。

宗教集团是沙特构建政治稳定的重要政治力量。乌勒玛垄断国内伊斯兰教事务，既负责解释伊斯兰教义，颁布"法特瓦"，又负责管理宣教日常活动、社会教化。乌勒玛广泛参与政治事务，乌勒玛长期在司法部、教育部、高等教育部等部门担任要职。在政治决策过程中，国王需要征求高级乌勒玛的建议，高级乌勒玛为国王决策提供伊斯兰教依据和合法性。沙特的重要法律和政治文件均由安拉的名义颁布。在日常政治生活中，国王和高级亲王不仅需要选择高级乌勒玛作为自己的贴身顾问，而且需要定期或者不定期接见或者拜访高级乌勒玛。在司法领域，最高司法委员会具有最高的法律仲裁权，下设多级"沙里亚"法院；沙特国内最具影响力的法官和法理学家负责阐述和解释重大法学理论疑难问题，对某些重大法律案件提供咨询和指导性意见；卡迪负责"沙里亚"法院所管辖的事务。

伊斯兰教是沙特官方宗教，瓦哈比教义是沙特主流意识形态。国王的正式名称是"真主的仆人""两圣寺忠仆"，其内涵是国王是效力于独一真主的仆人，捍卫正统伊斯兰教的权威，从而将国家和伊斯兰教一体化。在面临重大政治危机和争议性政治事件时，官方宗教均会颁布"法特瓦"为沙特王室和政府的政策和行动辩护，批评和指责反对沙特王室的言论和活动。面对自由主义威胁，沙特对内建立大量清真寺，强化瓦哈比教义宣传，对外奉行泛伊斯兰主义，积极传播瓦哈比教义。

伊斯兰教是沙特构建政治稳定的重要资源，因而是沙特政治稳定的底色。沙特现代化仅仅发生于物质层面，沙特在意识形态上仍旧停留于伊斯兰教。[①]

[①] 殷之光：《伊斯兰的瓦哈比化：ISIS 的不平等根源与世界秩序危机》，《文化纵横》，2015 年第 1 期，第 75 页。

(三) 具有渐进、温和、务实的特征

众多影响沙特政治稳定的因素并不能自然致使沙特形成政治稳定的局面，沙特维持政治稳定的关键是，依据本国的国情积极构建本国政治稳定的方式。激进式改革和渐进式改革是构建政治稳定的两种方式，沙特则选择渐进、温和的改革方式。

沙特以渐进、温和的方式推进政治制度建设。在建国初期，阿卜杜勒·阿齐兹既没有将希贾兹地区相对先进的政治制度立即移植至纳季德地区，也没有将纳季德的部落酋长制度推广至希贾兹地区，而是采取希贾兹地区与纳季德地区政治制度并立的格局。同时阿卜杜勒·阿齐兹积极探索适合整个沙特地区的政治制度。经过 20 余年的尝试，沙特最终建立了大臣会议制度。阿卜杜勒·阿齐兹的继任者始终以大臣会议为中心构建沙特政治制度，而没有"另立炉灶"。协商会议则是伊斯兰教政治传统"舒拉"原则和现代民主政治的政治参与相结合而产生的独特政治制度。[①] 同时，沙特将传统社会组织形式部落组织转变为国家基层组织，而没有彻底抛弃部落组织。

在政治吸纳过程中，沙特王室既没有完全抛弃以宗教集团和部落集团为代表的传统政治势力，也没有完全依赖以知识分子和技术官僚为核心的新兴阶层，而是根据各个政治集团的特点将各个政治集团纳入沙特政治联盟中。针对宗教集团，沙特既将伊斯兰教的宗教权威、司法权、教育权纳入国家控制的战略轨道，削弱宗教集团的政治势力，同时礼遇宗教学者乌勒玛，积极听取乌勒玛集团的意见，争取乌勒玛集团的政治支持。针对部落集团，沙特将部落的势力限制在地方基层，同时任命部落首领担任地方组织官员。针对新兴阶层，沙特积极吸纳新兴阶层进入

---

① 马福德：《从沙特协商会议看王国的政治民主化变革》，《长安大学学报》，2005 年第 2 期，第 73 至 77 页。

政府各级部门，从而建立庞大的、忠于沙特王室的技术官僚体系，但是进入政府体系的新兴阶层并没有分享国家最高权力，只是贯彻和执行沙特王室的政策和命令的有效工具。

在社会思潮领域，沙特并不是固守瓦哈比派的原始教义，而是奉行"开明的瓦哈比派理论"，积极调和伊斯兰教与现代化间的张力，以增强瓦哈比派的适应性。在具体实践活动中，沙特在坚持瓦哈比教义的前提下利用"伊智提哈德"，妥善处理社会争议问题，适时引进西方的有益文明成果，进行顺应时代潮流的社会改革。针对沙特民间伊斯兰主义思潮，沙特并不是一律采取遏制态度，而是采取有选择的政治吸纳策略，以增强瓦哈比派的包容性。

在经济社会领域，沙特既大力发展石油工业，又积极实施国民经济多元化和工业化战略，以减轻对石油经济的过度依赖。在解决就业过程中，沙特不是单纯对外籍劳工采取驱逐政策，而是既发展制造业和服务业，扶植中小企业发展，创造大批新的就业岗位，又大力开发人力资源，提高职业素养，提高国民岗位竞争力。

总之，沙特在构建政治稳定过程中采取渐进、温和、务实的方式。沙特构建政治稳定的方式具有"进二步退一步"的特点。①

三、沙特政治稳定的前景

建国至今，沙特形成了相对稳定的构建政治稳定的模式。同时，沙特构建政治稳定的四种方式具有协同效应。政治制度建设为实现政治吸纳、引领社会主流思潮、提高政府社会经济绩效提供制度保障。政治吸纳为政治制度稳定和引领社会主流思潮提供社会基础。引领社会主流思

---

① 刘靖华：《伊斯兰教、君主专制与发展——沙特阿拉伯宗教与政治发展的相关分析》，《西非亚洲》，1990年第2期，第42页。

结　语

潮能够赋予政治制度合法性基础，引导国民对政治吸纳和政府社会经济绩效的认知。提高政府社会经济绩效为政治制度建设、政治吸纳和引领社会主流思潮提供物质基础。当沙特面临政治稳定危机时，沙特可以采取一个方式或者多个方式共同应对威胁政治稳定的因素。例如，在1979年占领麦加清真寺事件和2011年中东变局爆发后，沙特迅速发放"社会红包"，提高社会福利，从而遏制极端主义思潮蔓延，缓解民众对贫富差距和社会失业问题的不满。

沙特80余年的政治稳定局面证实了沙特构建政治稳定方式和措施的有效性。大部分沙特国民对沙特现状表示满意。[①] 只要沙特的经济、社会、政治环境不发生突发性、剧烈性变化，沙特有能力利用已有的构建政治稳定的方式和措施，有效地解决威胁沙特政治稳定的矛盾。因此，沙特在中近期内可以保持政治总体稳定的局面。

虽然沙特政治稳定仍然可期，但是沙特面临的政治不稳定风险仍然不容忽视。沙特国家机构臃肿、政府官员更新率低、国家机构效率偏低和国民政治参与诉求得不到满足，导致沙特政治体系不能适应国家需求。在沙特各类矛盾日益突出且相互交织的困境中，能否识别和解决经济、社会和政治矛盾，考验着沙特政府的能力。

国王由二代亲王向三代亲王过渡已经成为必然趋势，但是沙特国王继承问题面临较高的不确定性。一方面，现任王储小萨勒曼面临个人资历不足、缺乏政治经验和历练等挑战，个人的执政能力面临考验。另一方面，任命小萨勒曼为新王储打破了沙特原有的"兄终弟及"继承原则，破坏了王室内部权力平衡机制和沙特王室内部的权力分享机制，这使沙特原有的王位继承制度能否继续发挥作用面临考验。

沙特极端主义思潮呈扩张趋势，沙特面临的极端主义威胁增加。在

[①] Mordechai Abir, *Saudi Arabia in the Oil Era: Regime and Elites, Conflicts and Collaboration*, London: Routledge, 1988, p. 213.

意识形态层面，极端主义思潮通过侵蚀沙特的社会根基、挑战沙特政权的合法性和破坏沙美特殊关系，威胁沙特政治稳定。在实践活动层面，恐怖袭击活动日益增加，危及沙特政治稳定。沙特极端主义思潮在国内综合因素的作用下将长期存在，并威胁沙特政治稳定。

沙特经济社会发展面临的困境仍然存在，且主要体现在三个方面：沙特经济发展结构性危机依然存在；沙特高水平福利体系的可持续性问题日益凸显；外籍劳工有增无减，失业问题依然难以解决。近年来世界石油价格持续低迷，沙特面临的经济社会困难日益浮现，沙特经济社会转型的迫切性更加凸显。

尽管上述问题均是威胁沙特政治稳定的因素，但是沙特政治稳定的前景取决于其构建政治稳定的方式与措施，也取决于其改革的范围和深度。在未来，沙特必须以壮士断腕的勇气、凤凰涅槃的决心，积极主动在政治制度建设、政治吸纳、社会主流思潮和政府社会经济绩效等领域进行探索和改革，以长期维系沙特政治稳定局面。

参考文献

一、英文著作

1. Abd a-Rahman S. al-Ruwaishid, *The Genealogiacal Charts of the Royal Saudi Family*, Riladh: al-Shibil Press, 2001.

2. Adeed I. Dawisha, *Saudi Arabia's Search for Security*, Adelphi Paper, No. 158, London: International Institute for Strategic Studies, 1970—1980.

3. Alexander Bligh, *From Prince to King: Royal Succession in the House of Saud in the Twentieth Century*, New York: New York University Press, 1984.

4. Alexei Vassiliev, *The History of Saudi Arabia*, New York: New York University Press, 2000.

5. Anders Jerichow, *The Saudi File: People, Power and Politics*, New York: St. Martins Press, 1998.

6. Anthony H. Cordesman & Nawaf E. Obaid, *National Security in Saudi Arabia: Threats Responses and Challenge*, Westport: Greenwood Publishing Group, Inc., 2005.

7. Anthony H. Cordesman, *Sadui Arabia Enters the Twenty-

First Century: *The Political*, *Foreign*, *Economic and Energy Dimensions*, London: Praeger, 2003.

8. Ayman al-Yassini, *Religion and State in the Kingdom of Saudi Arabia*, Boulder, CO: Westview Press, 1985.

9. Bernard Haykel, Thomas Hegghammer and Stephane Lacroix (eds.), *Saudi Arabia in Transition: Insights on Social, Political, Economic and Religious Change*, Cambridge: Cambridge University Press, 2015.

10. Christopher M. Davidson, *After the sheikhs: the coming collapse of the Gulf monarchies*, London: Oxford University Press, 2013.

11. Colonel B Wayne Quist and David F Drake, *Winning the War on Terror: A Triumph of American Values*, Bloomington, Indiana, U. S: iUniverse, 2005.

12. Daryl Champion, *The Paradaxical Kingdom: Saudi Arabia and the Momentum of Reform*, New York: Columbia University press, 2003.

13. David Commins, *The Wahhabi Mission and Saudi Arabia*, London: I. B. Tauris, 2006.

14. David E. Long & Bernard Reich, *The Goverment and Politics of the Middle East and North Africa*, Boulder, CO: Westview Press, 1995.

15. David E. Long, *The Kingdom of Saudi Arabia*, Gainesville: University Press of Florida, 1997.

16. David E. Long, *The United States and Saudi Arabia: Ambivalent Allies*, Boulder, CO: Westview Press, 1985.

17. David Holden & Richard John, *The House of Saud*, London:

Sidgwick & Jackson Ltd. , 1981.

18. David Holden & Richard Johns, *The House of Saud: The Rise and Rule of the Most Powerful Dynasty in the Arab World*, New York: Holt, Rinehart & Winston, 1982.

19. Douglass North, *Institutions, Institutional Change, and Economic Performance*, New York: Cambridge University Press, 1990.

20. Edward Ingram (ed.), *National and International Politics in the Middle East: Essays in Honour of Elie Kedourie*, London: Frank Cass, 1986.

21. F. Gregory Gause Ⅲ, *Oil Monarchies: Domestic and Security Challenges in the Arab Gulf State*, New York: Council of Foreign Relations, 1994.

22. F. Gregory Gause Ⅲ, *Saudi Arabia in the New Middle East*, Council on Foreign Relations, Council Special report No. 63, December 2011.

23. Fouad Al-Farsy, *Modernity and Tradition: The Saudi Equation*, London: Kegan Paul International, 1991.

24. Fouad Al-Farsy, *Saudi Arabia: A Case Study in Development*, London: Kegan Paul International, 1982.

25. Frank Tachau, *Political Elites and Political Development in the Middle East*, Cambridge: Schenkman Pubulishing Company Inc. , 1975.

26. Giacomo Lucianni & Hazem Beblawi (eds.), *The Rentier State*, London: Croom Helm, 1987.

27. Harry St. John Philby, *Sa'udi Arabia*, London: Eenest Benn, 1955.

28. Ian Bremmer, *The J. Curve: A New Way to Understand Why*

Nations Rise and Fall, New York: Simon & Schuster Paperbacks, 2007.

29. Iris Glosemeyer, *Saudi Arabia: Dynamism Uncovered*, Boulder, CO: Lynne Rienner, 2004.

30. J. Millard Burr & Robert O. Collins, *Alms for Jihad: Charity and Terrorism in the Islamic World*, Cambridge & New York: Cambridge University Press, 2006.

31. J. P. Piscatoti (ed.), *Islam in the Political Process*, Cambridge: Cambridge University Press, 1983.

32. Jill Crystal, *Oil and Politics in the Gulf*, Cambridge: Cambridge University Press, 1995.

33. Joseph A. Kechichian, *Legal and Political Reforms in Saudi Arabia*, London & New York: Routledge, 2013.

34. Joseph A. Kechichian, *Succession in Saudi Arabia*, New York: Palgrave, 2001.

35. Joseph Kostiner (ed.), *Middle East Monarchies: The Challenge of Modernity*, Boulder, CO. & London: Lynne Rienner Publishers, 2000.

36. Joseph Kostiner, *The Making of Saudi Arabia (1916—1936): From Chieftaincy to Monarchical State*, New York: Oxford University Press, 1993.

37. Joshua Teitellbaum, *Holier than Thou: Saudi Arabia's Islamic Opposition*, Washington. DC: Washington Institute for Near East Policy, 2000.

38. Kemal H. Karpat, *The Politicization of Islam: Reconstructing Identity, State, Faith, and Community in the late Ottoman State*, New York: Oxford University Press, 2001.

39. Kiren Aziz Chaudhry, *The Price of Wealth: Economies and Institutions in the Middle East*, Ithaca, NY: Cornell University Press, 1997.

40. Leonard Binder, *Crisis and Sequences in Political Development*, Princeton: Princeton University Press, 1971.

41. Leslie McLoughlin, *Ibn Saudi: Founder of a Kingdom*, New York: St. Martin's Press, 1935.

42. Lucian W. Pye & Sindey Verba (eds.), *Political Culture and Political Development*, New Jersey, USA: Princeton University Press, 1965.

43. Lucian W. Pye, *Aspects of Political Development*, Boston, MA: Little, Brown & Co., 1966.

44. Madawi Al-Rasheed, *A History of Saudi Arabia*, New York: Cambridge University Press, 2010.

45. Madawi al-Rasheed, *Contesting the Saudi State: Islamic Voices from a New Generation*, New York: Cambridge University Press, 2007.

46. Mamoun Frandy, *Saudi Arabia and the Politics of Dissent*, London: Macmillan Press, 1999.

47. Metin Heper & Raphael Israeli (eds.), *Islam and Politics in the Modern Middle East*, Hoboken: Taylor and Francis, 2014.

48. Michael C. Hudson, *Arab Politics: The Search for Legitimacy*, New Haven: Yale University Press, 1977.

49. Michael Herb, *All in the Family: Absolutism, Revolution, and Democracy in the Middle Eastern Monarchies*, Albany: State University of New York Press, 1999.

50. Mohamed A. Ramady, *The Saudi Arabian Economy: Policies

Achievement and Challenge, New York: Springer, 2010.

51. Mohamed A. Ramady, *The Saudi Arabian Economy: Policies, Achievements and Challenges*, London: Springer, 2010.

52. Mordechai Abir, *Saudi Arabia: Government, Society and the Gulf Crisis*, London & New York: Routledge, 1993.

53. Mordechai Abir, *Saudi Arabia in the Oil Era: Regime and Elites, Conflicts and Collaboration*, London: Routledge, 1988.

54. Nadav Safran, *Saudi Arabia: The Ceaseless Quest for Security*, Cambridge, MA: Harvard University Press, 1985.

55. Natana J. Delong-bas, *Wahhabi Islam: From Revival and Reform to Global Jihad*, Cairo, Egypt: The American University in Cairo Press, 2005.

56. Oliver Schlumberger (ed.), *Debating Arab Authoritarianism: Dynamics and Durability in Nondemocratic Regimes*, Stanford, CA: Stanford Unversity Press, 2007.

57. Paul Aarts & Gerd Nonneman, *Saudi Arabia in the Balance: Political Economy, Society, Foreign Affairs*, London: C. Hurst & Co. Ltd, 2005.

58. Paul Aarts& Gerd Nonneman, *Saudi Arabia in the Balance: Political Economy, Society, Foreign Affairs*, New York: New York University Press, 2006.

59. Peter W. Wilson& Douglas F. Graham, *Saudi Arabia: The Coming Storm*, New York: M. E. Sharpe, 1994.

60. R. P. Dickson, *The Arab of the Desert: A Glimpse into Badawin Life in Kuwait and Sa'udi Arabia*, London: George Allen & Unwin Ltd., 1949.

61. Ragaei EI Mallakh, *Saudi Arabia: Rush to Development:*

Profile of an Energy Economy and Investment, London: Croom Helm, 1982.

62. Reol Meijer (ed.), *Global Salafism*, London: Hurst & Company, 2009.

63. Rex J. Cassils, *Oil and Diplomacy: The Evolution of American Foreign Policy in Saudi Arabia, 1933—1945*, New York: Garland, 1988.

64. Ronald Cohen & Elman Service (eds.), *Origins of the State: The Anthropology of Political Evolution*, Philadelphia: Institute for the Study of Human Issues, Inc., 1978.

65. Steffen Hertog, *Prince, Brokers, and Bureaucrats: Oil and the State in Saudi Arabia*, New York: Cornell University Press, 2010.

66. Stephane lacroix, *Awakening Islam: The Politics of Religious Dissent in Contemporary Saudi Arabia*, trans. by George Holoch, London: Harvard University Press, 2011.

67. Stig Stenslie, *Regime Stability in Saudi Arabia: The Challenge of Succession*, London & New York: Routledge, 2012.

68. Summer Scott Huyette, *Political Adaptation in Saudi Arabia: a Study of the Council of Ministers*, Boulder: Westview Press, 1985.

69. Tim Niblock (ed.), *State, Society and Economy in Saudi Arabia*, London: Routladge, 1982/2015.

70. Tim Nilock & Monica Malik, *The Political Economy of Saudi Arabia*, London & New York: Routledge, 2007.

71. Tim Niblock, *Saudi Arabia: Power, Legitimacy and Survival*, London & New York: Routledge, 2006.

72. Willard A. Beling (ed), *King Faisal and the Modernisation of Saudi Arabia*, London: Croom Helm, 1980.

73. William B. Quandt, *Saudi Arabia in the 1980s: Foreign Policy, Security and Oil*, Washington D. C.: Brooking Institution, 1981.

74. WilliamI. Zartman, *Beyond Coerion: The Durability of the Arab State*, London: Croom Helm, 1988.

二、英文期刊论文

75. Alexander Bligh, The Saudi Religious Elite (Ulama) as Participant in the Political System of the Kingdom, *International Journal of Middle East Studies*, Vol. 17, No. 1.

76. Jacek Kugler, Amir Bagherpour Mark Abdollahian & Ashraf Singer, Pathways to Stability for Transition Governments in the Middle East and North Africa, *Asian Politics & Policy*, Vol. 7, No. 1.

77. Jame Quinlivan, Coup-Proofing: Its Practice and Consequences in the Middle east, *International Security*, Vol. 24, No. 2.

78. James Bill, Resurgent Islam in the Persian Gulf, *Foreign Affairs*, Vol. 63, No. 1.

79. Joseph K. Kechichian, The Role of the Ulama in the Politics of an Islamic State: The case of Saudi Arabia, *Interantional Journal of Middle East Studies*, Vol. 18, 1986.

80. Joseph Kostiner, State, Islam and Opposition in Saudi Arabia: The Post Desert-Storm Phase, *Terrorism and Political Violence*, Vol. 8, No. 2.

81. Keith M. Dowding & Richard Kimber, The Meaning and Use of Political Stability, *European Journal of Politiacal Research*, Vol. 11, No. 3.

82. Laila Prager, Bedouinity on Stage: The Rise of the Bedouin Soap Opera in Television, *Nomadic People*, Vol. 18, No. 2.

83. Leon Hurwitz, Contemporary Approaches to Political Stability, *Comparative Politics*, Vol. 5, No. 3.

84. Michael Bratton & Nicolas van de Walle, Popular Protest and political Reform in Africa, *Comparative Politiccs*, Vol. 24, No. 4.

85. Michael Scott Doran, The Saudi Paradox, *Foreign Affairs*, Vol. 83, No. 1.

86. Nawaf Obaid, The Power of Saudi Arabia's Islamic Leaders, *The Middle East Quarterly*, Vol. 6, No. 3.

87. Peter A. Hall and Rosemary C. R. Taylor, Political Science and the Three New Institutionalisms, *Political Studies*, Vol. 44, No. 5.

88. R. Hrair Dekmejian, Saudi Arabia's Consultive Council, *The Middle East Journal*, Vol. 52, No. 2.

89. Richard Dekmejian, The Liberal Impulse in Saudi Arabia, *The Middle East Journ*al, Washington, Vol. 53, No. 3.

90. Robert Cullen, Uneasy Lies the Head That Wears a Crown, *Nuclear Energy*, Third Quarter 1995.

91. S. H. Hitti & G. T. Abed, The Economy and Finances of Saudi Arabia, *IMF Staff Papers*, Washington, Vol. 21, 1973.

92. Saudi Arabia: Selected Issues, *IMF Country Report*, No. 13/230, July 2013.

93. Stéphane Lacroix, Between Islamists and Liberals: Saudi Arabia's New "Islamo-Liberal" Reformists, *The Middle East Journal*, Vol. 58, Summer, 2004.

94. Stephen D. Krasner, A Statist Approach of American Oil

Policy toward Middle East, *Political Science Quarterly*, Vol. 94, No. 1.

95. Svante Ersson & Jan-Erik, Political Stability in European Democracies, *European Journal of Political Research*, Vol. 11, No. 3.

96. World Bank, Unlocking the Employment Potential in the Middle East and North Africa, *World Bank Publications*, Vol. 9, No. 10.

97. Rita O. Koyame-Marsh, Saudization and the Nitaqat Programs: Overview and Performance, *Proceedings of Annual South Africa Business Research Conference*, January 11 – 12, 2016, Taj Hotel, Cape Town, South Africa, ISBN: 978-1-922069-95-5.

98. Andrew J. Nathan, Authoritarian Resilience, *Journal of Democracy*, Vol. 14, No. 1.

三、英文硕博士学位论文

99. Atif Abdullah Sukkar, Political Reform and Its Impact on Political Stability: A Case Study of the Kingdom of Saudi Arabia during the Period From 1990 to 2010, Ph. D. Dissertation, Victoria University, 2010.

100. Baron Reinhold, Omnibalancing and the House of Saud, Master Dissertations, Naval Postgraduate School, 2001.

101. Brianna Brooke Seymour, The Death of Rentierism in the Kingdom of Saudi Arabia, Maser Dissertations, University of Utah, 2012.

102. Ibrahim Al-Awaji, Bureaucracy and Society in Saudi Arabia,

Ph. D. Dissertation, University of Virginia, 1971.

103. Khalid Saud Alhumaidi, Regime Stability in Saudi Arabia: The Role of the Population Composition Represented by Tribes, Master Dissertation, The University of South Dakota, 2016.

104. Othman Al-Rawaf, The Concept of Five Crisis in Political Development: Relevance to the Kingdom of Saudi Arabia, Ph. D. Dissertation, Duke University, 1980.

105. S. Malki, International Inconsistency: A New Perspective on the Role of the State in Development: A Case of Study of Saudi Arabia, Ph. D. Dissertation, Washington University, 1991.

106. Soliman Solaim, Constitutional and Judicial Organization in Saudi Srabia, Ph. D. Dissertation, The Johns Hopkins University, 1970.

107. Yousef A. Uthaimeen, The Welfare State in the Saudi Arabia: Structure, Dynamics and Function, Ph. D. Dissertation, American University, 1986.

四、中文著作

108. 北京大学亚非研究所：《石油王国沙特阿拉伯》，北京：北京大学出版社，1985年。

109. 陈建民编著：《当代中东》，北京：北京大学出版社，2002年。

110. 陈沫主编：《列国志：沙特阿拉伯》，北京：社会科学文献出版社，2011年。

111. 邓浩、颜国栋编著：《对沙特阿拉伯出口指南》，北京：中国经济出版社，1994年。

112. 邓伟志主编：《变革社会中的政治稳定》，上海：上海人民出版社，1997年。

113. 哈全安：《中东国家的现代化历程》，北京：人民出版社，2006年。

114. 哈全安：《中东国家史（610—2000）：阿拉伯半岛诸国史》，天津：天津人民出版社，2016年。

115. 哈全安：《中东国家史：阿拉伯半岛诸国史》，天津：天津人民出版社，2016年。

116. 哈全安：《中东史：610—2000》，天津：天津人民出版社，2010年。

117. 胡联合、胡鞍钢：《繁荣稳定轮：国家何以富强和谐》，北京：中国大百科全书出版社，2009年。

118. 黄民兴：《沙特阿拉伯——一个产油国人力资源的发展》，西安：西北大学出版社，1998年。

119. 金宜久：《伊斯兰教》，北京：宗教文化出版社，1997年。

120. 鞠健：《新时期中国政治稳定问题研究》，北京：中共党史出版社，2008年。

121. 阚和庆：《当代中国社会阶层变迁与政治稳定》，中国社会科学出版社，2012年。

122. 雷志义、史正涛：《走向沙特阿拉伯》，北京：世界知识出版社，2010年。

123. 李春玲主编：《比较视野下的中产阶级形成：过程、影响以及社会经济后果》，北京：社会科学文献出版社，2009年。

124. 李铁映、江蓝生编：《中国人文社会科学前沿报告》（2002年卷），北京：社会科学文献出版社，2004年。

125. 李意：《当代中东国家政治合法性中的宗教因素》，北京：世界知识出版社，2017年。

126. 李元书：《政治发展导论》，北京：商务印书馆，2001年。

127. 林丰民主编：《北大中东研究》（2015 年第 1 期），北京：社会科学文献出版社，2015 年。

128. 刘建军主编：《复旦政治学评论》，《复旦政治学评论》（第二辑），上海：上海辞书出版社，2003 年。

129. 刘竞、安维华主编：《现代海湾国家政治体制研究》，北京：中国社会科学出版社，1994 年。

130. 刘晓凯：《利益分化与政治稳定：兼论 30 年来中国社会阶级阶层的变迁》，北京：人民出版社，2008 年。

131. 刘元培编著：《沙特阿拉伯》，沈阳：辽宁教育出版社，2000 年。

132. 马建中编著：《政治稳定论》，北京：中国社会科学出版社，2003 年。

133. 马秀卿主编：《石油·发展·挑战——走向二十一世纪的中东经济》，北京：石油工业出版社，1995 年。

134. 聂运麟：《政治现代化与政治稳定》，武汉：湖北人民出版社，2000 年。

135. 彭树智主编：《伊斯兰教与中东现代化进程》，西安：西北大学出版社，1997 年。

136. 钱学文：《当代沙特阿拉伯国王社会与文化》，上海：上海外语教育出版社，2003 年。

137. 施雪华：《政治现代化比较研究》，武汉：武汉大学出版社，2006 年。

138. 孙鲲主编：《沙特经济新貌》，北京：时事出版社，1989 年。

139. 唐皇凤：《转型时期政治稳定的谋与略》，武汉：湖北人民出版社，2012 年。

140. 田文林：《困顿与突围：变化世界中的中东政治》，北京：社会科学文献出版社，2016 年。

141. 王沪宁：《比较政治分析》，上海：上海人民出版社，1987年。

142. 王金水：《网络政治参与与政治稳定机制研究》，北京：中国社会科学出版社，2013年。

143. 王京烈：《面向二十一世纪的中东》，北京：社会科学文献出版社，1999年。

144. 王浦劬：《政治学基础》，北京：北京大学出版社，1999年。

145. 王铁铮、林松业：《中东国家通史：沙特阿拉伯卷》，北京：商务印书馆，2004年。

146. 王铁铮主编：《沙特阿拉伯的国家与政治》，西安：三秦出版社，1997年。

147. 吴大英、徐功敏主编：《改革开放与政治稳定》，北京：中国民主法制出版社，1993年。

148. 吴彦：《沙特阿拉伯政治现代化进程研究》，杭州：浙江大学出版社，2011年。

149. 徐以骅：《宗教与当代国际关系》，上海：上海人民出版社，2012年。

150. 严庭国主编：《阿拉伯学研究》（第三辑），上海：华东师范大学出版社，2014年。

151. 杨光斌：《政治变迁中的国家与制度》，北京：中央编译出版社，2011年。

152. 杨光主编：《中东发展报告（2014—2015）：低油价及其对中东的影响》，北京：社会科学文献出版社，2015年。

153. 杨灏城、朱克柔主编：《当代中东热点问题的历史探索：宗教与世俗》，北京：人民出版社，2000年。

154. 杨洪林：《沙特情怀》，南京：南京师范大学出版社，2012年。

155. 杨仁厚：《发展政治学》，贵州：贵州大学出版社，2013年。

156. 郁兴志：《在沙特当大使的日子》，上海：上海辞书出版社，2009年。

157. 张浩、张允编著：《沙特阿拉伯》，乌鲁木齐：新疆人民出版社，2008年。

158. 张弘：《转型国家的政治稳定研究：对乌克兰危机的理论思考》，北京：社会科学文献出版社，2016年。

159. 张雷、程林胜等：《转型与稳定》，上海：学林出版社，1999年。

160. 郑达庸、李中：《沙漠王国——沙特》，上海：上海锦绣文章出版社、2010年。

161. 郑达庸、李中：《中国驻中东大使话中东：沙特》，北京：世界知识出版社，2014年。

162. 郑达庸：《沙漠绿洲——沙特阿拉伯》，乌鲁木齐：新疆人民出版社，2013年。

163. 众志：《沙特阿拉伯》，北京：世界知识出版社，1959年。

164. 周晓虹主编：《中国中产阶级调查》，北京：社会科学文献出版社，2005年。

五、中文译著

165. ［澳］琳达·维斯、约翰·M. 霍布森：《国家与经济发展——一个比较及历史性的分析》，黄兆辉等译，长春：吉林出版集团有限责任公司，2009年。

166. ［德］尤尔根·哈贝马斯：《合法化危机》，刘北成、曹卫东译，上海：上海世纪出版集团，2009年。

167. ［古希腊］亚里士多德：《政治学》，吴寿彭译，北京：商务印书馆，1965年。

168.［美］戴维·伊斯顿：《政治生活的系统分析》，王浦劬等译，北京：华夏出版社，1989年。

169.［美］戴维·伊斯顿：《政治体系——政治学状况研究》，马清槐译，北京：商务印书馆，1993年。

170.［美］道格拉斯·C. 诺斯：《经济史中的结构与变迁》，陈郁等译，上海：上海三联书店，1994年。

171.［美］弗朗西斯·福山：《政治秩序的起源：从前人类时代到法国大革命》，毛俊杰译，桂林：广西师范大学出版社，2012年。

172.［美］格林斯坦、波尔斯比编：《政治学手册精选（下）》，储复耘译，王沪宁校，北京：商务印书馆，1996年。

173.［美］加布里埃尔·A. 阿尔蒙德、西德尼·维伯：《公民文化——五个国家的政治态度和民主制》，徐湘林等译，北京：华夏出版社，1989年。

174.［美］加里布埃尔·A. 阿尔蒙德、小G·宾厄姆·鲍威尔：《比较政治学——体系、过程和政策》，曹沛霖等译，北京：东方出版社，2007年。

175.［美］杰克·普拉诺：《政治学分析辞典》，胡杰译，北京：中国社会科学出版社，1986年。

176.［美］科斯等：《财产权利与制度变迁》，胡庄君译，上海：上海三联书店，1994年。

177.［美］利普塞特：《政治人：政治的社会基础》，刘钢敏、聂蓉译，北京：商务印书馆，1993年。

178.［美］鲁恂·W·派伊：《政治发展面面观》，任晓、王元译，天津：天津人民出版社，2009年。

179.［美］马修·R. 西蒙斯：《沙漠黄昏：即将来临的沙特石油危机与世界经济》，徐小杰译，上海：华东师大出版社，2006年。

180. ［美］塞缪尔·P. 亨廷顿：《变化社会中的政治秩序》，王冠华等译，上海：上海人民出版社，2008年。

181. ［美］威廉·匡特：《石油巨人：八十年代的沙特阿拉伯》，李国富、伍永光译，北京：世界知识出版社，1986年。

182. ［美］西摩·马丁·李普塞特：《政治人———政治的社会基础》，张绍宗译，上海：上海人民出版社，1997年。

183. ［美］詹姆斯·温布兰特：《沙特阿拉伯史》，韩志斌、王泽壮、尹斌译，上海：东方出版中心，2009年。

184. ［日］田村秀治编：《伊斯兰盟主：沙特阿拉伯》，陈生保等译，上海：上海译文出版社，1981年。

185. ［沙特］凯迈勒·吉拉尼著：《法赫德传》，王贵发译，北京：中国和平出版社，1994年。

186. ［沙特］赛义德·萨拉赫著：《沙漠——我的天堂》，仲跻昆、赵龙根译，南京：江苏人民出版社，1983年。

187. ［苏联］别里亚耶夫：《美帝国主义在沙特阿拉伯》，商杰译，北京：商务印书馆，1958年。

188. ［苏联］尼·伊·普罗申：《沙特阿拉伯：历史与经济概况》，北京大学历史系翻译小组译，北京：人民出版社，1973年。

189. ［叙利亚］莫尼尔·阿吉列尼：《费萨尔传》，何义译，北京：商务印书馆，1977年。

190. ［英］彼得·霍布德：《今日沙特阿拉伯》，周仲贤、余程译，北京：新华出版社，1981年。

六、中文期刊论文

191. 毕健康：《沙特阿拉伯国家构建与王位继承》，《国际政治研究》，2010年第3期。

192. 毕健康：《沙特阿拉伯王位继承问题刍论》，《西亚非洲》，2010年第2期。

193. 曹敏：《中产阶级的政治文化转型与政治稳定：韩国的视域》，《广州社会主义学院学报》，2006年第3期。

194. 曹帅、许开轶：《政治情绪排解机制与转型社会的政治稳定》，《长江论坛》，2013年第5期。

195. 陈浩春：《当代中国社会转型时期稳定机制的宏观架构》，《理论与改革》，2001年第3期。

196. 陈化南：《沙特6大经济城营造新商机》，《进出口经理人》，2008年第8期。

197. 陈纪：《政治系统论视角下民族地区政治稳定研究》，《华中科技大学学报》，2010年第2期。

198. 陈沫：《沙特阿拉伯的工业化与中沙产能合作》，《西亚非洲》，2017年第6期。

199. 陈朋：《政治发展与政治稳定的耦合及其空间拓展》，《理论与现代化》，2014年第1期。

200. 但涛波：《沙特阿拉伯的石油工业及其对外经贸合作》，《石油化工技术经济》，2005年第1期。

201. 丁隆：《阿拉伯君主制政权相对稳定的原因探析》，《现代国际关系》，2013年第5期。

202. 丁志刚、王树亮：《论政治文化与政治稳定之间的关系》，《江汉论坛》，2011年第9期。

203. 冬生：《一部关于中东政体的好书——评介〈现代海湾国家政治体制研究〉》，《西亚非洲》，1995年第1期。

204. 董文芳：《建构政治可持续稳定的生态机制》，《齐鲁学刊》，2003年第4期。

205. 杜旭宇：《经济发展与社会稳定的正相关分析》，《湖南社会科学》，2008 年第 3 期。

206．冯宏良、江新国：《学术界社会政治稳定研》，《中共青岛市委党校．青岛行政学院学报》，2008 年第 6 期。

207．冯宏良：《社会政治稳定研究：历程回顾、核心要素与创新路向》，《湖北社会科学》，2016 年第 5 期。

208．郜绍辉：《亨廷顿政治秩序论的逻辑透视及其对现实的启示》，《郑州航空工业管理学院学报》（社会科学版），2015 年第 6 期。

209．葛阳、谢岳：《城市化为何导致政治失序？——一个经验命题的文本分析与框架建构》，《天津社会科学》，2017 年第 2 期。

210．哈冠群、吴彦：《沙特阿拉伯宪政历程的源头——自由亲王运动》，《安徽史学》，2015 年第 5 期。

211．韩晓婷：《沙特阿拉伯私营经济劳工"沙特化"政策探析》，《西亚非洲》，2013 年第 6 期。

212．何精华：《市场化进程中的制度安排与政治稳定》，《政治学研究》，2003 年第 1 期。

213．何平立：《现实与神话：东亚中产阶级与政治转型》，《上海大学学报》（社会科学版），2006 年第 2 期。

214．胡联合、胡鞍钢：《科学的社会政治稳定观》，《政治学研究》，2014 年第 4 期。

215．胡雨：《中东变局与中东君主制国家政治稳定》，《国际论坛》，2014 年第 2 期。

216．虎翼雄：《沙特阿拉伯政权稳定的根源》，《理论视野》，2017 年第 7 期。

217．化涛：《论当代中国社会转型期的政治稳定》，《理论导刊》，2010 年第 4 期。

218．黄民兴：《当代中东产油国的社会变迁》，《阿拉伯世界研究》，2007 年第 7 期。

219. 黄民兴：《高等教育在沙特阿拉伯社会经济发展中的作用》，《西亚非洲》，1992年第4期。

220. 黄民兴：《论沙特阿拉伯现代化的阶段及其特点》，《西亚非洲》，1994年第6期。

221. 黄清吉：《中国社会转型过程中政治稳定的内涵探析》，《学术论坛》，2005年第1期。

222. 黄新华：《政治发展中影响政治稳定的因素探析》，《政治学研究》2006年第2期。

223. 黄毅峰：《经济增长之于政治稳定的双向效应："馅饼"与"陷阱"》，《郑州大学学报》（哲学社会科学版），2011年第1期。

224. 靳文辉：《政治权威、政治稳定与政府宏观调控》，《社会主义研究》，2011年第1期。

225. 经纬：《政治文化与政治稳定的价值论》，《思想战线》，1999年第2期。

226. 孔德永：《当代中国公民政治认同与政治稳定的关系研究刍议》，《云南行政学院学报》，2014年第5期。

227. 孔德永：《动态理解政治认同与政治稳定》，《思想理论教育》，2014年第9期。

228. 孔德永：《政治认同与政治稳定》，《社会主义研究》，2012年第3期。

229. 雷昌伟：《王室权力机制与沙特政权之稳定》，《阿拉伯世界研究》，2015年第6期。

230. 李春玲：《寻求变革还是安于现状：中产阶级社会政治态度测量》，《社会》，2011年第2期。

231. 李路路：《中间阶层的社会功能：新的问题取向和多维分析框架》，《中国人民大学学报》，2008年第4期。

232. 李强：《关于中产阶级和中间阶层》，《中国人民大学学报》，

2001年第2期。

233. 李绍先：《沙特阿拉伯王国政府——大臣会议》，《西亚非洲》，1992年第4期。

234. 李志星：《身陷困局的沙特王室命运》，《现代国际关系》，2004年第9期。

235. 刘辰、刘欣路：《瓦哈比主义对沙特阿拉伯国民价值观的影响》，《通化师范学院学报》，2012年第11期。

236. 刘鸿武：《论君主制在沙特阿拉伯长期延续的根源》，《西亚非洲》，第1991年第2期。

237. 刘靖华：《伊斯兰教、君主专制与发展——沙特阿拉伯宗教与政治发展的相关分析》，《西亚非洲》，1990年第2期。

238. 刘军：《当代海湾国家的外来劳工移民及其影响》，《世界民族》，2008年第6期。

239. 刘长江：《国家的现代化路径与中产阶级的类型》，《江苏行政学院学报》，2006年第4期。

240. 刘中民：《关于中东变局的若干基本问题》，《阿拉伯世界研究》，2012年第2期。

241. 娄成武、张平：《中国政治稳定性的社会心理基础透视》，《理论与改革》，2013年第3期。

242. 卢少志、贾淑荣：《全球化与沙特阿拉伯的政治民主化进程》，《内蒙古民族大学学报》，2003年第3期。

243. 马得勇、王正绪：《民主、公正还是绩效？——中国地方政府合法性及其来源分析》，《经济社会体制比较》，2012年第3期。

244. 马福德：《从沙特协商会议看王国的政治民主化变革》，《长安大学学报》，2005年第2期。

245. 马建中：《论现阶段影响我国政治稳定的社会心理问题》，《政治学研究》，2003年第2期。

246. 马小红：《沙特王族君主制的伊斯兰性：沙特阿拉伯君主制的伊斯兰性刍论之一》，《阿拉伯世界》，1998 年第 4 期。

247. 马小红：《乌里玛与保持君主制的伊斯兰性：沙特阿拉伯君主制的伊斯兰性刍论之二》，《阿拉伯世界》，1999 年第 1 期。

248. 马晓霖：《"萨勒曼新政"与沙特内政外交走向》，《西亚非洲》，2018 年第 2 期。

249. 马振超：《当前维护我国政治稳定的对策思考》，《中国人民公安大学学报》（社会科学版），2014 年第 6 期。

250. 倪真：《瓦哈比主义与沙特王权》，《国际研究参考》，2017 年第 1 期。

251. 钮松、张璇：《沙特阿拉伯历史进程中的朝觐经济》，《阿拉伯世界研究》，2017 年第 4 期。

252. 牛新春：《中国在中东的利益与影响力分析》，《现代国际关系》，2013 年第 10 期。

253. 钱伯海：《论社会劳动创造价值》，《数量经济技术经济研究》，1993 年第 12 期。

254. 桑成玉：《关于政治学的主题与政治学基本问题的思考》，《政治学研究》，2017 年第 5 期。

255. 唐宝才：《略论沙特阿拉伯政治制度及政治民主化走势》，《西亚非洲》，2007 年第 3 期。

256. 田文林：《对当前阿拉伯国家变局的深度解读》，《现代国际关系》，2011 年第 3 期。

257. 涂用凯、郭艳妮：《论政治文化与政治稳定——从政治文化主体二分法角度的考察》，《湖北大学学报》（哲学社会科学版），2009 年第 5 期。

258. 王彩波、李智：《论我国社会转型时期的政治稳定机制》，《吉林大学社会科学学报》，2002 年第 5 期。

259. 王金水、孙奔：《简论政治发展与政治稳定的关系》，《科学社会主义》，2013 年第 6 期。

260. 王军洋：《国家能力与社会抗议：社会稳定研究的两个学术进路》，《人文杂志》，2017 年第 11 期。

261. 王磊、胡鞍钢：《经济发展与社会政治不稳定之间关系的实证研究——基于跨国数据的比较分析》，《经济社会体制比较》，2010 年第 1 期。

262. 王庆五：《政治发展的协调与政治稳定的实现》，《江苏行政学院学报》，2013 年第 1 期。

263. 王铁铮：《现代沙特阿拉伯的奠基者：伊本·沙特政治活动探讨》，《西亚非洲》，1989 年第 3 期。

264. 王婷：《沙特、埃及经济改革状况的对比和思考》，《亚非纵横》，2002 年第 4 期。

265. 魏明康、万高潮：《论政治发展与政治稳定的良性互动》，《淮阴师范学院学报》，2015 年第 5 期。

266. 吴彦：《沙特阿拉伯的自由主义思潮与运动》，《外国问题研究》，2016 年第 3 期。

267. 吴彦：《沙特阿拉伯家族政治的演变特征》，《西亚非洲》，2017 年第 2 期。

268. 吴彦：《沙特阿拉伯宗教政治初探》，《西亚非洲》，2008 年第 6 期。

269. 吴彦：《世纪之交沙特阿拉伯的民间宗教政治运动》，《国际论坛》，2011 年第 2 期。

270. 吴彦：《宗教政治运动多元化与伊斯兰社会的政治现代化——以沙特阿拉伯为个案》，《浙江学刊》，2012 年第 2 期。

271. 殷之光：《伊斯兰的瓦哈比化：ISIS 的不平等根源与世界秩序危机》，《文化纵横》，2015 年第 1 期。

272. 中国工商银行城市金融研究所:《全球能源格局发展趋势及其影响研究》,《全球研究》,2014年第18期。

七、中文硕博士学位论文

273. 韩小婷:《沙特王国社会转型中的精英集团研究》,西北大学博士学位论文,2013年。

274. 季莎莎:《瓦哈比派与现代沙特国家的发展》,西北师范大学硕士学位论文,2008年。

275. 鞠健:《新时期中国政治稳定问题研究》,南京师范大学博士学位论文,2006年。

276. 雷振文:《转型期中国政治秩序调适路径探析》,中央党校博士学位论文,2007年。

277. 李国强:《宗教视野下的社会福利——沙特阿拉伯社会福利制度评析》,曲阜师范大学硕士学位论文,2014年。

278. 刘达禹:《国家控制欲社会自主——改革开放以来中国政治稳定问题研究》,吉林大学博士学位论文,2011年。

279. 沈瑞英:《西方中产阶级与社会稳定研究》,上海大学博士学位论文,2007年。

280. 宋效峰:《马来西亚现代化进程中的政治稳定:政党制度的视角》,山东大学博士学位论文,2009年。

281. 王倩茹:《沙特阿拉伯政治结构研究》,北京大学硕士学位论文,2012年。

282. 王亚栋:《能源与国际政治》,中共中央党校博士学位论文,2002年。

283. 王英:《政治和谐:挑战与对策——以利益分析为视角》,中国社会科学院博士学位论文,2010年。

284. 许和隆：《冲突与互动：转型社会政治发展中的制度和文化》，苏州大学博士学位论文，2006年。

285. 赵竹茵：《中国中产阶级发展问题研究》，武汉大学博士学位论文，2014年。

286. 郑翠平：《中国企业在沙特的经济经营环境研究》，上海外国语大学硕士学位论文，2014年。

后　记

　　呈现在读者眼前的这本专著是2019年重庆市社科规划博士项目和2020年四川外国语大学学术专著后期资助项目的科研成果，以我的博士毕业论文为基础几经修改而成。

　　本书欲尝试对沙特政治稳定问题进行有益探索。政治稳定作为兼具传统性与前沿性的研究议题，是当代政治学持续探索的核心理论议题。作为后发型国家高度集中的地区，中东地区政治稳定问题一直困扰着中东各国的经济发展、社会进步。然而，沙特是中东地区唯一能够保持政治稳定的地区大国，被称为"中东稳定之锚"。因而，沙特为何能够长期维持政治稳定，既是国内外政治学研究者持续关注的问题，也是本书致力于探索的问题。以国家与社会双向互动为视角，以沙特的制度改革和政策调整为核心内容，本书着力考察和评估沙特构建政治稳定的举措和方式。本书的核心观点是，虽然沙特丰富的石油资源、伊斯兰教信仰、与美国的特殊关系等因素是影响沙特政治稳定的重要方面，但是沙特能够长期维持政治稳定的关键在于，依据本国的国情，积极进行制度改革和政策调整，从而摸索出一套构建本国政治稳定的方式和举措。

　　毕业四年后，博士论文终于付梓，我感到由衷的高兴，同时百感交集。回首过去数年，从涉足中东研究领域到选择沙特展开国别研究，从确定博士论文题目到撰写毕业论文，从完成毕业论文答辩到申报学校专

后　记

著后期资助和重庆市社科规划博士项目，期间的种种情形再次浮现在我的眼前。在此，对提供帮助的老师、同学、同事和亲人表示感谢。

真诚地感谢导师刘中民教授。导师是我学术研究的领路人。当年，刘老师欣然接纳我进入门下攻读博士学位，使我的学习探索登上了更高的层次；刘老师的渊博学识、悉心教诲和释疑解惑，使我的学术见解跃上了更新的台阶；刘老师对博士论文选题、开题、写作的精心指导和严格要求，使我的博士论文不断充实和完善，以致最终顺利通过外审和毕业答辩；刘老师的关心提携，使我在毕业后继续进行学术探索。导师领路指引，恩重如山，无以为报。

感谢上海外国语大学中东研究所的全体老师。孙德刚教授、汪波教授、钮松研究员、李意研究员、邹志强研究员丰富的专业知识、开放的学术思想、不懈的探索精神和向上的人生态度，指引我在广阔的学术研究领域探索前行，给予我攻坚克难的勇气和动力，在面临困惑时为我指点迷津。恩师关爱帮助，恩情似水，感激不尽。

感谢同门舒梦、赵星华、俞海杰和任华；十分感谢亦师亦友的王宝龙老师。博士学习期间，各位同窗共同研读，切磋学术，相互鼓励；博士论文写作期间，各位给予我诸多修改建议。三年的博士生活使我深切感受到成就学业需要经历诸多付出，也深刻体会到付出后获得成绩的喜悦。挚友携手共进，恩高义厚，由衷感谢。

感谢我所在单位四川外国语大学国际关系学院各位领导和同事。工作以来，他们对我的研究领域给予极大的理解、宽容、爱护和支持，并支持我申报相关科研和教学项目。对他们的帮助，我心存感激。同事鼓励支持，恩深义重，感恩怀德。

深深感谢我的父母、爱人和儿子。我的父母常年在外奔波，省吃俭用，供养我读书，使我能长期安心求学。读博期间，为了使我安心求学，我的爱人冯庆丽独自在聊城工作三年；工作后，为了使我专心工作，我的爱人更是承担了大部分家务，并尽心养育我们的儿子。我的儿子王三一从呱呱坠地到上幼儿园，为我带来诸多生活乐趣，缓解了长时间阅读和写作带来的沉闷。亲人无私奉献，恩深爱重，感激涕零。滴水之恩，涌泉相报。

感谢南京大学出版社官欣欣、缪娅为本书的出版所付出的辛勤劳动。

书稿虽经多次修改，但是作者水平有限，文中仍有许多纰漏，属学艺不精，文责自负。

王　然

于四川外国语大学

2022年9月20日

图书在版编目(CIP)数据

构建稳定："石油王国"的改革、调整与稳定 / 王然著. —— 南京：南京大学出版社，2022.9
ISBN 978-7-305-25994-4

Ⅰ. ①构… Ⅱ. ①王… Ⅲ. ①政治稳定－研究－沙特阿拉伯 Ⅳ. ①D738.4

中国版本图书馆 CIP 数据核字(2022)第 159443 号

出版发行　南京大学出版社
社　　址　南京市汉口路 22 号　　邮　编　210093
出 版 人　金鑫荣

书　　名　构建稳定——"石油王国"的改革、调整与稳定
著　　者　王　然
责任编辑　官欣欣
助理编辑　缪　娅

照　　排　南京南琳图文制作有限公司
印　　刷　江苏扬中印刷有限公司
开　　本　787×1092　1/16　印张 20.5　字数 280 千
版　　次　2022 年 9 月第 1 版　2022 年 9 月第 1 次印刷
ISBN 978-7-305-25994-4
定　　价　98.00 元

网址：http://www.njupco.com
官方微博：http://weibo.com/njupco
官方微信号：njupress
销售咨询热线：(025) 83594756

* 版权所有，侵权必究
* 凡购买南大版图书，如有印装质量问题，请与所购
　图书销售部门联系调换